武威长城两千年

海　敬　贾海鹏　著

读者出版社

图书在版编目（CIP）数据

武威长城两千年 / 海敬，贾海鹏著. -- 兰州 ：读
者出版社，2023.10

ISBN 978-7-5527-0780-9

Ⅰ. ①武… Ⅱ. ①海… ②贾… Ⅲ. ①长城—文化研
究—武威. Ⅳ. ①K928.77

中国国家版本馆CIP数据核字（2023）第230989号

武威长城两千年

海 敬 贾海鹏 著

责任编辑 张 远

装帧设计 雷们起

出版发行 读者出版社

地 址 兰州市城关区读者大道568号（730030）

邮 箱 readerpress@163.com

电 话 0931-2131529（编辑部） 0931-2131507（发行部）

印 刷 甘肃发展印刷公司

规 格 开本 787毫米×1092毫米 1/16
印张 16.5 插页 2 字数 266 千

版 次 2023 年 10 月第 1 版
2023 年 10 月第 1 次印刷

书 号 ISBN 978-7-5527-0780-9

定 价 58.00元

《凉州文化丛书》（第一辑）
编撰委员会

本书系甘肃省哲学社会科学规划办青年项目
《武威长城文化的挖掘整理与长城国家文化公园建设研究》
阶段性研究成果

总 序

武威，古称凉州，是国家历史文化名城、中国优秀旅游城市、中国旅游标志之都，历史文化底蕴深厚。早在五千多年前，凉州先民就在这里生活繁衍，创造了马家窑、齐家、沙井等璀璨夺目的史前文化；先秦时期，这里是位列九州之一的雍州属地，也是华夏文明与域外文化交流的重要通道；两汉、魏晋南北朝、隋唐、西夏等时期，是凉州文化形成与发展的几个重要阶段；明清时期，文风兴盛，是凉州文化发展的黄金阶段。在历史的长河中，以武威为中心形成的凉州文化，在中国文化发展史上留下了辉煌灿烂的绚丽篇章，形成了厚重的文化积淀和多彩的文化形态，并在今天仍然有深远影响。中国社会科学院古代史研究所所长、研究员卜宪群先生谈到："广义的凉州文化指整个河西地区的文化，凉州文化的研究可将武威及其周边的文化辐射区包括在内。""凉州文化在中国历史上占有重要地位，为中华文化的多样性做出了贡献，也为统一的多民族国家形成做出了贡献。"

"关乎人文，以化成天下。"高质量经济发展离不开高质量文化建设。习近平总书记指出，要大力挖掘、传承、保护、弘扬传统文化，揭示蕴含其中的文化精神、文化胸怀，坚定文化自信。凉州文化是中华优秀传统文化的重要组成部分，以其特色鲜明、内涵博大而熠熠生辉，在当前文化强省建设中发挥着重要作用。凉州文化之于武威，是绵延悠长、活灵活现的一种文化形态，是推动武威不断发展的力量源泉。武威市凉州文化研究院在文化研究工作中，始终正确把握传承和创新的关系，深入挖掘优秀传统文化，结出了累累硕果。我多次去武威考察，与当地领导和专家学者交流较多，深感武威市各界对凉州文化的无比自豪和高度重视。为推动历史文化推陈出新、古为今用，以文塑旅、以旅彰文，加快文化旅游名市建设，武威市专门成立了武威市凉州文化研究院，给予编制、经费等方面的大力支持。武威市凉州文化研究院起点高、视野宽，以挖掘、开发、研究、提升为重点，制定了长远翔实的研究计划，开展了一系列卓有成效的学术交流工作。如与中国社会科学院古代史研究所深度合作，举办高层次的学术研讨会，深入挖掘凉州文化的价值，取得了诸多学术成果；与浙江大学、兰州大学、西北师范大学、甘肃省社会科学院等高校和科研机构合作，从多方面研究和传播凉州文化，持续扩大凉州文化的学术影响力，社会反响热烈。

近日，武威市凉州文化研究院的张国才院长给我寄来《凉州文化丛书》（第一辑）的书稿，委托我为这套丛书作序。出于他及其同事们精益求精、一丝不苟的治学精神和对弘扬凉州文化的深厚情怀和满腔热情，我便欣然应允，借此机会谈一些自己阅读书稿的体会。

一是丛书的覆盖面广。《凉州文化丛书》（第一辑）选取武威具有代表性的特色文化，从不同角度阐释凉州文化的丰富内涵和独特魅力。《武威地名的历史传承与文化内涵演变》通过研究分析武威地名形成的自然环境、制约因素、内在规律、文化成因等，考证其背后的历史文化，讲述地名故事，总结武威地名的历史变迁、命名规律等，对促进武威地名文化遗产保护，推动武威地名文化深入研究，进一步提高武威地名文化品位，彰显凉州文化魅力，具有积极的作用。《古诗词中的凉州》选取历代诗人题写的有关凉州的边塞气象、长城烽烟、田园风情、驼铃远去、古台夕阳等诗歌，用历史文化散文的形式解读古诗词中古代凉州的政治、经济、军事、历史、文化等，把厚重浩繁、博大精深的咏凉诗词转化为一篇篇喜闻乐见、通俗易懂、轻松活泼的文史散文，展现诗词背后辉煌灿烂的凉州文化。《汉代武威的历史文化》既有汉代武威地区的自然地理、行政建制、军事防御、物质生活、精神生活、社会发展，也有出土的代表性简牍的介绍及价值评说。借助历代典籍和近现代学者的相关研究，力求还原客观真实的武威汉代历史文化。在论述时，尽量采取历史典籍和出土文物、文献相结合的方式，深入挖掘武威出土文物背后的故事。《武威长城两千年》聚焦域内汉、明长城遗存，从自然地理、生态环境、军事战略、区域文化等方面进行了解读，既有文献史料的梳理举隅，也有田野调查的数据罗列，同时结合国家文化公园建设，就武威长城精神、长城文化遗产保护利用等作了阐释，对更好挖掘长城文化价值、讲好长城故事、推动长城文化资源"双创"有所裨益。《武威吐谷浑文化的历史书写》在收集、整理吐谷浑历史资料和最新研究成果的基础上，以吐谷浑的来源、迁徙及其政权建立、兴衰和灭亡为主要脉络，探讨吐谷浑在历史上与武威有关的内地政权的关系，进而研究吐谷浑的政权经略、文化影响及历史作用，重点突出，视野宏阔，这种研究对于铸牢中华民族共同体意识是十分必要的。《清代凉州府儒学教育研究》以清代凉州府的儒学教育为研究对象，既有对凉州府儒学教育及进士的概括性研究，也有对凉州府进士个体的研究，点面结合，"既见森林，又见树木"，使读者获得更为丰满的凉州府进士形象。通过一个个活灵活现的人物形象，更加生动具体地揭示了当时儒学教育的样貌。《武威匾额述略》主要从匾额的缘起流变、分类制作入手，并对武威匾额进行整理研究，全面分析了武威匾额的艺术赏析、价值功能，生动诠释了武威深厚的历史文化内涵及其蕴含在匾额中的凉州文化，是我们走进武威、打开武威历史的一把重要钥匙。《清代学人笔下的河西走廊》选取陈庭学、洪亮吉、张澍、徐松、林则徐、梁份等十位学人，通过钩沉其传记、年谱、文集、诗集等相关史料，在前人研究的基础上，重点反映清代河西走廊的地理、历史、人文、民俗等，展示了一幅河西走廊多民族交往交流交融的历史画卷。《河西历代人口变迁与影响》对河西历代人口数量等方面进行考察，阐述历史时期河西人口与政治、经济之间的动态关系。《河西生态变迁与生态文化演进》以河西地区生态变迁较为突出的汉、唐、明清时期为主要脉络，采用地理学、考古学、历史学、生态学等学科相结合的研究方法，对河西地区历史时期的生态变迁、生态文化演进做了全面的研究。阅读这十本书，既能感受到博大厚重的凉州文化，又能体会到凉州文化的包容性、多样性的特征。

二是丛书的学术价值高。《凉州文化丛书》（第一辑）各位作者在前期通过辛勤的考察调研，搜集了大量的资料，然后根据实际需要开展研究性撰写，既吸收了前人的研究成果，又融入了自己的观点，既体现了历史文化的严谨准确，又对其进行创新性、前瞻性解读，思考的角度也有所不同，研究的方法也有新的突破。此外，丛书中的每一本书都由武威市凉州文化研究院与甘肃省社会科学院的研究者合作完成，在专业、学术、研究、视野、资料搜集等方面具有互补性，在撰写的过程中互相探讨交流，无形之中提高了丛书的质量。因此整套丛书无论从研究深度，还是学术价值，都比以往研究成果有新的提高。有些书稿甚至让人眼前一亮、耳目一新，颇有不忍释卷之感。

三是丛书的可读性强。《凉州文化丛书》（第一辑）注重学术性和资料性，兼顾通俗性和可读性，图文并茂。在进行深度挖掘、系统整理的基础上，又对文化展开解读，符合当下社会各界的文化需求，既方便专业研究人员查阅借鉴，也能让普通读者也喜欢读、读得懂，对于普及武威历史、凉州文化，提高全社会的文化自信等，具有重要的作用和意义。

编一套丛书，实不易也。武威市凉州文化研究院以初创时的一张白纸绘蓝图，近几年已编撰出版各类图书二十多本种，每一种都凝聚着凉州文化研究工作者的心血和汗水。几载光阴，他们完成了资料的整理研究，向着更为丰富、更加系统的板块化研究方向迈进，这又是多么可喜的一步。这十本书，正是该院与甘肃省社会科学院紧密合作，组织双方研究人员共同"探宝"凉州文化的有益之举。幸哉，文史研究工作，本为枯燥乏味之事，诸位却在清冷中品出了甘甜，从寂寞中悟出了真谛，有把冷板凳坐热的劲头，实为治学之精神，人生之追求。

《凉州文化丛书》（第一辑）是武威市凉州文化研究院的阶段性成果，集中展示了武威市凉州文化研究院学术研究成果，值得庆贺！希望武威市凉州文化研究院以此为契机，积极吸收最新的学术研究成果，从西北史、中国史、丝绸之路文明史的大视野来审视凉州文化，多出成果，多出精品，为凉州文化的传承发展做出更大的贡献。

是为序。

田 澍

2023 年 8 月 31 日于兰州黄河之滨

田澍，西北师范大学副校长、教授、博士生导师，中国历史研究院田澍工作室首席专家，《兰州通史》总主编。

作为一种文化符号的长城

可以这么说：自从张骞"凿空"西域，陆上丝绸之路开通以来，武威便跃升为指示中原王朝兴衰的风向标。浏览史册，武威稳固无虞，中原王朝一般都处在大一统局面，至少也能维持大一统体系；反之，武威风雨飘摇，中原地区则内忧外患，或分崩离析。武威对于泱泱中华的重要性，可见一斑。

需要强调的是，在中华民族共同体的大格局中，在任何一个时代，无论兴旺繁盛到什么程度，抑或荒僻落魄到什么境况，武威都是一个边陲小城，其作用既不可无限夸大，更不可小觑甚至无视。对于国家版图内的任何一个地方，在国家层面的定位，客观准确，不偏不倚，既是开展历史文化研究的学术纪律，也是其价值取向。

读过海敬、贾海鹏《武威长城两千年》之后，最为明显的感受就是：立足武威，放眼中华，尊重历史，充分挖掘和调动历史文化资源，运用从历史文化的幽深处流淌而出的源头活水，为培植、重塑和强化一个地域的文化形象而助力。

打开从汉朝以来历代中国的疆域图，武威所处地理位置的重要性不言而喻，它既是内地连接西北边疆的重要驿站，也是亚欧大陆腹地交通的节点。需要注意的是，许多文章，或人们的日常言说都强调了武威在大陆东西向交流中的重要节点作用，这是没有什么问题的。不过，武威更是一个十字路口：这里既是东西向往来的必经之地，也是蒙古高原和青藏高原的接合部。武威一隅，坐中四联，沟通东西，连接南北。

这种历史文化景观集中体现在武威境内的长城设施上。武威境内的长城主要是汉长城和明长城，不同的时代，不同的战略定位，但其基本的功能是大体一致的，就是保障交通，维护和巩固国家统一。

研究历史是从过去给今天的发展汲取养分。长城原有的功能早已化为历史册页中的悠远记忆，仍然存留在高天旷地间的长城遗迹，也成为人们回望历史长河的载体。长城最初的功能已经还给了悠久的历史和永恒的时间，但也正因为如此，长城的地位却在逆势上扬，这是历史的地位，文化的地位，民族精神的地位。回望历史，每当风雨如晦时，长城就会成为中华民族不屈不挠、自立自强的精神动力，而每当高歌猛进时，长城又会成为中华民族精神的高标引领。因此，长城是一个文化符号，长城属于中国，也是人类精神谱系中不可或缺的文化元素。

我与长城有着很深的精神渊源。在二十岁出头时，我曾随导师徒步考察过战国秦长城，每天行走在长城线上，每一处长城遗迹都会给我带来心灵的震撼和文化的启迪，从此，我的灵魂中便筑起了一道坚固的文化长城。以后的几十年间，凡是有长城的地方，我几乎都曾涉足观摩过。对我来说，相对于研究长城，文化精神上的熏陶磨砺也许更重要。我认识到，作为一个中国人，不了解长城，很难准确理解中国的历史文化。武威境内的长城我也曾多次膜拜过，谈不上研究，感性认识而已，读罢《武威长城两千年》，不用说，为我对武威境内的长城以及对整个长城的认识和理解，提供了一个新的维度。

感谢两位作者，以上读后感，权且为序。

马步升

2023 年 11 月 18 日于兰州

马步升，甘肃省文联副主席，甘肃省作协名誉主席，甘肃省社科院研究员。发表小说、散文和学术论著近千万字，曾获"中国人口文化奖""老舍文学奖"等二十多项奖项，多次担任茅盾文学奖、鲁迅文学奖和骏马奖评委。

目　录

第一章

武威地理、人文情况概述

巍巍长城，历经自公元前 7 世纪至公元 17 世纪 2000 多年的建造史，前后涉及我国春秋战国、秦、汉、晋、南北朝、隋、唐、五代、宋、辽、金、明等 12 个历史朝代。长城主要分布在黑龙江、吉林、辽宁、河北、天津、北京、山东、山西、内蒙古、河南、陕西、宁夏、甘肃、青海、新疆等 15 个省（自治区、直辖市）的 404 个县（区）[①]，东西南北交错，翻越崇山峻岭，穿越茫茫草原，跨过戈壁沙漠，最终奔向苍茫大海。作为世界上体量最大、跨越范围最广、修筑时间最长的地面军事工程，长城凝结了中华民族的勤劳智慧，承载着中华民族形成与发展的历史。

甘肃是全国长城资源富集的省份，大量的秦、汉、明长城遗存，武威作为河西走廊东端门户，保留有丰富的汉、明长城遗址。武威作为"万里长城"时空上的一个片段，其修建与分布既有长城的共性，也有它自身的特点。

---

① 段清波等著:《中国历代长城研究》，北京:经济科学出版社，2018 年，第 5 页。

第一节　武威地理位置简析

武威，古称凉州、姑臧、雍州，地处中国西北地区，甘肃省中部，是河西走廊东端门户，因其东望长安，西通西域，南倚祁连山脉，北接腾格里沙漠，自古就是古丝绸之路的咽喉要冲。自西汉武帝发动对匈奴战争，打通河西走廊、设郡置县之后，历经汉、唐、元、明、清等大一统王朝，武威一直是连接中原和西域的重要纽带，是古代中原与西域的经济枢纽，中外商贾云集的大都会，中原文化和西域文化的融汇传播之地，在政治、经济、文化、军事、宗教等各领域发挥着重要作用。陈寅恪先生在其《隋唐制度渊源略论稿》中就有所论述："河陇区域……但除文化一端外，其地域在吾国之西北隅，与西北诸外族邻接，历来不独为文化交通之孔道，亦为国防军事之要区。"[1] 历代正史、方志典籍中对武威地理位置的重要性也多有论述。

一、正史中武威地理论述举隅

武威地处黄土高原、青藏高原、蒙古高原的交汇地带，在祁连山冰雪融水的滋养和灌溉下，较早形成了绿洲平原。作为地理概念的"武威"，其内涵随着朝代更迭有所不同。根据考古发现，在新石器时代晚期，也就是距今约5000年前，这片土地就已经诞生了自己的文化。[2] 在公元前121年汉武帝派霍去病两次出击河西、匈奴浑邪王率数万部众投降以前的几千年时间，这里主要

---

[1] 陈寅恪：《隋唐制度渊源略论稿》，北京：三联书社，2004年，第161页。
[2] 武威市凉州文化研究院编：《凉州文化概览》，银川：宁夏人民教育出版社，2019年，第2页。

居住的是大夏、月氏、乌孙等民族，最后是匈奴。

两汉时期

《汉书·地理志》中记载："自武威以西，本匈奴昆邪王、休屠王地，武帝时攘之，初置四郡，以通西域，鬲绝南羌、匈奴。其民或以关东下贫，或以报怨过当，或以悖逆亡道，家属徙焉。习俗颇殊，地广民稀，水草宜畜牧，故凉州之畜为天下饶。保边塞，二千石治之，咸以兵马为务。"① 直接指出了武威拥有优良的畜牧自然条件，在军事上具有隔绝羌族和匈奴、保障河西走廊通道边塞安宁的战略意义。《汉书·地理志》详细记载了武威郡的户口和所辖县："武威郡，故匈奴休屠王地。武帝太初四年开。莽曰张掖。户万七千五百八十一，口七万六千四百一十九。县十。"② 与同时期河西其他三郡相比，例如"敦煌郡……户万一千二百，口三万八千三百三十五。县六""酒泉郡……户万八千一百三十七，口七万六千七百二十六。县九""张掖郡……户二万四千三百五十二，口八万八千七百三十一。县十"③，武威所辖县与张掖郡一样多，户数和人口数也与张掖郡不相上下。到东汉时期，武威郡所辖县和户口、人数已跃升至四郡之首。《后汉书》记载："武威郡……十四城，户万四十二，口三万四千二百二十六。……张掖郡……八城，户六千五百五十二，口二万六千四十。……酒泉郡……九城，户万二千七百六。……敦煌郡……六城，户七百四十八，口二万九千一百七十。"④

"凉州大马，横行天下"，武威强悍的军事力量受到历代政权统治者的重视，例如西晋在讨蜀的过程中就曾依靠凉州军事力量："昔伐蜀，募取凉州兵

---

① （汉）班固撰：《汉书》卷二八·地理志第八下，北京：中华书局，1962 年，第 1644—1645 页。

② （汉）班固撰：《汉书》卷二八·地理志第八下，北京：中华书局，1962 年，第 1612 页。

③ （汉）班固撰：《汉书》卷二八·地理志第八下，北京：中华书局，1962 年，第 1613—1614 页。

④ （南朝宋）范晔撰：《后汉书》卷一一三志第二三，北京：中华书局，1965 年，第 3520—3521 页。

马、羌胡健儿，许以重报，五千余人，随艾讨贼，功皆第一。"[1]五千凉州健儿随邓艾军征蜀汉，奋勇搏杀都取得了功绩。相反，失去凉州必会对中原政权造成威胁，如晋武帝时期，"凉州刺史杨欣失羌戎之和，隆陈其必败。俄尔欣为虏所没，河西断绝，帝每有西顾之忧，临朝而叹曰：'谁能为我讨此虏通凉州者乎？'"[2]三国蜀汉时期，虽然凉州在曹魏的控制下，但是蒋琬在与费祎等人商议防御曹魏时，也认识到凉州的战略意义，指出"凉州胡塞之要，进退有资，贼之所惜；且羌、胡乃心思汉如渴……以为事首，宜以姜维为凉州刺史"[3]。

两晋南北朝至隋唐时期

西晋结束三国鼎立之势，但统一的局面并没有维持很久，西晋末年"八王之乱""永嘉之乱"引起社会动荡，中国再次进入了自春秋战国以来的大分裂时期——南北朝。这一时期武威的地位更加凸显，河西"五凉政权"除西凉外，前凉、后凉、南凉、北凉均以姑臧城（今武威城区）为国都，武威成为西北名副其实的政治、经济、文化、军事中心，地理位置的重要性进一步加强。至隋朝时，凉州仍然被认为"得之可图大事"，如隋朝开国大将王世积升任凉州总管后，"其所亲谓世积曰：'河西天下精兵处，可以图大事也。'"[4]唐初，武威多次成为各政权争夺的地带，如唐高祖李渊时期，吐谷浑多次侵扰凉州，"其年，吐谷浑寇凉州，子干以行军总管从上柱国元谐击之，功最优，诏褒美。"[5]取得战争胜利后，贺娄子干认为"陇右之民以畜牧为事，若更屯聚，弥不获安。只可严谨斥候，岂容集人聚畜。请要路之所，加其防守。但使镇戍连接，烽候相

---

① （唐）房玄龄等撰：《晋书》卷四八列传第一八，北京：中华书局，1974年，第1340页。

② （唐）房玄龄等撰：《晋书》卷五七列传第二七，北京：中华书局，1974年，第1554页。

③ （晋）陈寿撰：《三国志》卷四四·蜀书一四，北京：中华书局，1959年，第1059页。

④ （唐）魏徵等撰：《隋书》卷四〇列传第五，北京：中华书局，1973年，第1173页。

⑤ （唐）魏徵等撰：《隋书》卷五三列传第一八，北京：中华书局，1973年，第1352页。

望，民虽散居，必谓无虑"①，阐明河西凉州应该在要害之处加强防守，并借助汉长城的烽燧进行预警，才能确保边境无患。

唐朝名将、两度拜相的郭元振在担任凉州都督期间，"始于南硖口置和戎城，北碛置白亭军，制束要路，遂拓境千五百里，自是州无虏忧。……旧凉州粟斛售数千，至是岁数登，至匹缣易数十斛，支廥十年，牛羊被野。治凉五岁，善抚御，夷夏畏慕，令行禁止，道不举遗。"②足以证明武威对于大唐王朝守护河西走廊安全、保障丝绸之路畅通的意义。

"安史之乱"是大唐王朝的一个转折点，凉州在安史之乱后被吐蕃占领，唐宣宗大中五年（851年），"沙州刺史张议潮以瓜、沙、伊、肃十一州之地来献"③，唐朝派兵戍守，凉州及河西重新归唐朝管辖。唐末五代中原动乱，凉州将士仍坚强地守护着这片疆域。五代十国时期，虽然割据动荡，但凉州仍然试图和中原保持联系，如后唐明宗长兴四年（933年），凉州留后孙超遣使拓跋承谦及僧、道、耆老杨通信等至京师，求旄节，后唐明宗拜孙超为凉州节度使，接续了中原王朝对凉州的管辖。后汉隐帝时，凉州留后折逋嘉施来请朝命，汉即以为节度使。后周太祖广顺二年（952年），嘉施遣人到京师卖马，并请命帅等等，这也从侧面反映出凉州对中原政权的重要性，是他们不可忽视或者想依凭的一股政治军事力量。

宋、元、西夏时期

宋、元、西夏时期，各政权也都很重视对凉州的经营。两宋是我国封建社会发展的高峰，物质文明和精神文明都取得了极大的成就，但是始终面临极大的边境军事压力，并没有恢复"汉唐旧疆"大一统王朝。究其原因，有统治者

---

① （唐）魏徵等撰：《隋书》卷五三列传第一八，北京：中华书局，1973年，第1352页。

② （北宋）欧阳修等撰：《新唐书》卷一二二列传第四七，北京：中华书局，1973年，第4362页。

③ （元）脱脱等撰：《宋史》卷四九二列传第二五一，北京：中华书局，1977年，第14151页。

"崇文抑武""守内虚外"等治国理念的因素，但失去对凉州及河西走廊的控制同样是一个重要原因。北宋立国之初，一度与凉州保持着密切的联系，如乾德四年（966年），"知西凉府折逋葛支上言：'有回鹘二百余人、汉僧六十余人自朔方路来，为部落劫略，僧云欲往天竺取经，并送达甘州讫。'诏褒答之。五年，首领间逋哥、督廷、督南、割野、麻里六人来贡马。开宝六年，凉州令步奏官僧诧毡声、通胜拉蠇二人求通道于泾州以申朝贡，诏泾州令牙将至凉州慰抚之。"①淳化二年（991年），"权知西凉州、左厢押蕃落副使折逋阿喻丹来贡。先是，殿直丁惟清往凉州市马……至道元年，凉州蕃部当尊以良马来贡"②等等。最终，北宋朝廷"诏以丁惟清知州事，赐以牌印"，利用凉州所处的有利战略位置和蕃部势力牵制党项。但由于北宋立国之初的外患始终是北部的契丹，忽视对凉州的经略，最终使得党项势力坐大，进而失去对整个河西走廊及西域的控制，边境线收缩到陇东一带，成为终两宋之世都无法彻底解决的问题。西夏在此建立西凉府，充分利用战略地位，从容地周旋于两宋、契丹、金、蒙古等强敌政权之间，享国祚近200年之久。清朝学者吴广成对凉州十分赞赏，称武威是"天府之国"，他在《西夏书事》中写道："灵州为腹，西凉为尾，有灵州则绥、宥之势张，得西凉则灵州之根固。况其府库积聚，足以给军需、调民食，真天府之国也。嗣后保吉身亡，德明终能保守灵、夏，岂非凉州畜牧甲天下，借以养成锐气哉？"③

凉州地理位置特殊，拥有凉州就可以坐拥西北，守八方平安。公元13世纪中期，西藏萨迦派领袖萨迦班智达和蒙古汗国皇子阔端在武威白塔寺进行会

---

①（元）脱脱等撰：《宋史》卷四九二列传第二五一，北京：中华书局，1977年，第14151页。

②（元）脱脱等撰：《宋史》卷四九二列传第二五一，北京：中华书局，1977年，第14154页。

③（清）吴广成撰，龚世俊等校证：《西夏书事校证》第六卷，兰州：甘肃文化出版社，1995年，第89页。

盟，标志着西藏正式纳入中国版图，对多元一体中华民族的历史进程产生重大而深远的影响。这次会盟史称"凉州会盟"，地点就选择在具有重要战略意义的武威。

明清时期

明清时期，武威仍然是西北重镇、丝路要塞，在明廷经略西北战略布局中发挥着重要作用。《明史》兵制开篇概述："元人北归，屡谋兴复。永乐迁都北平，三面近塞。正统以后，敌患日多。故终明之世，边防甚重。东起鸭绿，西抵嘉峪，绵亘万里，分地守御。初设辽东、宣府、大同、延绥四镇，继设宁夏、甘肃、蓟州三镇，而太原总兵治偏头，三边制府驻固原，亦称二镇，是为九边。"①明朝初期，大将濮英和宋晟就在凉州一带训练士兵，作为明廷经图西进的后方基地和前线指挥中心，并在同西部蒙古各部族的用兵中取得了胜利。朱元璋亦将斩获的两千匹马拨付凉州卫，补充战事消耗，增加凉州的军事力量。特别是宋晟长期镇守凉州，史载"晟凡四镇凉州，前后二十余年，威信著绝域……'西北边务，一以委卿，非召命，毋辄来。'"②。凉州地处甘州和肃州中间，起着上下连接的纽带作用。《明史·王复传》就说道："永昌、西宁、镇番、庄浪俱有险可守。惟凉州四际平旷，敌最易入。又水草便利，辄经年宿留。远调援军，兵疲锐挫，急何能济。请于甘州五卫内，各分一千户所，置凉州中卫，给之印信。其五所军伍，则五卫内余丁选补。且耕且练，斯战守有资，兵威自振。"③

清朝兴起于东北关外，东北是其龙兴之地，相对稳固。故终有清一代，北部边防经略的重心西北用力最多，在平准噶尔部、罗卜藏丹津等时，武威发

① （清）张廷玉等撰：《明史》卷九一志第六七，北京：中华书局，1974年，第2235页。

② （清）张廷玉等撰：《明史》卷一五五列传第四三，北京：中华书局，1974年，第4246页。

③ （清）张廷玉等撰：《明史》卷一七七列传第六五，北京：中华书局，1974年，第4717页。

挥了很大的作用。《大清一统志·凉州府》记载："天梯亘前，沙河绕后。左有古浪之险，右有西山之固。东控宁夏，南距黄河，西连番部，北际沙漠。一线岩疆，三边重镇。"①雍正十三年（1735年），"设甘肃凉州八旗满、蒙、汉兵凡二千人。"乾隆二年（1737年），"设凉州将军、副都统各一人，满、蒙、汉佐领、防御、骁骑校、步军尉及八旗骁骑二千人，步军六百人。"乾隆二十七年（1762年），"以凉州、庄浪驻防兵五千，并户口移驻伊犁。"②从西北河州、西宁、宁夏、肃州、凉州等镇总兵的统辖军事力量来看，"河州镇总兵统辖镇标二营，兼辖洮岷协、循化等营。……西宁镇总兵统辖镇标五营，兼辖镇海协、西宁城守等营。……宁夏镇总兵统辖镇标五营，兼辖中卫协、花马池等营。……肃州镇总兵统辖镇标三营，兼辖金塔、安西二协，肃州城守等营。"而凉州镇总兵却"统辖镇标五营，兼辖永昌、庄浪二协。镇标中营、左营、右营、前营、后营，西把截堡，永昌协，宁远营，水泉营，新城营，张义营，镇番营，安城营，大靖营，土门营，庄浪协，俄博岭营，松山营，镇羌营，岔口营，红城堡，红水营，三眼井营"，③军事力量是最多的。康熙十三年（1674年），陕西提督王辅臣叛应吴三桂，"图海请调凉州、宁夏、固原诸镇兵进攻兴安、汉中。"④充分地彰显了武威连接东西的作用，西进可支援新疆，东下可平定陇右。

二、其他史料中武威地理论述

相比各朝代官方编撰的正史记述，方志或札记类史料中对武威地理重要性

---

① 《钦定四库全书·史部》《大清一统志》卷二百六《凉州府》，第四一（二）页。

② 赵尔巽等撰：《清史稿》卷一三〇志第一〇五，北京：中华书局，1977年，第3870—3871页。

③ 赵尔巽等撰：《清史稿》卷一三一志第一〇六，北京：中华书局，1977年，第3917—3918页。

④ 赵尔巽等撰：《清史稿》卷二六八列传第五五，北京：中华书局，1977年，第9979页。

的论述更加聚焦和精准。清代顾祖禹《读史方舆纪要》中对包括武威在内的整个河西走廊地理变迁沿革和重要性做了整体论述：

　　河山襟带，扼束羌戎。汉武开河西，遏绝羌与匈奴相通之路，使不能解仇合约，为中国患。盖其地跨越边塞，保险阻，宜畜牧，自古称凉州之畜，为天下饶也。天下多事，群雄恒睥睨于此。更始初，窦融私谓其兄弟曰：天下安危未可知。河西殷富，带河为固，张掖属国，精兵万骑，一旦缓急，杜绝河津，足以自守，此遗种处也，乃求为张掖属国都尉，卒保有五郡，挈以归汉。晋永康二年，张轨以天下方乱，阴有保据河西之志，乃出为凉州刺史。盖祖窦融故智也，遂世有凉土，保境息民，复以兵威慑服西域，雄长一隅几七十年。太元初，符秦并凉，使梁熙为刺史。十年，关中乱，熙亦图据凉州，会吕光平西域，引兵还至宜禾。高昌太守杨翰言于熙曰：吕光新破西域，兵强气锐。闻中原丧乱，必有异图。河西地方万里，带甲十万，足以自保。若光出流沙，其势难敌。高梧谷口，险阻之要，宜先守之，而夺其水，可以坐制；如以为远，伊吾关亦可拒也。度此二厄，虽有子房之策，无所施矣。熙不从，光遂据凉州。后十余年，秃发、沮渠以及李暠之徒，后先角立，分裂其地，亦皆一再传而后亡。岂非以山川厄塞，负隅易固哉？北魏主焘平统万及秦、凉，以河西水草丰美，用为牧地，蓄甚蕃息，马至二百余万匹，橐驼半之，牛羊无数。隋之末也，李轨窃有其地。唐武德二年，克平之，渐有事于西域。昔人言：欲保秦、陇，必固河西；欲固河西，必斥西域。汉人由此，而羌、戎宾服者二百余年。……盖河西，强兵足食之本也。武后时，陈子昂言：凉州岁食六万斛，甘州所积四十万斛。观其山川，诚河西咽喉。地广粟多，户止三千，胜兵者少，屯田广野，仓庾丰衍，瓜、肃以西，皆仰其馈。……尝考河西水草丰饶，训兵足赋，于屯牧为宜。昔人云：

屯修于甘，四郡半给；屯修于甘、凉，四郡粗给；屯修于四郡，则内地称苏矣。夫耕屯之政，同牧之设，旧章具在，可勿讲欤？诚安恃欤？[1]

武威水草丰美，地广粟多，具有得天独厚的自然地理条件，占据此地，足能成就一番霸业。

清顺治年间，陕西布政使司参议苏铣在编撰《凉镇志》时写道："河西五郡，远设天末，凉州地居适中，为五道咽喉，四面环山，番夷北处，官民惟中居一线耳。前朝见为边镇要塞之地，富边则有钱粮之充裕，强边则有兵马之云集，实边则有墩台之联络，即斗悬孤立，在我有备可恃无恐。"[2]

在现存武威重要的地方志《五凉考治六德集全志》一书中，曾钧撰写的《凉州疆域总图说》，其论述的地域涵盖今天武威三县一区（天祝县、古浪县、凉州区、民勤县）：

凉州为河西中权，东西邪衰七百余里，南北广三百余里。

就其四塞而论，其南则红城当庄浪、西宁之要，而苦水、黑山为左护。西大通扼湟中之咙，西援西宁，东蔽庄浪。自南而东，由平城、松山以通宁夏。自南而西，连峰叠巇，直达嘉峪。

庄浪营而下，武胜、岔口、镇羌、安远、黑松、古浪，蟠据山峡，历武威之张义、上古、把截、炭山，永昌之永安、新城、高古、阿博，抵甘之达马营，皆倚南山为控制。

其东接兰州之镇房堡，历永泰、三眼井、红水、松山、双井、阿霸、裴家，古浪之大靖、土门，武威之高沟迤北，循蔡旗、黑山、青

---

[1]（清）顾祖禹撰，贺次君等点校：《读史方舆纪要》卷六十三陕西十二，北京：中华书局，2005年，第2970—2973页。

[2]（清）苏铣纂修：《丁酉重刊凉镇志·序》，中国国家图书馆官网"数字方志"，第46页。

松、南乐，而至镇番，孤悬沙漠，凉州门户于兹立焉。而柳林、拜鸦，旷渺无垠，尤入寇之冲，且地溥盐利，中外所争。风沙荡漾，沟塍开壅无常，边垣堵筑无基，最可危也。

自镇番西而至永昌，边墙之内，则有永宁、水泉；边墙之外，则有宁远；而昌宁乃四达之郊，韭菜、白芨二口，为内窥之窦。逾此而西，则甘、肃矣。

平番迤南诸山，番土族居。庄浪土司，驻牧连城，土民蕃衍，分布大通河内外，捍西海而卫庄浪。其他番族，散处于镇羌、平城、鱼沟左右两山之间。属古浪者，则有南冲、极乐、朵什、大佛等寺；属武威者，则有张义、上古、卯藏、大水、善法等处；属永昌者，则有江陵、寒鸦、平羌、鸾鸟等口。其间番族错落，众寨相差，各就所近之营以为辖。

迤北边墙内，自咸水河沿延平古而北至土门外，自三眼井北环武镇而西，抵永昌达山丹之峡口，皆与北部住牧为邻。边墙之外，东则天涝、白墩，界交中卫。陡岘峙于沙碛，与迤北之双墩、十三个井、鞍子山，距贺兰或三百里而近，或五百里而遥，皆鸣镝之野，驰鹜之场也。

通盘计之，平番首也，古浪喉也，武威腹也，永昌足也，镇番尾也。故庄浪一营，其左则红城、苦水、通远、大通、连城土司；右则镇虏、永泰、三眼井、红水、平城、鱼沟、双井、阿霸、裴家，以为犄角；中则武胜、岔口、镇羌、安远、古浪，以通要害。武威之南，则张义、上古、把截、炭山，塞崎岖之隘；东北则大靖、土门、高沟、蔡旗、黑山、青松、南乐、镇番，捍广漠之区；永昌控其西，新城、高古，应其提挈，而凉镇居中，握柄转枢。诸营如展股臂，呼吸通而运掉灵，率然之势，不较然乎？

且夫固堂室者，守门户；欲固门户，守藩篱。藩篱严，则门户堂室之守益固。昔郭代公筑军白亭，策为最长。今日之星罗棋布，而又益以新城者是也。圣夫子内修外攘，怀柔震叠，凡我文武寅察，体是以永固疆圉（yǔ），当必有金汤之计，而非区区门户之说也。①

曾钧的论述可谓是极其详细，通篇立足军事地理的角度，不仅从外部指出了武威周边接壤的地区，而且从内部各个关隘要口、乡镇古堡等做了分析，内外结合，最后做出"平番首也，古浪喉也，武威腹也，永昌足也，镇番尾也""而凉镇居中，握柄转枢"的总结，使人对武威地理区位、军事战略意义的认识更加深刻。

武威地处丝路咽喉，既有峻峭挺拔的祁连山，也有绿荫遍布的牧场草原；既有广袤的戈壁沙漠，也有湖水环绕的良田沃土。多样的自然地理环境和重要的地理区位决定了历朝历代的政权都不能不重视对武威的经略。正如汉武帝取"武功军威"之意命名武威一样，长城的修筑过程始终遵循"因地制宜，以险制塞"的重要原则。因此，只有先从地理环境上了解武威的重要性，才能更好地理解为什么汉、明大一统王朝都要在此修筑长城，才能更好地剖析两千年来武威长城文化的形成及其价值内涵的演变。

---

① （清）张珶美总修，张克复等校注：《五凉全志校注》，兰州：甘肃人民出版社，1999年，第7—8页。

第二节　武威多样的地貌特征

武威境内有重要的河流水系——石羊河，灌溉滋润了大片的沃野绿洲，使武威成为从中原进入河西走廊的第一个军事重镇，素有河西走廊东端门户之称。其地理位置特殊，地形复杂，境内有高山、丘陵、平原、河谷、雪山、绿洲、戈壁、沙漠等地形地貌景观断续分布。其西南部祁连山区群山绵延，山势高峻；在乌鞘岭西北又有古浪峡，峡谷两侧峭壁耸立，地势险要，颇有"一夫当关，万夫莫开"之形胜；核心区域地势平坦、土壤肥沃，水源充足，是宜农宜牧的天然场所。这种山川错综、绿洲延绵、区域特征明显的地貌单元，为修筑长城"要地制塞，攻守兼备，巧用地利，就地取材"提供了先天自然条件。

武威拥有包罗万象的自然地貌风光，从雪山到冰川，从森林到草原，从沙漠到绿洲，从湖泊到河流，纵横 3.23 万平方公里的土地上，涵盖着除海洋以外绝大多数的地形地貌。现根据地方志记载，就境内山区、平原、谷地、沙漠、河流等主要地貌概述如下。[①]

山区

武威境内山区众多，根据地势可以分为西部高山高原区、西南部高山峡谷区、中部山区和山前低山丘陵区。

西部高山高原区：祁连山东延的支脉冷龙岭、卡洼掌、磨脐山、响水顶、代乾山、雷公山一带，地势高峻，海拔多在 4000 米以上，山峰则只有 4100—4874 米，相对高度不太显著，呈现出地势开阔坦荡、气势雄伟的高原特色，是青藏高原的东北边缘。雪线以上广布着现代冰川，冰雪资源丰富，以卡洼掌

---

① 武威市地方史志编纂委员会编纂：《武威地区志》，北京：方志出版社，2016 年。

为最高点，发源了许多向四周分流的放射状河流，河流切割山地，形成了许多深邃的峡谷。开阔的高原和山涧谷地水草丰美，是优良牧场。

西南部高山峡谷区：在金强河以南的马牙雪山、五台岭、桌子山、兰宝山一带，海拔在 3000 米以上，山脉呈西北—东南走向，在马牙雪山与青海的仙密大山、青石岭之间的西北—东南走向的大通河、马牙雪山与雷公山之间的金强河山地岭谷紧密相间，高山与深谷高低悬殊，山坡陡峭。尤其是马牙雪山轴部山地海拔很高，气候酷寒，冻裂风化十分强烈，形成了山峰陡峭、壁立千仞、巍峨嶙峋的地貌特点。雷公山近北的尖山、大牙豁冬青顶、莲花山、九条岭与杂木河之间的山地，山脉呈南—北—西走向，海拔在 2700—3200 米，西高东低。呈东南—西北走向的昌灵山（2930.7 米）等高山，因为海拔高，山地顶部冰缘作用明显，大部分地区林业茂密。

中部山区：金强河以北的乌鞘岭、毛毛山近于东西走向，海拔在 3000 米上下，长约 60 公里，宽约 30 公里，是一条狭长的山地。山地西连祁连山主脉，向东进白银市没入黄土高原，成为我国黄土高原的分界线。山区受地形影响降水较多，天然植被生长、保存较好。山地南侧坡较为平缓，在 50 公里的直线距离内，高差近 2000 米。河流少而且小，河蚀作用不太显著，但物理风化极为强烈，风化物质覆盖在山坡上，填充于沟谷中，以致主脊线两侧山形浑圆，外形完整，大部山地保持了原始山地构造的外形。山地的北侧坡较为陡峻，如乌鞘岭、毛毛山岭脊高度为 3949 米。北坡水量充沛，河流较多，主要的河流有安远河、直岔洞、西大滩河等。古浪县境内北部平原以南，横山桃树沟垴至秦家大山一线以北的山地，和昌灵山西南，大沟、头道沟以东一带山地也均属中山区，相对高度在 200—400 米之间，呈东西走向。这类山地面积较大，西靠古浪峡，北连黄花滩，东达大沟、头道沟一带，南依横山，有千余平方公里，分属西起十八里铺、东至裴家营的 11 个乡镇。黄羊川河以南的一些山地，为涵养水源区。

低山丘陵区：海拔在 2600 米以下的低山丘陵区在武威地区分布很广，主要分布在中部中山地带和民勤盆地的周围。天祝县境内，低山丘陵主要分布在金强河谷地、松山盆地、安远盆地、西大滩谷地、哈溪滩盆地、寨子滩盆地等周围，其相对高度在 50—200 米之间，山坡平缓。低山所踞之处，名为低山，实为丘陵，牧草丰茂，草原宽阔，适于发展畜牧业，是境内主要的牧区或旱作农业区。古浪县的低山丘陵除年家井一带分布的红土丘陵范围稍大外，其余均为零星分布。凉州区境内的低山丘陵区分布在张义、南营石关及长岭山一带垄岗低山和丘陵，属祁连山三级夷平面，海拔在 2000—2600 米之间，顶部比较平缓并向北倾斜，上覆沙砾和黄土状亚沙土，地面多为草原植被。民勤县境内的山地均为低山和丘陵地貌。低山分布于盆地南北边缘，植被稀疏，多呈单株生长。丘陵地貌多分布于剥蚀山前和盆地中部，山势平缓，坡度较小，低山和丘陵总面积 1617 平方公里，占县域面积的 10%。

平原

武威境内虽然山地众多，但是也分布有大片绿洲平原，是河西走廊东端走廊平原的集聚地。该平原位于祁连山与红崖山之间，呈西北—东南向延伸。其北部属民勤县，中部属凉州区，南部属古浪县。走廊平原按其成因和形态可分为山前洪积—冲积平原和冲积细土平原。

山前洪积—冲积平原是古浪、黄羊、杂木、金塔、西营诸河的冲积扇联合而成的倾斜平原，东西伸展百余公里，南北宽 15—20 公里。冲积细土平原位于洪积扇前缘泉水溢出带以北，海拔 1520 米以下的地区，这里地势平坦，泉水汇集形成的北沙河、南沙河、海藏河、白塔河、大沙河、石羊河等，河谷宽而浅，一般宽 200—300 米，曲流发育，在一些地区流下牛轭湖或沼泽地，经过长期耕耘，土壤肥沃，水源充足，是农作物稳产高产区。

此外，民勤县除红崖山以南的重兴、蔡旗、南湖三乡属于武威走廊平原尾端外，其余均属民勤盆地平原，依成因类型又分为湖积平原、冲积—洪积平原和洪积平原。湖积平原分布于绿洲周围和沙漠腹地，如青土湖、麻茨杆湖、井泉河、梭梭井、苏武山北麓等地，是石羊河灌溉余水汇集区，地势低洼平坦。湖积平原普遍受风蚀作用，形成 1—5 米风蚀残丘，地表盐碱化发育。冲积—洪积平原分布在盆地西南部即环河区、昌宁区、坝区、泉山区。该区域已有 2000 年的垦殖史，地势平坦、土质肥沃、渠道纵横，为全县最好的农耕区，被称为"沙漠绿洲"。绿洲面积 3485 平方公里，占县域总面积的 21.8%。洪积平原多分布于南北山前和山丘地带，如关照山、毛条山山前、沉井坑盆地、苏武山南麓等地，形成假戈壁景观。其形态多为倾斜平原。

谷地、盆地

天祝县境内最狭长的谷地是大通河和金强河两岸，谷地地势广阔平坦，土壤肥沃，便于灌溉，是主要的农业区，也是天祝最大的冷凉灌溉区。此外还有许多小型的盆地和谷地，主要集中在中部中山周围及西北部高山高原的东北边缘。除金强河谷地外还有松山盆地、安远盆地、西大滩谷地、哈溪盆地、寨子滩盆地等。这些谷地和盆地均为该县的重要农业区和草原。

古浪县境内的谷地形成于丘陵山地之间，沿河谷分布的较狭窄地带有古浪河上游的龙沟河谷地、黄羊川河谷地、古浪河支流的柳条河谷地，大靖河上游的酸茨坝河谷地等，是县境内最好的川地产粮区。

沙漠

武威地区沙漠总面积为 15752 平方公里，占全域总面积的 47.39%。除天祝县外，其余两县一区均有分布，其中民勤县是重点分布区，有 8148 平方公里，占全县总面积的 51.8%。

民勤位于巴丹吉林沙漠与腾格里沙漠之间，县境内的沙漠主要分布在盆地东、北、西边缘，盆地中部亦有片状、带状零星分布。依其形态分为蜂窝状、网络状、新月形沙丘，复合式沙丘，风积覆盖沙丘，固定和草丛沙丘。凉州区的沙漠地貌分布在区境东部，以红水河为界，分为东沙窝和腾格里沙漠两部分。东沙窝位于石羊河、白塔河以东，红水河以西，九墩以南，区内多呈新月形沙丘和沙链，高 2—5 米。红水河东岸属腾格里沙漠西南部，亦称八十里和四十里大沙。横亘于古浪县北部的沙漠地貌为腾格里沙漠的组成部分，海拔在

1600—1800 米之间。

主要河流

武威地区的河流分内陆水系和外流水系。内陆水系主要是石羊河水系，石羊河汉代称谷水，南北朝时称马城河，唐代名白亭河。主要支流有大靖河、古浪河、黄羊河、杂木河、金塔河、西营河、东大河、西大河等。外流水系主要是大通河、金强河、石门河等。

第二章　武威长城概述

正如西方的一句谚语"罗马不是一天建成的"，长城的修筑也经历了漫长的历史。长城早在战国时期就已经出现。先秦时期，一些诸侯国在边境之间便已修筑起了绵长的高墙作为防御敌国进攻的屏障与分界标志，如楚国所筑的"方城"，学者认为就是一道长城。[①]战国中期，伴随着新的兼并和反兼并战争，诸侯国之间的冲突日益加剧，各国开始逐渐将过去战争中采用的主要防御方式（封闭的城）展开，变成长长墙体的形式，以借助高大的墙体来抵御侵略。如齐、燕、韩、赵、魏、秦、中山等诸侯国先后修建长城以自卫。甘肃境内修建的长城，最早见于秦昭襄王（公元前306—前251年）时，司马迁《史记·匈奴列传》中载："秦昭王时，义渠戎王与宣太后乱，有二子。宣太后诈而杀义渠戎王于甘泉，遂起兵伐残义渠。于是秦有陇西、北地、上郡，筑长城以拒胡。"[②]已有学者对这段长城的起止、走向做过详细研究。《史记·蒙恬列传》记载："秦已并天下，乃使蒙恬将三十万众北逐戎狄，收河南。筑长城，因地形用险制塞，起临洮，至辽东，延袤万余里。"[③]秦王嬴政灭六国、建立大一统政权后，对长城进行了历史上的第一次大规模整修，将战国时期燕、赵、秦三国修建的长城加以联结整修，建立起一条西起临洮、东至辽东的秦长城，由

① 孙冬虎：《话说长城》，北京：中国工人出版社，2021年，第6页。

② （汉）司马迁撰：《史记》卷一一〇《匈奴列传》，北京：中华书局，1963年，第2885页。

③ （汉）司马迁撰：《史记》卷八八《蒙恬列传》，北京：中华书局，1963年，第2565—2566页。

此开启了万里长城的宏伟篇章。

武威长城主要是汉代和明朝修建的，长城已经有了先秦和秦朝的修筑经验，比较成熟。武威汉、明长城作为中华民族整个长城修筑发展史上的璀璨一点，其修建概况与汉、明大一统王朝对河西走廊的经略密切相关。

第一节　武威汉明长城

一、彰显"武功军威"的汉长城

汉匈河西之战

秦朝的疆域范围并没有越过黄河，河西地区居住着大月氏、乌孙等游牧部族。秦末汉初，中原王朝经历农民起义及楚汉之争的消耗，无暇顾及河西地区。匈奴人势力趁此大增，逼迫大月氏、乌孙往西迁移，有史学家认为大月氏的一支就迁徙居住在今天的河西走廊地区。河西走廊东西狭长，水草丰美，绿洲延绵不断，具有良好的畜牧条件，是优良的天然牧场。盘踞于河西的是匈奴西部的浑邪王和休屠王，汉初在与匈奴的对峙中处于劣势，如汉高祖七年（公元前 200 年），刘邦被冒顿单于的 40 万骑兵围困于平城白登山（今山西省大同市境内）七天七夜。面对匈奴人的不断犯边侵略，汉朝只能暂时通过守边防备、和亲安抚、互市的政策来维持边界安宁。至汉武帝时，历经七十多年的休养生息，加之"文景之治"时期国家财富的积累，汉朝具备了与匈奴作战的国力。汉武帝元光六年到元狩四年（公元前 129—前 119 年）的十年间，汉武帝派遣卫青、霍去病等将领率汉朝铁骑与匈奴进行了十数次战争，尤其是元朔二年（公元前 127 年）的河套之战、元狩二年（公元前 121 年）的祁连山之战和元狩四年的漠北之战，给予匈奴沉重打击。元狩二年春，骠骑将军霍去病率领万余铁骑出陇西，过焉支山，奔袭千余里，与匈奴决战，斩首俘获一万八千多人，并且获得了休屠王的祭天金人，匈奴人悲伤地唱道："亡我祁连山，使我六畜不蕃息；失我焉支山，使我妇女无颜色。"同年夏天，霍去病再次率万骑出陇西，过居延海，回师祁连山，长途奔袭，反击匈奴，斩获俘虏三万多人。战败后的匈奴内部出现内讧，"单于怒浑邪王、休屠王居西方为汉所杀虏数万人，欲召诛之。浑邪王与休屠王恐，谋降汉，汉使骠骑将军往迎之。浑邪王杀休屠王，并将其众降汉。"①浑邪王率四万人投降汉朝后，汉朝将投降者分别迁徙陇西、北地五郡内居住，河西走廊一带遂为汉朝所据。为打通汉朝与西域诸国的道路，保护这条交通道路的安全，切断匈奴与羌人的联系，汉朝开始在西部修筑城墙。《汉书·张骞传》记载："汉始筑令居以西，初置酒泉郡，以通西北国。"

元狩四年漠北之战后，匈奴势力大减，从此"匈奴远遁，而漠南无王庭"，汉朝收复了河西地区，打通了与西域各国的连接，"自朔方以西至令居，往往通渠置田官，官吏卒五六万人，稍蚕食，地接匈奴以北。"②

河西四郡——武威郡的设置

元狩二年春，河西之战后，汉朝为保障丝绸之路的畅通，在其旧地设置了正式的行政机构武威郡。《汉书》记载："秋，匈奴昆邪王杀休屠王，并将其众合四万余人来降，置五属国以处之。以其地为武威、酒泉郡。"③为了保卫新开拓的疆域和这条与西域连通的道路，汉朝一边从内地迁徙军民戍边屯垦、发展农业，一边开始修筑长城边塞堡垒。长城有效地阻挡了匈奴人大规模的南侵，汉朝与匈奴也以长城为界，汉平帝时，匈奴乌朱留单于曾说："孝宣、孝元皇帝哀怜，为作约束，自长城以南，天子有之；长城以北，单于有之。"④

汉长城"令居塞"

西汉在黄河以西修筑长城，一般以"塞"为称，"令居，县名也，属金城。筑塞西至酒泉也。""令居塞"不仅是西汉在黄河以西最早修筑的长城，而且是河西走廊长城的起点。有学者指出，河西地区的长城是先设亭障，再视地势之

---

① （汉）司马迁撰：《史记》卷一一〇《匈奴列传》，北京：中华书局，1963 年，第 2909 页。
② （汉）司马迁撰：《史记》卷一一〇《匈奴列传》，北京：中华书局，1963 年，第 3167 页。
③ （汉）班固撰：《汉书》卷六，北京：中华书局，1962 年，第 176—177 页。
④ （汉）班固撰：《汉书》卷九十四下，北京：中华书局，1962 年，第 3818 页。

需要而筑城垣，大体以酒泉和敦煌为界，分为东中西三段。^①

根据有关文献记载，西汉长城的修建先后经历了 5 次，第一次是元鼎六年（公元前 111 年），由令居筑塞至酒泉；第二次是元封四年（公元前 107 年），由酒泉继续向西筑塞，直至敦煌玉门关；第三次是太初三年（公元前 102 年），由张掖筑塞至居延泽；第四次是天汉中（公元前 100—前 97 年），由敦煌西筑亭燧至盐泽；第五次是汉宣帝地节三年（公元前 67 年），在新置媼围、扑䤵两县同时修筑的一道塞墙。^②武威境内的汉长城，属于西汉第一次修筑长城令居（今永登县）至酒泉段的东部，也是最早修建的一段。整个令居塞长度近 800 公里，经过今天兰州、武威、金昌、张掖、酒泉 5 市 11 个县区，把汉朝新开拓的河西走廊的东、中部地区首先置于长城的保护之内。

第五次修筑的塞墙经过武威、白银两市之间的古浪、景泰两县，止于景泰芦阳镇东黄河渡口，有学者统计长约 200 公里。^③武威境内的汉长城分布于天祝、古浪、凉州、民勤等县区境内。汉长城从今兰州市永登县西南山下黄河河口岸边起，沿着庄浪河西岸一直北上过武胜驿到金强堡，越过金强河，爬上乌鞘岭。长城下了乌鞘岭以后，经安远驿进入古浪县的龙沟，然后沿龙沟蜿蜒向西北行，跨越四坝河，进入武威境内的黄羊镇农场、月城墩、长城乡，到五墩村至九墩、七墩村进入民勤县，向东北方向进入戈壁沙漠，即腾格里沙漠。在腾格里沙漠的南部边缘，长城向西北延伸。经黑山堡，过六家墩，然后转向西到勤锋农场，折向南翻越海拔 1470 余米的黑山，到达沙井子，再向西南出民勤县境入永昌县界。这段长城把民勤绿洲圈到了长城以内。^④

乌鞘岭位于天祝县境内以西 35 公里的地方，它是河西走廊的门户，历来

---

① 薛长年：《西塞雄风——陇右长城文化》，兰州：甘肃教育出版社，2008 年 2 月第 2 版，第 23 页。

② 刘基主编：《华夏文明在甘肃》，北京：人民出版社，2013 年，第 380—382 页。

③ 吴礽骧：《河西汉塞调查与研究》，北京：文物出版社，2005 年，第 17 页。

④ 胡杨著：《远去的塞上烽烟》，兰州：甘肃人民出版社，2014 年，第 64 页。

是兵家必争之地。乌鞘岭海拔相对较高，气候阴湿寒冷，在夏秋季节，坡岭之上的油菜花宛如织锦，仿佛梦幻，煞是好看。乌鞘岭在地质上属于祁连山的一个分支，东西长 17 公里，南北宽 10 公里。介于海拔 4326 米的雷公山和海拔 4074 米的毛毛山之间较低位置的乌鞘岭长城是兰州至酒泉长城链的一部分，汉时就有人在这里居住了。汉武帝元狩二年春，霍去病在祁连山麓与匈奴浑邪王、休屠王激战，俘匈奴四万人，浑邪王率部降汉，这里开始第一次修筑长城，并实行了规模较大的移民戍边。

二、构筑"九边"重镇的明长城

蒙古族自北方草原崛起后，强悍英勇的铁骑四处征伐，先后灭掉金、西夏、大理、南宋等政权，再次实现了大一统。元朝统治中国不足百年，后期社会矛盾加剧，被朱元璋等农民起义军所推翻，最终退回漠北。为了抵御元残部南下侵扰，明朝沿长城一线构筑起了九个军事重镇。《明史》记载："元人北归，屡谋兴复。永乐迁都北平，三面近塞。正统以后，敌患日多。故终明之世，边防甚重。东起鸭绿，西抵嘉峪，绵亘万里，分地守御。初设辽东、宣府、大同、延绥四镇，继设宁夏、甘肃、蓟州三镇，而太原总兵治偏头，三边制府驻固原，亦称二镇，是为九边。"[①] 甘肃镇是较早设立的边陲重镇之一，武威作为甘肃镇辖区内的险要区域，在明朝边防体系中具有重要作用。

武威是甘肃镇西北边防要地

武威凉州地处边陲，胡汉杂居，水草肥沃，范长江《中国的西北角》一书中就写道："凉州为河西首要地方，无论在地形上，经济上，皆在河西占领导地位，这里因为黄河和其他地理条件，使它有进可以扰动甘陕，退可以静观大局的优越形势。"[②] 表明武威自古就是中原王朝控御河西走廊进而经略西北的

---

① （清）张廷玉等撰：《明史·卷九十一》，北京：中华书局，1974 年，第 2235 页。
② 范长江：《中国的西北角》，北京：中国言实出版社，2021 年，第 112 页。

军事要塞。洪武元年（1368年），明朝大将徐达攻克元大都北平后，洪武五年
（1372年）宋国公冯胜率军进入河西。这时，武威属元朝永昌路的西凉州，由
元太尉朵儿只巴和大将失剌罕驻守。冯胜以傅友德为前锋打败了失剌罕，又在
永昌击溃了朵儿只巴。冯胜乘胜率军继续西征，河西诸路依次平定。

　　冯胜平定河西后，明王朝废除了元朝的军政机构——永昌路西凉州，设立
了凉州卫。据《甘肃通志稿》记载："凉州卫，洪武九年置，设指挥三，千户十，
百户二十五。"凉州卫属陕西行都司管辖，行都司先设在庄浪（今永登县），于
洪武二十六年（1393年）迁张掖。后来又续设了甘肃巡抚、甘肃总兵，均驻张
掖，分守副总兵驻武威。

　　明初，元朝在西北的政权虽被推翻，但残余势力尚未完全肃清。元朝的河
南王扩廓帖木儿还拥有数十万众，活动于甘宁青一带；河西尤为猖獗，企图以
此为根据地，抗拒明朝，恢复元室。西北各地残存的元朝势力也随时准备卷土
重来。凉州卫的治所武威，在地理位置上历来是扼河西走廊咽喉的重镇，这时
所处的地位更为重要，起着上下连接的纽带作用。如果被扩廓帖木儿占据了武
威，不但可以切断行都司和兰州的联络，而且东可以直下兰州，西可以孤立行
都司而夺取甘州，尽占河西。因此，武威的得失关系着西北边防的大局。明王
朝为了巩固加强这一军略要地，设卫后，派重军驻守。《明史·王复传》记载：
"永昌、西宁、镇番、庄浪俱有险可守。惟凉州四际平旷，敌最易入。又水草
便利，辄经年宿留。远调援军，兵疲锐挫，急何能济。请于甘州五卫内，各分
一千户所，置凉州中卫，给之印信。其五所军伍，则于五卫内余丁选补。且耕
且练，斯战守有资，兵威自振。"[1]特别是宋晟长期镇守凉州，史载："晟凡四镇
凉州，前后二十余年，威信著绝域。帝以晟旧臣，有大将材，专任以边事，所
奏诸辄报可。……报曰：'西北边务，一以委卿，非召命，毋辄来。'"[2]

---

①（清）张廷玉等撰：《明史·卷一七七》，北京：中华书局，1974年，第4717页。
②（清）张廷玉等撰：《明史·卷一五五》，北京：中华书局，1974年，第4246页。

明长城修筑与"松山新边"

武威境内修筑的明长城最早在民勤一带，为弘治十四年（1501 年）修筑，古浪边垣是万历二十七年（1599 年），即三边总督李汶平定鞑靼宾兔、阿赤兔等部后主持修筑的边墙。武威境内的明长城属于河西走廊东部边墙，在东部以东长城分为南北两道。南部沿着庄浪河谷到达兰州一带，并蜿蜒进入白银靖远县界。北部经古浪、景泰到达黄河岸边。两道边墙长城的修建时间长达 200 年，可以说是伴随着明王朝的兴衰。

明万历二十六年（1598 年），盘踞于大、小松山（今景泰、天祝、庄浪三县之交的寿鹿山、昌林山一带）的鞑靼宾兔、阿赤兔等部成为边患。朝廷令三边总督李汶率领七路之师进行围剿，役平后于万历二十七年（1599 年）筑"松山新边"，"河东自永安索桥至小松山双墩分界，共一百八十里；河西自泗水、土门至小松山双墩分界，共二百二十里。"[①] 这段长城把甘肃镇的古浪所（今古浪县）、庄浪卫（今永登县）、泗水堡、土门堡（今古浪县泗水、土门）和固原镇黄河东岸的裴家川（今靖远县裴家堡）紧密联系在一起，隔鞑靼与吐蕃于南北，杜绝其相交为患，保证了出六盘、渡黄河，到凉州大道的畅通。新边的修筑，使甘肃镇的防区范围向东拓至小松山的双敬一带。

---

① （清）梁份:《秦边纪略》，西宁：青海人民出版社，1987 年。

第二节　武威长城分布特点

长城作为一道高大、坚固而且连绵不断的长垣，其自东向西跨越了不同的地貌，武威作为河西走廊上的沃土，其境内汉、明长城的位置、走向、城墙形式与境内自然地理环境、地形地貌关联十分紧密。

一、行政建制上的长城分布

从政区位置上看，武威位于甘肃省中部，南依祁连山，北临腾格里沙漠，东接兰州市、白银市，北与内蒙古自治区阿拉善盟相邻，西连金昌市、张掖市，西南与青海省海东市、海北州接壤。[①] 作为甘肃省保存长城遗迹较为丰富的市州之一，境内现存长城的修筑时间主要集中在汉、明两个时期，根据2006年至2011年长城资源调查表明，武威市三县一区境内均有长城分布。

（一）汉长城的分布走向

汉代凉州是"天下要冲""国家藩卫"[②]，修建长城是大汉王朝经略河西新开拓之地诸多措施中的重要一环。汉长城自东由永登武胜驿村入界，蜿蜒而来进入天祝县境，贯穿于武威三县一区，历次长城普查对河西汉长城的走向分布做了详细的介绍，甘肃省文物局公布的武威境内汉长城分布状况如下：

汉长城天祝段分布于县境中部，大体呈东南—西北向贯穿而过，全长49.7公里，地处金强河谷两岸台地和浅山地带，以及乌鞘岭北麓浅山缓坡地带。本

---

① 《中国国家人文地理》编委会编：《中国国家人文地理·武威》：北京：中国地图出版社，2019年，第2页。

② 范晔撰：《后汉书》卷五八，北京：中华书局，2000年，第1875页。

段长城自永登县富强堡一带，跨过庄浪河进入本县，先后经过华藏寺镇界牌村、石门河沟口、岔口驿村，延伸至三里墩村西侧山坡，再沿金强河（庄浪河）西南岸向北延伸，依次经打柴沟镇铁腰村、火石沟口、大庄村、深沟沟口、深沟水电站等地段，至一台地向东北跨越金强河，沿金强河东岸沿山脚而行，至安门村，连霍高速公路切断长城本体，公路另一侧为安门村一组南侧，长城延伸至乌鞘岭沟口，再北上乌鞘岭，至安门村北南泥湾，依次经过墩子滩、大柳树沟口、小柳树沟口、安远镇东山根、马家庄等地段，至与天祝藏族自治县交界的古浪县油房台村进入古浪县境内。本段长城沿线的部分烽火台在明代被整修后继续利用。在天祝藏族自治县境内，汉长城分布点主要在华藏寺水泉村、岔口驿、三里墩、铁腰村，打柴沟镇、深沟、金强驿、乌鞘岭、安远镇。①

汉长城古浪段分布于县境中部，大体呈东南—西北走向，全长 76.5 公里，地处古浪河上游河岸东侧山地，随地势高低起伏。本段长城自天祝藏族自治县与古浪县交界的油房台村进入本县，依次经过称沟台、寺掌村北、周家窝堡村西、赵家庄西等地段，跨过跌脚沟，再沿墩子岭东麓向北跨过黄羊川河，至铁柜山山脚，再向东沿铁柜山山脚到后李家沟口，向北翻过铁柜山，沿桦儿岭沟西侧山顶向北延伸至塔墩村、上墩屲村，再向东北沿车路沟西侧山顶蜿蜒前行，一直到达雷家前台西北，经过教场村、台子村、二墩村后，转为东南—西北走向，再依次经过三墩、四墩、五墩、六墩，在四墩村北七墩附近进入凉州区境内。本段长城沿线的部分烽火台在明代被整修后继续利用。在古浪县境内，汉长城主要经过黄花滩、土门、定宁、黄羊川、十八里堡、黑松驿等 6 个乡镇。

汉长城凉州区段分布于区境东北部，呈东南—西北走向，全长 55.1 公里，

---

① 天祝藏族自治县文学艺术界联合会编：《文物天祝》，北京：中国文史出版社，2020年，第 5 页。

其中南段地处黄羊河下游和古浪河下游绿洲平原地带，该区域地势平坦，渠道纵横，阡陌相连；北段地处腾格里沙漠西部边缘，这里地势开阔，地表多呈新月形沙丘和沙链。本段长城自古浪县七墩附近进入本区，先后依次经过吴家井、七墩子、八墩子、九墩子、头墩营等地段，再到达长城乡境内的红水村，经西湖村、前营村、大湾村、苏家台子村、岸门村、高沟村、上营村等地，在十二墩村跨过红水河，至十二墩，再沿红水河东岸向北蜿蜒，至五墩村八组东北红水河东岸，与此处的明长城交汇，再经过五墩村十二组、九墩滩生态建设指挥部新建村、红水河村，在武威—民勤公路红水河大桥西侧，进入民勤县境内。本段长城部分设施在明代被整修后继续利用。在凉州区境内，汉长城主要经过九墩、下双、长城、吴家井等4个乡镇。

历经两千多年的风雨侵蚀，民勤县境内汉长城遗迹难以寻觅，于是有学者武断地认为汉长城原本就未经过民勤。西北师范大学李并成教授多次实地考察，并结合文献证明厘清了民勤县境内汉长城的分布状况。汉长城民勤段分布于县境南部和中部，整体呈东南—西北走向。本段长城自凉州区武威—民勤公路红水河大桥西侧进入本县，在扎子沟林场分为两条线路：一条经扎子沟林场、官沟村、蔡旗村、麻家湾村，至小西沟林场进入永昌县境内，呈东南—西北走向，长14.8公里，地处平原绿洲和戈壁地带，这里地势平坦，地形开阔；一条自扎子沟林场3号烽火台起，向东北依次经过红土墩、陈家墩、阿喇骨山墩、鸳鸯池墩、茨井墩、柳条湾墩、营墩、沙咀墩、仲家墩、抹山墩、枪杆岭山墩等，至古休屠泽（今白碱湖西岸）一带，该段长城以水险形式为主，部分地段已被风沙掩埋，由此处折向西北，延伸至青土湖南岸，然后折为东北—西南走向，依次经过民勤三角城城址、民勤连城城址、民勤古城、芨芨井墩，延伸至大西河西岸，再依次经过井泉河墩、岔河子墩、小井子墩、下原墩、四方墩等，沿汉代民勤绿洲边缘行走，经过黑水墩后，进入金昌市金川区境内，该段线路现为烽燧线形式，呈西南—东北—西北—西南走向，绵延254公里。本段长城部分设施在明代被整修后继续利用。在民勤县境内，汉长城主要经过重

兴乡和蔡旗乡。^①

（二）明长城的分布走向

由汉至明，历经 1500 多年。所谓"时久者易逝，时近者易存"，因此，明长城相比汉长城保存较好，根据武威市长城文化保护研究院发布的数据显示，武威境内三县一区明长城分布如下。

天祝县

明长城天祝县境内主要分布于县境东北部，有主线一道，在乌鞘岭安门村一带向南分出一道支线，在乌鞘岭南麓沟口主线东侧又有一道副墙。此外，长城两侧还分布有烽燧线三路。

主线东南由永登县武胜驿镇富强堡村入境，起自华藏寺镇界牌村四组，甘新公路和兰新铁路交汇处，沿庄浪河（又名金强河）南岸经华藏寺镇、水泉村、过街村、岔口驿村、三里墩村、打柴沟镇铁腰村、大庄村、至深沟村跨过金强河至安门村三组南（刘家咀），经宋家庄沿兰新高速公路东侧至乌鞘岭沟口安门村一组，沿乌鞘岭南麓爬坡而上，翻越垭口经乌鞘岭北麓安远镇南泥湾村、柳树沟村，止于安远镇大泉头村一组北约 250 米油坊台烽火台，与古浪县磨河湾长城相接，大致呈东南—西北走向。明长城支线西南起自打柴沟镇石灰沟村三组马牙雪山石尖帽山脚，沿石洞沟梁山脊蜿蜒而上，曲折延伸至山脚下，过金强河，经金强河北岸浅山地带，止于打柴沟镇安门村东北 120 米乌鞘岭沟口，呈西南—东北走向。明长城副线位于主线东侧 20—110 米，即乌鞘岭东长城。

境内烽火台主要分为三路，一路位于明长城内外两侧，有 21 座位于墙体西南侧，有 12 座位于墙体东北侧，其中在乌鞘岭长城以西 13—20 公里金强河上游由东南向西北分布有 4 座烽火台，在华藏寺长城和水泉长城东北约 16 公里处分布有头道墩和二道墩两座烽火台，其他烽火台与墙体相距均在 3 千米以

---

① 李并成：《河西走廊东部汉长城遗迹考》，《西北史地》1994 年第 3 期。

内，另外两路位于县城东北部松山新城一带，一路通向永登县坪城堡（今坪城镇），一路通向景泰县永泰古城。

在天祝藏族自治县境内，明长城主要经过华藏寺、打柴沟、安远等3个乡镇。

古浪县

古浪县境内明长城有三道。一道位于县境西南部，一道位于县境北部，两道长城之间另有一道胡家边长城将两道长城连接起来。此外，长城两侧也有烽燧线三路。

第一道是正德年间（1506—1521年）修筑于古浪县西南部的旧边长城，大致呈南—北略偏东走向。起自天祝县与古浪县交界的油房台烽火台，经黑松驿镇磨河湾、称沟台、芦草沟、小坡、尚家台和十八里堡乡十八里堡村，过黄羊川河，上铁柜山，经黄家暗门、灰条湾、边墙岭、顺古浪峡东山岭而下，过石头沟口，沿定宁镇马家沿、长流村、定宁村、石家墩村、肖营村、韦家庄、土门镇中西湾村、来家湾，过古浪河，经泗水镇光丰村贾家团庄、光辉村郑家楼、圆墩西入凉州区境内。第二道是万历二十七年（1599年）修筑于县境北部的长城，称为新边，大致呈东南—西北走向。在新边经过直滩乡关爷庙村一带，又有一道支线长城呈弧形将附近的一处水源地圈在其中，两端与主线墙体相连。从景泰县原红水乡的保进墩西入古浪县境，经昌灵山北麓直滩乡大岭村、裴家营镇岳家滩、哈家台、沙河塘、上下王庄、李家庄村，过大靖镇北青山寺、黄家台，进入西靖乡山区地带的七墩台、赵家地沟、朱家湾、大台沟、马场，到土门镇台子村转而北上，经黄花滩乡二墩村、永丰滩乡新西村、土门林场、新河村、新建村至古浪县与凉州区交界处"满家豁口"进入凉州区境内。第三道是胡家边长城，大致呈弧形。它从泗水镇光丰村贾家团庄起沿古浪河（干涸河道）东岸北上，呈西南—东北走向延伸，经土门镇下西湾、贾家后庄、到胡家边村转而向东，再经任家庄、朱家西滩、土门镇新胜村宁家墩、马家庄拐向偏南方向，到土门镇青石湾村暗门（俗称马圈旮旯），与新边长城相接，将新旧两边连接起来。境内烽火台主要分为三路，一路沿旧边墙体两侧分布，一路沿新边墙体两侧分布，一路位于天祝藏族自治县松山新城附近，通往景泰县永泰堡。

古浪县境内明长城主要经过永丰滩、黄花滩、土门、泗水、定宁、西靖、大靖、裴家营、直滩、十八里堡、黑松驿等11个乡镇。

凉州区

凉州区境内明长城分为两道，一道位于区境东北部，一道位于区境东部，两道长城在黄羊镇土塔村东"铧尖旮旯"相接。境内明长城一道大致为东南—西北走向，是"旧边"长城的一段。该段自古浪县入凉州区黄羊镇土塔村，从黄羊镇土塔村七组东南约1千米起，以东南—西北走向经黄羊镇长丰村、广场村、黄羊河农场一分场，在黄羊河农场一分场长城2段末段转为西南—东北走向，经甘肃省农垦农场、清源镇新东村、新地村、长城乡前营村、岸门村，在月城墩（敌台）附近转为西北—东南走向，经长城乡新庄村、高沟村、长城村、五墩村、九墩滩生态建设指挥部新建村、红水河村，向西北延伸至民武公路（民勤—武威）红水河大桥西侧进入民勤县境。另一道大致为东北—西南走向，是"松山新边"长城的一段，自古浪县永丰滩乡新河村入境至黄羊河农场二分场，从黄羊河农场二分场东南2千米（满家豁口）起，经黄羊河农场二分场至黄羊镇土塔村东，与东南方向而来的旧边长城相交于土塔村八组东1.2千米"铧尖旮旯"。

民勤县

民勤县境内明长城墙体有两道，一道位于县境南部，一道位于县境中部，两道长城在扎子沟林场和永昌县境内喇叭泉一带有两处相接。境内南部明长城大致呈东南—西北走向，自凉州区入民勤县重兴乡扎子沟林场东南民勤—武威公路红水河大桥西侧，经扎子沟林场，过红水河，经蔡旗乡官沟村、蔡旗村、麻家湾村、小西沟林场，入永昌县境。县境中部长城也称"大边"和"渣筏中边"，大致沿石羊河两岸和民勤绿洲边缘分布，略呈"几"字形，起自扎子沟林场 3 号敌台，经重兴乡扎子沟村、杨坝村，薛百乡河东村，石羊河林场，苏武乡学粮村、五坝村、邓岔村沙漠腹地，至苏武乡龙二村，这段大致为西南—东北走向。经苏武乡下东川、泉水村、石羊河农场大滩分场，墙体大致呈东—西走向，至大坝乡八一村，又拐为东北—西南走向。经大坝乡文二村至大坝乡城西村，墙体拐折为北—南走向延伸，经薛百乡张八村、甘肃民勤治沙综合实验站、薛百乡更名村、宋和村、河东村以北的沙漠边缘，南下至红崖山水库西侧拐为东北—西南走向，至花儿园乡的羊圈墩又拐为东—西走向，经马棚圈墩、牛毛墩、至蔡旗乡野潴湾农场墙体又拐为东北—西南走向进入永昌境内。

民勤县境内明长城主要经过重兴、蔡旗、薛百、苏武、大滩、三雷、大坝等 7 个乡镇。

二、地理环境上的武威长城分布

中国地大物博，拥有广袤多样的地形地貌。因此，历代长城修筑时，在选址与布局上遵循"因地制宜，因险制塞"的原则，即长城的建造体现出明显的地域性特征。

武威地势南高北低，按地形地貌形成三个区域。南部为山区，有草原、森林、冰川等分布；中部为绿洲平原，是人口、城市和灌溉农业分布最集中的区域；北部是较低平的干旱荒漠区域。[①] 拥有高山、峡谷、丘陵、草原、沙漠、绿洲、高原等多种地貌，汉、明长城的走向分布有着明显的地理环境特征，这一点史念海先生早在 20 世纪 90 年代初就论述过，比如其在论述河西汉长城时认为，"汉时河西四郡南有祁连山，北有合黎山。南北相向，形成一个狭长的地区。焉支山之东谷水（今石羊河）、休屠泽是重要的绿洲水源。由敦煌筑来的长城，顺弱水西侧而下，在过了焉支山后，再顺谷水西侧而下，直抵休屠泽

---

① 《中国国家人文地理》编委会编：《中国国家人文地理·武威》：北京：中国地图出版社，2019 年，第 2 页。

泽畔，到达武威郡治所姑臧县的东北。居延泽和休屠泽都是广大的湖泊，可以起到防御的作用。这样的曲折转向都是随着当地的地理形势而显现的变化，并非人为作用。"① 说明长城的走向及选线受到不同的自然地理环境，尤其是不同的地形地貌的影响。长城与自然地理环境的巧妙结合是长城建筑地域性的重要体现，武威长城的分布存在明显的地势、地貌和气候区划特征。

从分布地势上看，汉、明长城大部分位于中国地形第二阶梯，平均地势海拔 1000—2000 米。武威地处黄土高原、青藏高原和蒙古高原三大高原交汇地带，地势呈西高东低，局部地形复杂。地形可分为三带。南部祁连山区，海拔在 2100—4800 米之间。中部平原绿洲区，海拔 1450—2100 米之间，地势平坦，土地肥沃。北部荒漠区，海拔 1300 米左右，干旱少雨，日照充足。境内既有分布于乌鞘岭上高海拔高原长城，如中国长城学会副会长董耀会就介绍说："乌鞘岭的明长城遗址非常明显，修建的位置基本在海拔 3000 米左右。乌鞘岭海拔高，没有特别完整的、可以开采出来的整块石头，夯筑长城基本上都是在相对低一点的地方取土，然后搬运上来。经过千百年的风雨侵袭，绝大部分都成了蜿蜒曲折的土梁状。"武威的长城修筑在地势分布上落差非常大，这是它的一大特点。

从地形特征看，长城分布主要以山地和高原为主。长城所在山地主要包括大兴安岭、燕山山脉、太行山、阴山山脉、贺兰山等，其间长城或高踞山脊盘亘，或深入山谷蜿蜒。长城所在高原地区主要有内蒙古高原、黄土高原、河西走廊地区和青藏高原，高原上的长城多借助地形起伏和河流沼泽等天然屏障。② 武威长城就是属于河西走廊上的高原长城，长城穿越的地貌不仅有高原山巅、也有绿洲平原，不仅有河谷沿岸，也有戈壁沙滩，长城分布地形特征复

---

① 史念海：《论西北地区诸长城的分布及其历史军事地理（上篇）》，《中国历史地理论丛》，1994 年第 2 期，第 19 页。

② 陈同宾等著：《长城的文化遗产价值研究》，中国文化遗产，2018 年第 3 期。

杂是武威长城的另一大特点。

从分布气候特征上看，大部分长城分布于中温带。武威属温带大陆性气候，其特点是四季分明，冬寒夏暑，气温日、年变化大；降水较少，气候干燥。这种气候特征一方面决定了武威长城修筑材料的独特性，即多采取黄土夯筑，另一方面受地区气候干燥，雨水稀少的因素影响，自然破坏相对较小。

三、不同地貌下的武威长城分布

高原雪域长城

依据山脉走势选址修建长城，通常长城选址于山体顶部，沿山体峰脊连绵起伏，形成律动美感。山体地貌特征起伏多变、高差变化极大；视线视野通达开阔与闭塞狭隘交织，变化剧烈，在武威市天祝县的高原长城上有明显的体现。

位于武威市天祝藏族自治县中部的乌鞘岭是青藏高原、黄土高原的交汇地，属祁连山脉北支冷龙岭的东南端，为陇中高原和河西走廊的天然分界。其东望陇东，西驱河西，系军事要地，作为河西走廊的门户和咽喉，古丝绸之路要冲，历来是兵家必争之地，地理位置十分重要。历史上西汉张骞出使西域，唐玄奘西行取经，都曾经过此地。汉、明长城也在此地相会交际，蜿蜒西去。

乌鞘岭汉长城始筑于西汉元狩三年（公元前120年），修建在海拔3000多米的乌鞘岭上，建造时依山就势，沙土夯墙，掺红柳、胡杨、芦苇等，使其更加结实坚固，是中国万里长城海拔最高的一段。汉长城在天祝境内可见有三处，均为夯土板筑，分布于武威市天祝藏族自治县境中部，大体呈东南—西北向贯穿而过，全长49.7公里，地处金强河谷两岸台地和浅山地带，以及乌鞘岭北麓浅山缓坡地带。历经千年风雨侵蚀，汉长城早已失去往日的雄伟，留下的是残垣断壁、山梁土埂。相比汉长城，乌鞘岭上的明长城整体保存更加完好。万历年间，明朝政府为了防御元朝残余势力的进攻，又在汉长城的基础上增修了坚固的"边墙"。乌鞘岭明长城分为4段，总长7366米。

中国长城学会副会长董耀会介绍，乌鞘岭的明长城遗址非常明显，"乌鞘岭海拔高，没有特别完整的、可以开采出来的整块石头，夯筑长城基本上都是在相对低一点的地方取土，然后搬运上来。经过千百年的风雨侵袭，绝大部分都成了蜿蜒曲折的土梁状。"汉、明长城在乌鞘岭相会，顺着山坡起伏的肌理，穿越草原，绵延至雪山之巅，形成了独具特色的高原雪域长城景观。

沙漠戈壁长城

民勤作为古代丝绸之路上重要的军事要塞，自汉代时便修筑起了长城和众多边塞，明代在汉代长城基础上进行补修，成为明清"镇番"的最前线。民勤县的汉长城和明长城均为黄土夯筑结构，其中，汉长城长约150公里，分两支向西南及西北方向进入永昌县境，明长城长约120公里，在汉长城西侧拼建而成，与汉长城合二为一。境内的长城因年代久远且风吹日晒，雨淋沙侵，早年人为破坏严重，大部分早已垦为耕地，有的成了鱼脊形，有的尚有清楚的遗迹，小部分地方的长城已呈残垣断壁且间断不连接，属于典型的沙漠长城。

位于巴丹吉林沙漠和腾格里沙漠交接处一块叫西沙窝的地带，南北近百公里，东西宽数十公里，地表主要为半固定白刺灌丛沙堆覆盖，但在其间却残存着沙井柳湖墩、黄蒿井、黄土槽、端字号等原始聚落遗址和连城、古城，这片沙漠深处至今仍保留着一系列长城烽燧和古城遗址。尽管实地难觅塞墙形迹，但在大比例尺航空照片上则可清楚地看到，即在连城、古城线以西2—5公里处有一道残垣在沙丘中断续隐现，由东北伸向西南，残长10余公里，尤以古城西南一段最为清晰。残垣虽大段被黄沙埋没，但在航片上其线形遗迹十分明显。朱震达等著《中国沙漠概论》（1980年修订版，科学出版社）一书所附照片2-13"民勤西部沙漠中的长城遗址"即为这道残垣中的一段。此道残垣位于西沙窝古绿洲西缘，又远在明代所筑长城之外，显系汉长城遗址无疑。民勤县境内虽因两千多年的风雨剥蚀、流沙壅压，加之人为严重破坏，汉长城塞垣大部毁坏，许多地段形迹不清，但仍有多处遗迹可觅，汉代烽燧亦残留较多。明长城保存较好，明长城民勤段也广泛地分布于沙漠边缘地带，在红崖山东南部缓坡戈壁荒滩上也有大段分布。民勤沙漠戈壁长城有两条线路分布：一条分布于县境南部，大致呈东南—西北走向，自永昌县喇叭泉进入本县，依次经过小西沟林场西北部、麻家湾村、蔡旗村、官沟村等地段，过红水河，至扎子沟林场东南民勤—武威公路红水河大桥西侧，进入武威市凉州区境内；一条环绕于县境西、北、东部，多次变向，大致沿石羊河两岸和民勤绿洲边缘分布，略呈"几"字形。

沙漠戈壁长城的构筑，材质大部为灰棕漠土和风砂土，有少量黄土夹砂，个别夹芨芨草或夹红胶泥土夯筑，或者在墙体里面有石块、砂土填充和红柳、柠条夹砂土填充。《镇番县志·兵防志》中有关长城周边有沙漠的记载不胜枚举，如"今沿边墙垣倾圮者，十有七八，沙淤者十有二三""黑山四面沙漠，为贼出没之地。今西北墙已被沙淤""野猪湾堡，西北墙半为沙淤"[1] 等等，说明民勤长城有些地段在清朝就已经被风沙掩埋。

民勤的沙漠戈壁长城，晚霞与大漠相吻，星河与烽燧拥抱，也是自然地貌环境和人工构筑的伟大建筑，很有地域特色。

沿河谷地、绿洲平原长城

谷地是长城选址的另一主要地形，通常长城横亘沟谷两侧山面之间，以关隘形成沟谷通道防御的重要节点。沟谷地貌特征弯曲转折、高低起伏；视线视野则由谷道线性空间限制而狭闭；通常沟谷与区域水系或湖泊伴随。

武威长城的很多分布走向，就是沿着河谷分布的。如天祝县水泉墩敌台明长城遗址，台体南、北、西三面被耕地包围，在东面台体底一道南北走向的土坡下面，就有一条水渠南北流过。在敌台东约100米的地方就是金强河自北向南流过，金强河河谷周边就密集地分布着许多长城。还有石门河道周边的长城，古浪河、凉州区红水河、民勤石羊河、红崖山水库等沿河周边的长城。虽

---

[1] （清）张珂美总修，张克复等校注：《五凉全志校注》，兰州：甘肃人民出版社，1999年，第231页。

然现在来看河水渠道变得窄小，但是明清之前肯定是水流较大的河，河水灌溉区域土壤肥沃，畜牧农业发达，是重要的生产生活区域，长城沿河修建的保障意义当不言而喻。

此外，绿洲平原是长城选址的另一形态。由于没有山体的帮助，此时长城尽可能直线布置，以减少防御面的长度。绿洲平原地势平坦，视线视野通达开阔。例如在民勤县境内长城的分布与走向，选择在平地筑墙，更是明长城与地理环境之间有密切关系的生动体现。民勤"邑东连宁夏，南接凉州，西距永昌，北界沙漠，被山带河，三边屏列，实西陲之要地，凉州之藩篱，控制北狄，富饶西土"[1]，当时明代有识之士就曾评述："（民勤）北出凉州二百余里，旷远辽阔，实与宣府、独石、马营相类。昔人谓于凉州北境中建置城垣，控其冲要，自是寇不敢复至凉州城下，即此处也。"[2] 如民勤重兴乡扎子沟林场东南民勤—武威公路沿线、城西大片平原地段的长城，民勤石羊河、红崖山水库等绿洲沿线的长城，凉州区黄羊河农场周边的长城，都是在平整开阔的地方修建，走向笔直，穿过农田。

总而言之，长城的营建与设防，总是与地理环境有着密切的关系。武威长城的分布、走向，在很大程度上受地理环境的影响。在自然区域划分上，武威属于典型的内陆干旱地区，其间又有平川绿洲、戈壁沙漠、荒滩草地、险峰叠峦等多种地形地貌交织在一起，形成相对复杂的自然环境。加之，此地区又是中国传统农牧交错地带，多民族杂居之地，使得这一地区的长城选址、走向与布防表现出较为明显的区域特色，不仅有高原雪域长城，也有沙漠戈壁长城，更有绿洲平原长城，很有地域特色。

---

① （清）许协等纂修：《镇番县志》卷一《形胜》，台北：成文出版社有限公司，1970 年，第 67 页。

② （明）陈子龙：《明经世文编》卷二七三《修筑紧要城堡疏》，北京：中华书周，1962 年，第 2873 页。

四、武威长城修筑及保存现状

长城的修建在选址、布局和施工等方面都遵循一定的原则，主要有以下四个方面：一是以险制塞的空间原则，二是就地取材的施工原则，三是纵深防御的布局原则，四是分段承包的施工原则。

（一）武威汉长城修筑

武威汉长城，主要是西汉武帝时期汉匈关系发生变化，西汉王朝开始由防守转为进攻，在对匈奴军事战争取得胜利、新开拓河西走廊疆域的前提下开始修建的。西汉武帝之后，由于再没有大规模对外用兵，加之与西域诸国关系缓和，故而对边塞修缮多、新建少。因此今天所说的武威汉长城，主要是西汉长城。

武威汉长城修筑原因

关于西汉修筑长城的原因，学术界基本有较为一致的认识。首先，汉与北方、西北游牧民族的边境冲突是长城修筑的根本原因。陈胜吴广起义后，秦末至汉初，中原内部战争不断，匈奴势力乘机迅速发展，"诸侯畔秦，中国扰乱，诸秦所徙适戍边者皆复去，于是匈奴得宽，复稍度河南与中国界于故塞。"[1] 尤其是冒顿单于时期，匈奴更是势力猖獗，汉朝遭遇"白登之围"后，只得委屈以和亲的方式维持边境安宁。但是和亲政策并没有换来长期的和平，匈奴仍然不时地侵扰边境，烧杀抢掠。面对匈奴、羌等为首的游牧民族灵活机动、时间不定的不断扰边，汉朝出于自身实力的需要不得不采取防御措施。二是巩固西汉政权的需要。汉朝初年，匈奴不断地南下侵扰对西汉王朝造成了很大的威胁，匈奴骑兵所到之处，不仅毁坏庄稼、抢夺财物，而且掠夺人口、残杀吏民。在新开拓的河西走廊疆域新筑长城，巩固已经取得的疆域之安全，对于西汉王朝而言，长城发挥着维护其统治的工具作用。三是经济方面的原因。经济方面的原因已有多位学者做过论述，如到汉武帝时期，"随着对匈奴大规模的反

---

① （汉）司马迁撰：《史记》卷一一〇，北京：中华书局，1963 年，第 2887—2888 页。

击及丝绸之路的开拓，汉政府为保障丝路的安全畅通，将其战略重点放在河西地区，甘肃河西地区的汉长城就是这样分段筑成的。"① 张骞西通西域之后，"西汉政府之所以修缮长城，保护丝绸之路就是其中的一个目的。"② 所以，"除了军事上的防御之外，汉长城还起着开发屯田、保护通往中亚的交通大道丝绸之路的作用。"③ 武威作为河西走廊上水草丰美的地方，汉长城的经济意义不言而喻。

武威汉长城的基本结构

河西地区的汉代长城是一个工程浩大、组织严密、行之有效的军事防御体系，汉代长城的走向尽可能选在戈壁中的绿洲、水草地带，阻止匈奴南进。武威汉代长城是由墙、烽燧、坞障和城组合而成的，在最大程度上做到因地制宜修建。汉代边塞是以垣墙为主体，包括了城障、关隘、墩台、烽堠和粮秣武库等军事设施，具有战斗、指挥、观察、通信、隐藏等诸多功能。汉代长城大致可分为城墙、城障、亭隧、烽台及军用道路四个部分。

（1）汉代边墙

边墙是组成长城防御体系的主体部分，它是集阻碍、据守等功能于一身的军事防御建筑物。边墙构筑的材料和方法因地理条件的不同，存在着较大的差异。河西走廊独特的自然地理环境，修筑资源较为匮乏，故而边墙的修建并不能做到处处采用砖石，只能因地制宜，就地取材来建造。河西地区生长着大片红柳、芦苇、罗布麻、胡杨树等植物，在修筑长城时，就用这些植物的枝条和沙砾为基本建筑材料，其建筑方法一般是一层植物茎秆一层沙砾，交层叠铺，一般每层的厚度为20—30厘米，整个墙体的高度可达数米。部分保存较好的长城遗址是因为墙体经长年的盐碱浸润已将沙砾和芦苇枝、红柳枝条粘连在一起，十分牢固。

---

① 罗庚康：《甘肃境内的长城与烽燧分布》，《丝绸之路》1996 年第 5 期。

② 张荣芳、王川：《西汉长城的修缮及其意义》，《长城国际学术研讨会论文集》，长春：吉林人民出版社，1955 年。

③ 罗哲文：《长城》，北京：北京美术摄影出版社，2000 年，第 35 页。

在戈壁地带修建长城时，先挖城墙的基槽，找平后以砾石为基，铺上一层层当地生长的芦苇或红柳枝条，再夹层层沙砾石相互叠垒而成。汉代长城内侧有因挖取沙砾而形成的低洼槽，槽内填有细沙，由戍边的士卒按时补充、翻耕，在汉代将此地带称为"天田"，用以观察有无偷越长城的脚印痕迹，是汉代极为重要的边防检查措施。

在地势低洼湿润有积水的盐碱滩上，采用了挖掘深可见水的壕沟作为防御匈奴入侵的障碍。《汉书·匈奴传》记载："起塞以来百有余年，非皆以土垣也，或因山岩石，木柴僵落，溪谷水门，稍稍平之……"汉代利用天堑，建造塞墙、栅栏、壕沟等构成坚固的屏障，牢牢地控制了河西地区的水源、绿洲、牧场，使匈奴在河西走廊的周边地区难以生存。

（2）烽燧

烽燧在汉朝时又称亭隧，因为驻有戍卒又是望警的烽台。烽燧作为城障的耳目主要用于报警，是边塞体系中最基层的哨所，亦是边防瞭望系统的核心，地位十分重要。烽燧的主要作用是举火报警、传递消息，以防备敌兵的骚扰和入侵。汉代长城沿线的烽燧可分为两类，一类是与长城同线的烽燧，主要作用是烽火警报、传递邮件、守护长城、保卫边境，它的主要任务是警备和固守边塞，兼有瞭望报警的作用，称之为塞烽；另一类是瞭望报警烽燧，延伸出长城的瞭望线，主要作用是候望及向郡府传递情报，基本上不承担抗敌保境的战斗任务。备警烽燧从汉代以来就承担戍守新拓疆域、保卫武威郡等功能，延续了两千多年。备警烽燧一般都建在视野开阔之地，并十分注意利用天然形成的有利于观察四野的制高点。

汉代武威长城每隔10里筑有烽燧一座，多呈现出底宽上窄的方柱形，主要建在长城内侧。烽燧建筑一般是用土坯夹植物茎秆修筑而成，土坯长40厘米，宽20厘米，高14厘米，专用的名字称为"墼"。在修建烽燧时，一般不和泥作为黏合剂，现在称为干垒，即垒三层土墼后，夹一层植物茎秆，这样可以起到找平和相互牵拉的作用，使烽台不仅高而且更具稳定性。烽燧之间的距离依据地形大约 3 公里一座，每座烽燧都有戍卒，遇有敌情，白天煨烟，夜晚举火，点燃报警，传递消息，所燃烟火 30 里外都能看到。

（3）城障

城障是某一段长城防线的守卫中心，汉代长城每隔一定的距离，便选择自然环境相对较好、水草丰美的地方筑一个城障。城障一般都建在长城的内侧，但也有少数建在长城外侧，它们大多还建在长城防御体系内的防御要点上。《汉书·武帝纪》颜师古注"汉制，每塞要处别筑为城，置人镇守，谓之候城，此即障也"，又有"障者，塞上险要之处，往往修筑，别置候望之人，所以自障蔽而伺敌也"。城障实际上就是驻有戍卒守卫的长城沿线的支撑点，建在地势险要或位置重要之处。塞墙、烽燧及城障是汉代边防军事设施的基本构成，它们之间紧密联系互为支持组成一个整体的防御体系，城障则是这个体系的后盾。

武威汉长城的修筑方法

关于武威汉长城的建造方法，古代典籍中早有记载，如《汉书·匈奴列传》郎中官侯应就总结："起塞以来百有余年，非皆以土垣也，或因山岩石，木柴僵落，溪谷水门，稍稍平之，卒徒筑治，功费久远，不可胜计。"《中国历代长城发现与研究》概括了汉长城的修筑方法，即多用当地生长的芨芨草编成长方形筐槽，铺在长城基底之上，然后再用芨芨草层层叠砌，其上填以黄土或沙砾夯筑，至顶部用芨芨草覆盖夯筑，或者用当地生长的芦苇与黄土或沙石逐层夯筑。

在当地林木多的地段，则用粗壮的木头排列整齐，横铺在地，作为长城基础。再用黄土或沙砾逐层夯筑而成。如果当地无草木时，就用黄土夯筑。有的地段用黄土做成土墼，然后用土墼垒砌。在盐碱地段，则用盐碱土与草木搅拌，层层叠砌。①

---

① 段清波等编著：《中国历代长城发现与研究》，北京：科学出版社，2014 年，第 215—216 页。

（二）武威明长城修筑

武威明长城，属于明代甘肃镇河西走廊长城的一部分，在保障河西免遭蒙古部族侵扰，保障明朝与西域各国之间的正常交往上发挥着重要作用。

武威明长城的修建

明军早在占领河西走廊之后，就开始在武威修建各种长城设施，增强防御。比如在洪武四年（1371年），"太祖洪武四年辛亥。王保保以二千骑驻扎于红柳湖。五月，于红沙河两岸筑烽燧四座，各布军兵，以企常守。是年菊月，王保保守军不攻自撤。"① 洪武十八年（1385年），镇番卫指挥王兴沿红沙河一下便修筑了45座烽燧。"是年夏，指挥王兴率民兵五百人，于黑山口以北疏通河流，并以二千五百金货柴草，筑河墩四十五座。"② 洪武三十年（1397年），镇番卫开始修筑边墙，"太祖洪武三十年丁丑。于红沙堡展筑边墙一十八里，增筑烽火墩三座。墙阔八尺，高一丈三尺。"③ 建文帝时期，镇番卫继续增筑烽燧，如"惠帝建文元年己卯。于六坝沟增筑烽火墩二十四座，迤接土门堡""惠帝建文二年庚辰。于二道梁迤北筑烽火墩一十八座，间五里，各置守兵四、五名"④ 等等都有明确的记载。

武威明长城大规模修筑是在明晚期。弘治十六年（1503年）五月，甘肃镇总兵官刘胜上书陈条言，"今陕西行都司所属卫所除马队外，见在步队并杂差旗军止一万六千余人，乞量于腹里起倩人夫三五万，各委州县佐贰官管领，布、按二司委堂上官，同本边分守、守备等官提督修筑。"秦纮命陕西四镇总

---

① （清）谢树森、谢广恩编纂，李玉寿校订：《镇番遗事历鉴》卷一，香港：香港天马图书公司，2000年，第1页。

② （清）谢树森、谢广恩编纂，李玉寿校订：《镇番遗事历鉴》卷一，香港：香港天马图书公司，2000年，第4页。

③ （清）谢树森、谢广恩编纂，李玉寿校订：《镇番遗事历鉴》卷一，香港：香港天马图书公司，2000年，第6页。

④ （清）谢树森、谢广恩编纂，李玉寿校订：《镇番遗事历鉴》卷一，香港：香港天马图书公司，2000年，第6页。

兵、巡抚商议是否可行。① 最终在陕西三边总制秦纮的主持下完成了修建。嘉靖十五年（1536 年）十二月，在甘肃镇巡抚赵载的建议下，明朝在凉州卫重修、增修了两段一百余里的边墙，"凉州西北三岔起，至茨湖墩，边壕坍塌三十余里，宜行修浚。镇番临河墩起，至永昌城东百余里，原无壕墙，宜行创筑，使有险可恃，居人便于耕牧，此一劳永逸计也。"② 万历二十六年（1598 年），明朝收复大小松山后，修建了从古浪至靖虏卫的"新边"，"三边督臣李次溪（汶）、甘肃抚臣田东州（乐）、甘肃总兵达云、道臣刘敏宽等，厚集夷汉将士，尽锐剿杀，虏众举族遁去，大小松山尽入版图。建筑城堡，以芦塘等城属固原镇，红水河等属临洮镇，河坝岭等处属甘肃镇。其地东阻黄河，北控宁夏之贺兰山，西南连接庄羌兰靖诸边，延袤千余里，遂号为沃土。于是甘肃千四百里之冲，俱安枕矣。"③ "筑障置戍，西起凉州泗水堡，东抵靖虏之黄河索桥，纡曲逶迤，凡四百余里，山谷纠错，松菁蔽，中多美水草，盖仿之祁连、焉支者也。"④《五边考》也记载："隆、万间，番酋宾兔盘踞其中，时肆侵掠，内地削弃，仅存一线。万历二十六年，抚臣田乐克复其地，建堡筑城，屯戍相望，乃割芦塘等处，属固原芦塘，见靖远卫；红水河、三眼井等处属临洮；阿坝岭、土门儿等处属甘肃。自靖远卫界黄河索桥起，至土门山，共长四百里，而兰、靖、庄浪千四百里之冲边始安。"⑤

武威明长城的建筑结构

在古代长城修筑史上，明长城的建造水平达到了最高峰。明长城主要结构为砖石结构，以其自身坚固的建造、完善的结构、科学的防御功能，令人叹为

---

① 《明孝宗实录》卷一九九，弘治十六年五月己巳，第 3682—3683 页。

② 《明世宗实录》卷一九四，嘉靖十五年十二月丁未，第 4112 页。

③ 《万历野获编》卷一七《兵部·克复松山》，第 448—449 页。

④ 《庄浪总镇地里图说》，载《舆图指要：中国科学院图书馆藏中国古地图叙录》，第 134 页。

⑤ （清）顾祖禹撰，贺次君等点校：《读史方舆纪要》卷六三《陕西十二·甘肃镇·庄浪卫》，北京：中华书局，2005 年，第 2998—2999 页。

观止。

明长城是由城墙、关隘、城堡、墙台、烟墩和驿站等组成的完整军事防御工程体系。城墙是长城的主体，墙体材料区分为砖墙、石墙、夯土墙、铲山墙、山险墙、木柞墙、壕堑等，随地形平险和取材难易选择不同材料建造而成。武威明长城受地形、气候的影响，取材还是以沙土为主，采用夯土结构修筑。城墙断面下大上小呈梯形状，高厚尺寸亦随形势需要而异。武威境内明长城多以夯土筑墙为主，城墙顶面，外设垛口，内砌女墙。女墙或叫女儿墙，又称墙栏，主要用来保护守城将士的人身安全，防止守卫巡逻的将士不慎坠落。

关城是出入长城的通道，也是长城防守的重点。关城与长城相连一体，其出口处一般以砖砌拱门，上筑两重或数重城楼和箭楼，箭楼之间用砖石墙连接成封闭的城池，城池内屯兵以备战时调用。关堡按等级分为卫城、守御或千户所城和堡城，按防御体系和兵制要求配置在长城内侧，间或有设于墙外者。卫城和所城之间相距约百里，卫城周长2—4公里，千户所城周长约4—5公里。关城外设马面、角楼，城门外建瓮城，有的城门外还筑有月城或正对瓮城门的翼城，以加强城门的守控。

明代长城根据地形和地势相隔不远就设置一个敌台，亦称敌楼。敌楼跨越城墙而建，一般是在高出城墙数丈之上用砖砌成的方形墩台，分两层或三层，四面的垛墙上均开垛口。敌台上面，中间修有船型小屋，名曰楼橹。敌台和楼橹里面驻兵可以避风雨，也可存粮、储备武器。楼橹环以垛口，供瞭望之用。敌台据长城险要之处而设置，周阔十二丈，可容纳三四十名兵士。城台也是明长城的重要建设设施，城台是突出于城墙之外的台子，上小下大，略似马脸，所以又称为"马面"。在需要重点防守的地方，约间隔300米设一座，台面与城墙顶部相平。台上建有房屋，称为铺房，可供守城士卒巡逻时躲避风雨，使"兵夫得以安身，火器得蔽风雨"。墙台的外侧和左右两侧外沿砌有垛口，用以攻城之敌进行射击。

长城沿线还筑有许多烽火台，明代也称烟墩。武威境内长城有"五里一墩，十里一堡"的说法。烽火台是报警的通信设施，具有守卫和瞭望的功能，是长城防御体系中的重要组成部分。烟墩也称烽燧、烽堠、墩台、烽火台等，是一种白天燃烟、夜间明火以传递军情的建筑物，多建于长城内外的高山顶，易于瞭望的丘阜或道路转折处。民勤境内现存的四方墩、野鸽子墩等长城遗址即为典型的长城烟墩。烟墩形式上是一座孤立的夯土或砖石砌高台，台上有守望房屋和燃放烟火的柴草，报警的号炮、硫磺、硝石，台下有用围墙圈成的守军住房。烟墩的设置有四种：一是紧靠长城两侧，被称作"沿边墩台"；二是向长城以外延伸的，称作"腹外接火墩"；三是向内地州府城伸展联系的，称"腹里接火墩台"；四是沿交通线排列的，称"加道墩台"，每隔约10里设一台。

驿站在长城的防御体系中也是一项重要的辅助设施，它是人员流动或物资运输时重要的休息地点和中转点，还负责传递往来公文，起到上情下达、下情上传的作用。

明长城防御体系中壕沟也占有较为重要的作用，武威的一些低洼地带，就用宽大的壕沟防御，深度多在4米左右，口宽达10米，替代城墙。壕沟同长城共同防御着关外侵略者的进犯，守护着关内的安全。

长城作为我国古代最为重要的军事防御体系，对它的修筑不仅要适应战争，更要与具体实际相结合。早期修筑的长城，结构简单，防御功能较少，为进一步适应战争的需要，并与当地的自然环境实际相结合，长城建筑者开始不断地钻研设计、改进结构、完善功能。如长城从平地修至高处，工事固然险要，但守边将士更要无冬无夏地跋山涉水站高岗，饱受风霜雨雪之苦。明代总治三镇（延绥、宁夏、甘肃）军务的杨一清，在长城上首创"暖房"（亦称"暖铺"），使哨所有了遮风避雨的功能，聊减兵士戍守之苦。

自汉代以后，长城沿线城堡的建设有了很大的改进，城墙普遍加高加厚；城墙四角伸出墙外，城墙中间每隔一定距离也要凸出一块，筑成可以监视城墙外侧情况的高台，人称"马面"。若兵临城下，容易发现，也自然形成三面夹击之势。有的城堡还在城门外加筑瓮城，有了第二道城门。外城门破，还可据内城门防守。也可诱敌入瓮，致敌为瓮中之鳖。

至明代中叶，随着城堡有了正式的城门、城楼、角楼、马面等，防御功能大大增强。在修筑长城时便将这些优点统统吸取过来，改进长城的建筑结构，很具有代表性的要数女真人修筑的金堑壕（也叫金界壕）。金堑壕墙体高厚，墙顶宽近 3 米，墙顶内外侧加筑矮墙，俗称"女儿墙"。城墙视地形和视力范围而定，每隔百余米，或二三百米建筑马面一个。马面不仅大大凸出墙外，而且高高耸立墙顶，既是瞭望台、烽燧台，也是作战据点。

长城的修筑方法也是较为典型的，为使长城坚固，筑城者先开挖基槽，把槽底夯实后，铺土、夯实，后依次重复，逐层铺筑，直到所需高度。修筑长城时，石夯锤和版筑法广泛运用，保证了长城的夯筑质量。石夯锤是在石锤装一个"丁"字形木柄。使用时，一人一锤，直立、双手握横杆，将石锤提起，借助石锤下落的重力惯性，再用力下夯。版筑法是夯土法的一大进步，是用两块木板（或用椽子一类木料拼排起来成板状）置于两侧，构成一个要求宽度的槽，填土于槽，逐层夯实，墙面平整美观。这种方法延续至今。

（三）武威汉明长城的保存保护

长城的保存现状

根据文保等相关部门的普查数据显示，武威境内长城全长约 629 公里（其中汉长城 198 公里，明长城 431 公里），单体建筑 354 座，关堡 26 座。2006 年至 2011 年长城资源调查表明，武威市三县一区境内均有长城分布，其中：

凉州区境内长城包括汉长城 23 段 47.95 公里，明长城 53 段 63.203 公里，汉代壕堑 7.181 公里，烽火台 20 座，敌台 52 座，堡 4 座。汉明长城均分布于凉州区东北部，呈东南—西北走向。该段长城具有汉代和明代两个时期长城叠加修筑的显著特征。

天祝县境内长城包括汉代壕堑 11 段 49.731 公里，明长城 18 段 55.899 公里，有烽火台 43 座，敌台 9 座，堡 3 座。汉明长城均分布于天祝县中部，大体呈东南—西北走向。天祝县境内乌鞘岭长城和石洞沟梁长城，是特色鲜明的雪域高原长城。

民勤县境内长城包括汉长城墙体 14.817 公里，烽火台 23 座，敌台 1 座，关堡 3 座；明长城墙体 144.76 公里，烽火台 50 座，敌台 22 座，关堡 6 座。汉长城分布于民勤县南部和中部，整体呈东南—西北走向，起自凉州区武威—民勤公路红水河大桥西侧，经过黑水墩后，进入金昌市金川区境内。明长城主要处于石羊河下游两岸的绿洲平原地带和沙漠边缘地带。民勤县长城是沙漠长城的代表。

古浪县境内长城包括汉代长城 1 段 3.035 千米，明代长城 55 段 151.091 千米，汉代壕堑 15 段 73.448 千米，明代挡马墙 1 段 110 米，烽火台 95 座，敌台 41 座，关堡 5 座。汉长城分布于古浪县中部，大体呈东南—西北走向，明长城分布于古浪县北部、西南部等地。

综合来看，古浪县和凉州区境内部分地段明长城保存相对较好，特别是在古浪县泗水镇的光丰村、光辉村和元墩村的长城，墙体保存连续完整，顶部墙体犹存，雄浑壮观，令人惊叹。古浪县境内的烽火台及个别燧体保存完整，整个防御体系一览无余。除定宁长城段约 11 公里消失外，其余基本连续不断，除个别地段受人为的损毁及年久雨淋，自然坍塌外，大部分地段走向明确，连续性好。民勤县和天祝县境内的长城保存相对较差，大部分地段消失或仅存墙基。天祝县除乌鞘岭一段保存稍好外，其余地段人为破坏严重，保存差。民勤县长城自然风化侵蚀和风沙埋压特别严重，其中有一段长达 62 公里的消失段，除大坝乡城西村一段和羊圈墩一段保存稍好外，其余大部分地段保存较差。境内汉长城大部分消失或仅存残迹，天祝藏族自治县和古浪县境内有部分壕堑保存了下来，凉州区和民勤县汉长城有部分墙体保存了下来，其余大部分消失无存。

长城的毁坏因素

武威丰富的长城遗址资源，在西部严酷的自然环境中经历了风霜雪雨等自然因素的考验，也承受着动植物的侵扰，近代以来更是遭受战争、人类生产生活等多种人为破坏，亟须采取一系列措施加强保护。目前武威长城遗址遭到破坏的原因分为自然环境因素和人类活动两方面。

（1）自然因素的破坏

武威所处河西走廊地区具有气候干旱，降水量少，温差悬殊，湿差大，风沙活动频繁的特点，常有秒速超过5米的"起沙风"。一方面夏季多暴雨，暴雨后温度、湿度变化幅度很大，使得长城遗址遭受冷热、干湿交替变化，天长日久，容易风蚀产生片状剥蚀、裂隙。另一方面，干燥而寒冷的气候条件客观上促进了土体干湿、冻融灾害的产生，从而造成土体结构松弛，形成崩解破坏。

生物破坏也是自然破坏的一种，如土蜂蚂蚁在墙体上钻孔筑巢，加速土体风化，降低了墙体强度。灌木根系不断生长产生的根劈作用使遗址土体变得疏松，甚至产生裂隙。一些植物在生长过程中或是死亡后分泌的有机酸等物质溶蚀土墙，影响遗址结构。还有如鼠类打洞等对墙体造成的机械破坏，这些有时候比风沙侵蚀更严重。

（2）人为因素的破坏

武威长城遗址多数位于村落和农田地带，人类生产、生活对遗址必然产生影响。凉州区段长城遗址的人为破坏对长城造成的威胁最为严重，如遗址附近大部分耕地距离长城墙体较近，有的甚至以长城墙体为边界搭建违章建筑，牧羊人等为避雨、置物、休息，在墙体上开挖洞窟，在长城脚下堆积柴草、随意倾倒垃圾等。

自然因素对长城遗址的破坏是积年累月的、缓慢的，受客观因素制约，但人为破坏则是一次性的对长城遗址本体的毁灭性破坏。加强长城遗址的保护和利用，更重要的是要通过科学的管理措施遏制人为破坏，因为这些人为活动对长城遗址造成的破坏比自然因素更为直接。

第三章

武威长城关隘要塞的变迁与兴衰

长城，这道绵延万里的伟大边墙，人类巧夺天工的浩大工程，中国独有的综合军事防御体系，它不单纯是一条线，而是一条蜿蜒盘桓于中国北方的环形带，有着特色鲜明的空间区域。正如美国地理学家欧文·拉铁摩尔 20 世纪 30 年代所提出的，"长城是被历史的起伏推广而形成的一个广阔的边缘地带。"① 这条长城地带，不仅仅是突兀的墙体，更是在沿线以绵延、连续的墙体为主，镇城、关城、隘口、敌台、堡寨及烽燧、驿站等建筑设施相结合，由点到线、由线到面连接成的一张严密网，形成一个完整的防御体系，最大限度地发挥其战斗、指挥、观察、通信、隐蔽、屯兵等多种功能。

　　武威所处的河西走廊自汉武帝派遣张骞通使西域后，始终是一条重要的咽喉要道。汉代首次将长城修建到武威，在此占据、开发绿洲农耕区，进行移民、屯田、军事布防，由此更好地经略西域。因此，考察武威长城关隘要塞的变迁与兴衰，对更好地理解武威在古丝绸之路上的战略地位，中原王朝的西部边疆经略，乃至多元一体的大一统中华民族的形成等都有现实意义。

---

① 〔美〕欧文·拉铁摩尔著，唐晓峰译：《中国的亚洲内陆边疆》，南京：江苏人民出版社，2008 年，第 163 页。

第一节　武威长城关隘要塞

长城作为历史上空前的人工构筑的巨型军事防御体系，在今天的考察统计中，真正建在高峻山地上的段落其实并不占大多数。这是因为古代生产力水平低下，相互之间的争战以步兵、骑兵为主，大江大河、崇山峻岭天然成为作战防御体系的重要组成部分，不需要修筑军事设施，而且在高峻的山地上修筑大规模的城墙，也深受当时的运输手段、材料来源和技术水平的限制。因此，早期长城大部分建在高原向平原过渡的丘陵或低山地区。时过境迁，随着人类活动范围的不断拓展，今天人们距离长城的空间远比古人近得多，长城穿越我们的村庄、田埂，长城就在我们身边。

一、长城不同的称谓

2000 多年来，长城有许多的称谓。在历史文献中，这些称谓有的在同一历史时期相互通用，有的仅在某个时期使用。这点学界已经有专著进行过详细论述。下面列出在两千多年中长城所使用过的几种主要名称：

长城：这是长城最通用的称谓。长城是一种很长的墙体防御建筑，是形式和墙体相近的防御性质建筑。长城之称始于春秋战国时期。《管子·轻重篇》记载："长城之阳鲁也，长城之阴齐也。"《史记·楚世家》记载："齐宣王乘山岭之上，筑长城，东至海，西至济州，千余里，以备楚。"

堑、长堑、城堑、墙堑、壕堑、界壕：这几种称谓基本上相互通用，从战国直到明朝几乎全都使用过。《史记·秦本纪》记载，秦简公六年（公元前 409年）沿洛水修筑长城时就只用了"堑洛"两字，《北史·契丹传》记载："契丹犯塞，文帝北讨至平州（今河北卢龙县）遂西趣长堑。"壕堑是长城建筑的一种形式，多指在不易筑墙的地方，挖有深广各丈许的深沟，并将所挖取之土堆于沟的一侧，其防御作用同修筑墙体是一致的。界壕则是金长城的专用词，除金之外，基本没有使用界壕一词来称长城的。

塞、塞垣、塞围：在史书中用到塞字的地方很多，一般情况有两种意义。一是用以表示关口要隘。这些被称为"塞"的关隘，有的就在长城之上，有的则在离长城很远的地方。另一个意义是用以表示长城。如《史记·匈奴列传》记载："汉遂取河南地，筑朔方，复缮故秦时蒙恬所为塞，因河为固。"《后汉书·乌桓传》也记载"秦筑长城，汉起塞垣"。

长城塞、长城亭障、长城障塞：这是把长城同塞并在一起合称长城的形式。这种称谓在史书中也很常见，如《晋书·唐彬列传》记载："遂开拓旧境，却地千里，复秦长城塞。"杜佑《通典》古冀州条下记载："密云县东北至长城障塞一百十里。"司马迁《史记·蒙恬列传》中有"行观蒙恬所为秦筑长城亭障"等等。

天田：是汉代西部地区特有的形式，在比较平坦的沙漠戈壁地带挖成壕沟，其中填上较细的沙土，每天派士卒检查有无人马足迹越过用以分析敌情。

边墙、边垣：将长城称之为边，主要是明朝。中国古代多将中原各地与东北、华北、西北、西南等地，少数民族之间的地域，称之为边地，明代则将在这一带地域修筑的长城称为边墙或边垣。如《明史·戚继光传》记载："蓟镇边垣，延袤两千里。"《明史·兵志》记载"请修宣、大边墙千余里"等等。

二、不同长城关隘要塞的作用

长城初建时，仅仅是一道防御性单面墙体，主要作用是阻拦骑兵和战车快速通过。到汉代，长城已有坞、燧、关、障等设施，形成由长城墙体、敌台、关隘、城堡、壕堑等组成的复杂立体军事防御体系。

关隘："关"指不同的政权控制边界之门，"隘"者为险要、狭窄的意思。在长城区域险要、狭窄或交通要冲之处设关把守，称为"关隘"。历代在修筑长城之前，多已经在各自的边境地带设关隘、筑烽燧、布堡寨，屯兵戍守。修筑长城后，为了更有效地进行防守，又在长城沿线险要地带或者有利的地形上设置众多关隘，成为长城防守的重点和过往出入的要道，平时检查过往的商旅和行人，战时则可关闭以防御进犯之敌。重要的关隘就形成封闭性的城池——关城，派重兵把守。不重要的则称为隘口，但是同样是隘口，也有险重之分，分为冲地隘口和缓地隘口，或者为大冲隘口和小冲隘口。如《古浪县志》记载："古浪冲地隘口二处：横沟口，哈西口。缓地隘口一处：黑沟口。安远大冲口一处：可可口。小冲口二处：鸳鸯池口，青沙湾口。"①

武威长城关隘之多，不胜枚举。《武威县志》中有"关隘"条，说道："山路隘口，边垣暗门，前人设兵深探要，必深谋远虑，诚有确见其然者。缘山诸营有隘，而北边高沟独无，其或承平日久，昔有今无未可知，况夫边之沙压坍损即隘也。其境外接蒙古荣庆公部落，按新旧墩并高字第十七 [墩] 之设意深哉，正不得以其无而忽之。"②《古浪县志》也记载："古称地利，端重守险，要害既得，虽强寇何从焉？故一一纪之，以示边防守御，未可一日疏也。"③并详细记载了各处隘口的方位、守兵等情况，足见古人对长城关隘建设的重视。

坞：《后汉书·马援传》注："字林曰：坞，小障也，一曰小城。字或作坞。"《说文》："坞，小障也，一曰庳城也。"烽燧附筑的坞，位于塞内者，坞皆偏于烽燧一侧，与烽燧连为一体，有狭窄而长的门道，多有双重门设置。位于塞外者，坞皆围于烽燧四周。坞顶上亦有女墙和"转射"等装置。

亭、燧：文献中，称"亭""亭燧""烽燧""亭障""亭候"等。在汉简资

① (清) 张珍美总修，张克复等校注：《五凉全志校注》，兰州：甘肃人民出版社，1999年，第 417—418 页。

② (清) 张珍美总修，张克复等校注：《五凉全志校注》，兰州：甘肃人民出版社，1999年，第 77 页。

③ (清) 张珍美总修，张克复等校注：《五凉全志校注》，兰州：甘肃人民出版社，1999年，第 417 页。

料中，或称"亭"，或称"燧"，或称"亭燧""亭障"。边郡的亭燧，按其职能，有属于军事候望系统的烽燧，属于邮驿系统的邮亭、都亭，属于屯田系统的农亭，属于治安系统的乡亭、市亭，属于警卫系统的城亭、门亭等。

障：都尉府或候官治所。《史记·匈奴列传》正义引顾胤云："障，山中小城。"《史记·拜起列传》所隐注："障，堡城。"《汉书·张汤传》师古注："障谓塞上要险之处，别筑为城，因置吏士而为障蔽以捍寇也。"《汉书·武帝纪》师古注："汉制，每塞要处别筑为城，置人镇守，谓之候城，此即障也。"综上所述，"障"为小城，故亦可称作"城"或"候城"。

关城：它是长城线上的重要防守据点，军情紧急时，重要军队驻守于此。关城位置的选择非常重要。为了能控制险要，用较少的兵力抵挡较多的敌人，往往把关城建在高山峻岭之上，深山峡谷之中，或江河转弯之处等有利于防守的位置，使其达到"一夫当关，万夫莫开"的目的。有些重要的关城往往设置几道防线，建有罗城或者瓮城，临水的建有护城河等。刘以璋在《武威县疆域图说》中说道："今之要县，古之要郡也。田肥美，民殷富。东接金城、银夏，势可内蔽；西通酒泉、敦煌，力能外援。庙堂多胜算，重镇之内，益以旗兵。"[1]武威就有很多的关城，如上古城、凉州府城、满城、大靖城等等。有的关城与长城相连，长城城墙即作为关城的一面墙，有的则建在城墙之内。

营堡：营堡是小于关城的长城守卫军事小镇。"营"者，乃为军队驻扎的地方。"堡"，初为"保"，后加土字底表示土墙环绕，是古已有之的封闭聚落形态。历史上长城区域内的营堡，具有特定的军事防御功能，一般受边镇或者关城的统领。而且营堡的规模、防御级别和军事地位，有不同的等级和层次，大至拥兵数千比拟关城镇城，小至驻军数百、几十人不等，散布于长城沿线。武威长城沿线的营堡就比较多了，《五凉全志》中有很多记载，如武威县的城守

---

① （清）张玿美总修，张克复等校注：《五凉全志校注》，兰州：甘肃人民出版社，1999年，第19页。

营、张义堡、南把截堡、西把截堡、炭山堡、高沟堡；镇番县的东安堡、校尉营堡、蔡旗堡、红沙堡、永昌县的水泉堡营、宁远堡营、新城堡营、永宁堡营等，古浪县的安远堡、土门堡、黑松堡等，平番县的武胜堡营、岔口营、镇羌营等等。

寨：寨，同"砦"，是历朝历代各封建王朝派出军队、临时驻兵的地方。通常没有关城，军队在防守和作战临时驻扎的地方，占据有利地形，如高山、隘口、要道等，没有依托城墙，只是在驻地的四周深挖壕沟、塞墙等简易防御措施，也是配合关城、营、堡联合作战的军事防御体系之一。武威长城沿线的寨非常多，查阅史料古籍，发现仅《武威县志》"村社"条目下就记载有"寨"34个，有些堡寨的名称一直延续到今天还在使用。

驿站：驿站是设在关城与关城之间、交通要道至长城之间的兵站。主要用于兵员休息，信件传送，给养贮藏转运，通常有少量的后勤军队驻守。在古代军事防御体系中，关城、营、堡、寨等军事和后勤设施，在战争中互相联系，互相支援，军需保障和政令文书的通达，也是军事防御取得胜利的重要保证。

敌楼：敌楼一般建在长城外，三分之一镶嵌在长墙内，三分之二建筑在长墙外，高约十五米，宽约十米，从长城内有一圆形小门进入空心楼内。敌楼的外墙留有窗口，可以通过窗口监视侵略的敌方，也可以位于窗口放箭反击进犯的敌人。这种空心敌楼，也可以屯兵，转运物资，调动军队，是长城的一个小型指挥所。

第二节 河西汉长城首段——"令居塞"

汉虽然取代了秦，但是汉代的统治者对于长城的修建与维护并没有随着秦的灭亡而停止。汉朝与北方少数民族的关系决定了修建长城抵御北方匈奴等民族的侵扰是必要的，而西汉长城的修建重点从区域上看，进一步拓展外延到新开拓的领地，河西走廊就是其中重要的修建区域。

西汉修筑令居塞等河西长城的背景及原因，学界基本取得了一致的认识，即西汉与北方、西北游牧民族的冲突与战争。[①] 秦末中原战争不断，汉朝初期刚经历楚汉战争的消耗，北方匈奴乘机迅速地强盛起来，利用骑兵机动性强的速度优势不断侵扰边界，对西汉王朝造成了很大的威胁。

汉武帝时期，中原王朝随着国力的恢复放弃了屈辱的和亲政策，对匈奴的战略由被动防守转为主动进攻。汉廷于建元二年（公元前 139 年）和元狩四年（公元前 119 年）两次遣张骞出使西域，并对匈奴发动了大规模战争。元狩二年（公元前 121 年），骠骑将军霍去病率军两次长途奔袭，进攻匈奴右郡河西地区，采取大迂回战术，经居延攻打祁连山北麓的匈奴部落，从此匈奴节节溃败，远走漠北，匈奴民歌唱道："亡我祁连山，使我六畜不蕃息；失我焉支山，使我妇女无颜色。"[②] 为巩固胜利果实，保障丝绸之路畅通和西北边陲长治久安，太初三年（公元前 102 年），汉武帝命路博德在居延泽修筑长城。据《史记·大宛列传》记载："汉始筑令居以西，初置酒泉郡，以通西北国。"[③]《汉

---

① 段清波等著：《中国历代长城研究》，北京：经济科学出版社，2018 年，第 158 页。

② （汉）司马迁撰：《史记》卷一一〇，北京：中华书局，1963 年，第 2909 页。

③ （汉）司马迁撰：《史记》卷一二三，北京：中华书局，1963 年，第 3170 页。

书·张骞传》:"元狩二年,令居,县名也,属金城,筑塞西至酒泉……元鼎六年(公元前111年),遣从骠侯破奴,将属国骑兵数方以击胡,胡皆去。明年,击破姑师,虏楼兰王。酒泉列亭鄣至玉门矣。"①《汉书·西域传》记载:"骠骑将军击破匈奴右地,降浑邪、休屠王,遂空其地,始筑令居以西。"②《后汉书·西羌传》记载:"及武帝征伐四夷,开地广境,北却匈奴,西逐诸羌,乃度河、湟,筑令居塞。初开河西,列置四郡,通道玉门,隔绝羌胡,使南北不得交关。于是障、塞、亭、燧出长城外数千里。"③河西汉长城共分三段筑成,于元狩二年修建的东段汉长城修筑最早也最完整,史称"令居塞"。

　　"令居塞"长700多公里,关于令居塞这段汉长城在武威境内的走向,胡杨先生实地走访,在其《探访令居塞》中有详细的论述:"令居塞这段长城的具体走向和详细的地理位置是,从今兰州市永登县西南山下黄河河口岸边起,沿着庄浪河西岸一直北上过武胜驿到金强堡,越过金强河,爬上乌鞘岭。长城下了乌鞘岭以后,经安远驿进入古浪县的龙沟,然后沿龙沟蜿蜒向西北行,跨越四坝河,进入武威境内的黄羊镇农场、月城墩、长城乡,到五墩村,至九墩、七墩村进入民勤县,向东北方向进入戈壁沙漠,即腾格里沙漠。在腾格里沙漠的南部边缘,长城向西北延伸。经黑山堡,过六家墩,然后转向西到勤锋农场,折向南翻越海拔1470余米的黑山,到达沙井子,再向西南出民勤县境入永昌县界。这段长城把民勤绿洲圈到了长城以内。"④

　　汉长城令居塞修筑以"察地形、依险阻、坚壁垒、远望堠"为原则,根据当时河西地理条件,勘测线路,因地制宜,因陋就简,就地取材。武威所处的令居塞,大致沿龙首山、合黎山南麓向西北行,逢山掘崖、逢河劈岸、逢原挖塞,分段开挖"阔塞"(宽而深的壕沟),铺设"天田"(用作侦察敌人踪迹的沙

---

①（汉）班固撰:《汉书》卷六一,北京:中华书局,1962年,第2695页。
②（汉）班固撰:《汉书》卷九六上六,北京:中华书局,1962年,第3873页。
③（南朝宋）范晔撰:《后汉书》卷八七《西域传》,北京:中华书局,1965年,第2876页。
④　胡杨:《探访令居塞》,嘉峪关长城博物馆(www.jygccbwg.cn),2007年7月。

田），并辅以军事坞堡、报警烽燧、交通驿站和保障粮囤。整条长城有的以壕沟代替墙垣，全线由壕沟、自然河岸和故城、坞堡、墩台、亭堠等列障构成，形成了塞防天堑，要隘守关，墩堠相望，烽火示警的防御体系。令居塞汉长城除了军事防御和保护丝路畅通，在保护凉州屯田开发上也发挥了重要的作用，虽年代久远，有些地方遗迹迄今仍清晰可见。例如李并成先生就撰写文章进行论述："古浪汉塞遗址今保存较好的地段有古城庄、地窝铺北等几段。古城庄位于大靖镇北 6 公里、明长城北 4 公里——当地恐原有汉塞城障——因名古城庄。塞垣由古城庄趋向西北，经赵家塄、西庄、李家湾、吴家湾、盐路，入沙漠之中，形迹缺失。推测汉塞当继续朝向西北，经芦草梁南、黄花滩，直抵大土沟南进入武威市界。由古城庄向东，汉塞遗迹经羊胡塘、吴中庄、地窝铺北、白家窝铺南、褚家窝铺北、安家庄、方家墩子、李家窝铺北，穿越海子滩（今引黄灌区），复经峨山巴头北、抗家沙河、上下浪湾南、新井北，折而东北行，呈向北突出的弧线，进入流沙中，又经石嘴子、姚家井等地入景泰县界。此条汉塞遗迹多呈残高 0.5—1 米的土梁状，当地群众形象地俗称其为'鱼脊桩'。残宽约 2—3 米。夯筑，夯层厚 10—12 厘米，大约每三层（总厚约 30 厘米）。夹筑芨芨草或白刺一层，柴草层厚约 3 厘米许，与夯土层已牢固地'锈'为一体，不易剥离。汉塞沿线散落较多的灰陶片、汉砖块、五铢钱、残铁片等物，在许多地段都可找到，由此证明此遗迹确系汉长城残址。沿线还分布有大面积的汉代墓群。"[1]

令居塞长城的修筑原因及作用，除了面对匈奴、羌等为首的游牧民族的不断扰边，汉王朝出于自身实力的考量采取不得已的防御措施外，在军事上打败匈奴之后，在新开拓的疆域边境构筑长城也是巩固战果的需要。长城对西汉王

_____

[1] 李并成：《河西走廊东部新发现的一条汉长城——汉揲次县至媪围县段长城勘察》，原载于《敦煌研究》1996 年第 4 期。

朝而言具有维护其封建专制统治的作用。[①] 此外，长城的修建也有更深层次的原因。汉武帝时期，"随着对匈奴大规模的反击以及丝绸之路的开拓，汉政府为保证丝路的安全畅通，将其战略重点放在河西地区，甘肃河西地区的汉长城就是这样分段筑成的。"[②] "西汉政府之所以修缮长城，保护丝绸之路就是其中的一个目的。"[③] 所以，"除了军事上的防御之外，汉长城还起着开发河西屯田、保护通往中亚的交通大道丝绸之路的作用。"[④] 在民族关系方面，长城客观上促进了各民族融洽的往来交流，促进了中原与西域诸国政治、经济、文化的融合发展。

---

① 白音查干:《长城与匈奴关系》,《内蒙古师大学报》(哲学社会科学版)1998年第6期。

② 唐晓军:《甘肃境内的长城与烽燧分布》,《丝绸之路》1996年第5期。

③ 张荣芳、王川:《西汉长城的修缮及其意义》,《长城国际学术研讨会论文集》,长春:吉林人民出版社,1995年,第105—115页。

④ 罗哲文:《长城》,北京:北京美术摄影出版社,2000年,第35页。

第三节　大明王朝最后的长城——"松山新边"

明嘉靖年间，蒙古鞑靼势力经常出没于兰州、西宁、庄浪、中卫、靖远、凉州等地。万历二十六年（1598年），兵部尚书兼三边总督李汶，大司马兼甘肃巡抚田乐，甘肃总兵达云等奉旨收复大小松山，割断了在青海的蒙古势力和在河套的蒙古势力间的联系。松山战役一战功成，为了巩固松山战役的收获，大明王朝决定建筑新的长城。僧海霞教授就指出："万历二十六年爆发的'松山战役'，是处于风雨飘摇之中的明王朝对袭扰甘青地区的蒙古部落的强力反击。此后构筑的松山新边防御体系，是晚明消极防御战略背景中少有的积极经营举措。"①

"松山新边"的修筑背景

松山，又名密哈山，位于祁连山东段，水草丰美，适宜畜牧。

明代自英宗开始，毛毛山至老虎山以北，今大靖川以南，西起黄羊川，东至昌灵山一带的松山地区成为鞑靼与明朝相互博弈地带。嘉靖三十八年（1559年），蒙古土默特部俺答汗携其子丙兔、侄子宾兔等部数万众袭据青海，后引去，留丙兔部据海西，宾兔部据松山，史称"松山宾兔"。宾兔部长期盘踞松山，"及其东市西剽，道路寇攘，河东西几梗呼吸，乃缩地筑长堑，登埤乘塞，亦已晚矣。"②至景泰、隆庆年间，明廷势力进一步收缩，鞑靼驻牧松山。此后，以松山为中心，河套、青海三地蒙古族部落统治几乎连成一片。俺答、宾

---

① 僧海霞：《兴废殊荣：明代松山新边沿线城堡的变迁与环境》，《中国边疆史地研究》2022年3月第1期。

② （清）梁份著、赵盛世等校注：《秦边纪略》，西宁：青海人民出版社，2016年版，第111页。

兔死后，其妻及宰僧、阿赤兔、著力兔等继承者坐地为匪，将明朝从兰州通往河西的战略要道挤压在庄浪河与东岸长城之间的河谷阶地及乌鞘岭、古浪峡一线，使明王朝如骨鲠在喉。

"松山战役"后，虽然松山宾兔北归，但是要将蒙古各部长久地挡在松山以北，仍然需要采取持续有效的措施。于是兵部尚书兼三边总督李汶，甘肃巡抚田乐、甘肃总兵达云等人分析形式，认为松山以北 400 里更易防守，如果在此构筑边疆，就可割断青海蒙古和河套蒙古之间的联系，取得军事上的主动地位。朝廷同意了他们的奏疏，于是从松山古城开始，经过寿鹿山（大松山）、龟城、索桥古渡、明长城，最后延伸至河西，直到遥远的塞外大漠东西绵延 400 余里的边塞长城军事设施，这也是大明王朝最后一次修长城。因为这段边墙长城是相对于明代成化年间松山失守后构筑于黄河、庄浪河沿岸的"冲边""旧边"而言的，故称为"松山新边"。

"松山新边"的修筑记载

关于万历年间修筑的这段"松山新边"，在《明史》《明实录》《秦边纪略》《边政考》《皇明九边考》《明经世文编》中都有相应记载，同时在地方志中也有记载，如《兰州府志》《五凉考治六德集全志》等，兹摘录举例如下：

《明史》中记载："甘、宁间有松山，宾兔、阿赤兔、宰僧、著力兔等居之，屡为两镇患。巡抚田乐决策恢复。云偕副将甘州马应龙、凉州姜河、永昌王铁块等分道袭之。寇远窜，尽拔其巢，攘地五百里。……松山既复，为筑边垣，分屯置戍。"[1]《明实录》中有多处记载，如《神宗显皇帝（万历）实录》"万历二十六年十一月丁亥"条记载："兵部言：陕西之松山界在甘、宁，实两镇往来通路，靖固藩篱。自流房窃据，而镇番中卫因之断隔，贼遂得以窥我两河矣。今督抚诸臣，藉累胜之威，大行搜剿。著宰既已归套，宾阿移遁贺兰。举三十年经营兔窟，一旦扫除，五百里沦没故疆。尽行恢复，功岂不伟哉？第

---

①（清）张廷玉等撰：《明史》卷二三九，北京：中华书局，1974 年，第 6224 页。

恢复不易，保守尤难。及今筑墙、筑堡、移将、移兵，亟举而力图之。虽经数年，费钜万，不惜断匈奴之右臂，联甘宁之辅车，作靖固之屏障。此一劳永逸之计，事机之会何可失也。"①"万历二十七年庚寅条"记载："开拓不易，保守尤难。议于松山自东徂西四百余里筑墙、浚壕、设墩、置戍将。扒沙营、芦塘川各添参将一员；阿坝岭、红水河，各设守备一员；裴家营、土门儿、芦塘湖各设防守一员。即以凉、庄守备徐龙量升游击，管扒沙参将事，其余将官酌量推补。所需兵饷及工资在河西者，如议派支；在河东及双墩以东，听抚臣酌议奏请举行。务与河西辅车相倚，共图保障。各将修过工程，用过钱粮及督工效劳员役，分别勤惰造册送部查考。"②"松山新边"修筑成功后，皇帝对包括达云在内的将领进行了褒奖，"万历二十九年二月丙子"条记载："松山当甘、固二镇之冲，河西险要。久为诸虏盘踞，不时出没，为边大患。兹赖卿等扫除恢复，又经营创筑，大工告完，永固金汤。宽朕西顾，懋功宜赏。李汶加少傅，贾待问升兵部尚书兼右副都御史，徐三畏升右副都御史，达云加左都督，萧薰实授都督同知。此功乃乐在镇之日，晋加少保兼太子太保；梅国桢、魏允贞等暨文武将吏，各升赏有差"。③

地方志中也有记载，如《兰州府志》中记载："万历二十六年（1598年）以松山平定议筑新边。府同知冯询等，踏看得松山双墩子以东至红水河西四十里，有水可以筑墙。红水河以东三十里，具石，山无土，不堪挑筑，应砌石墙。自滩墩至永安堡索桥三十里，川险间断，或筑墙、或挑浚，各相便宜。新边自靖虏卫县黄河索桥起至庄浪县界土门川，共长四百里，而兰靖、庄浪千四百里之冲边始安。第芦塘、三眼井等处，土疏易圮，时费修筑，仍按明初旧址，自镇番直接宁夏中卫。"④《古浪县志》"沿革"条目下也有："万历戊戌，

① 张志军主编：《明实录长城资料辑录》，银川：宁夏人民出版社，2013年，第396页。
② 张志军主编：《明实录长城资料辑录》，银川：宁夏人民出版社，2013年，第397页。
③ 张志军主编：《明实录长城资料辑录》，银川：宁夏人民出版社，2013年，第399页。
④《兰州府志》卷一，清道光十三年刻本，第21页。

巡抚甘肃田乐，总兵达云，分守道张蒲，谋谐文武，带甲万人，扫空穴幕，恢复其地，改扒沙为大靖，建城修郭，奏筑新边，疆界乃通中卫、靖远诸路。"①其余诸如"兵防志"中关于这段边墙的营堡、关隘、烽墩的记载不胜枚举。

"松山新边"的意义

首先是军事战略上的意义。一方面，"松山新边"的修筑"将丰泉沃地一概括之于内，而边以外悉是卤石碛沙滩，虏即数十骑不能来，来不能牧，牧不能久"，有效地阻碍了蒙古残余势力卷土重来，巩固了松山战役的成果。另一方面，在此之前，固原、临洮、甘肃三镇的防线由南北方向沿着庄浪河的旧边墙和兰州以东的东西方向防线构成，全长一千四百公里，而通过"松山新边"新边墙的修筑，可将大、小松山包含在防区之内，使得防线收缩为四百里，大大减轻西北四镇的边防压力。从此，明朝与蒙古对峙的边防线便由庄浪河和黄河一线向外拓展到了腾格里沙漠一线，使得明朝西北的防务更趋稳健。

其次是经济文化交流上的意义。松山地区自汉武帝打通河西走廊之后，就处于中原通往河西乃至西域的交通要道上。"松山新边"修筑之后，松山地区的交通枢纽位置更加凸显，地处交通要道，紧邻黄河，既能阻隔南北往来，又能控制东西交通。向南可以直达金城和藏区，向东可以通到宁夏卫，向西可以到达西宁和青海湖，向西北则可直接到达甘肃镇的重镇甘州和凉州，向北可以到达蒙古高原，是河西地区通往固原镇和宁夏镇的咽喉之地，为河西走廊东端门户。明朝控制了松山地区，修筑新边长城，便可疏通西北各镇之间的联系，使得区域内经济文化交通孔道更加畅通。

最后是民族融合上的意义。长城的基本功能是阻隔外敌，减少战争灾害，保障边境安宁与边民正常生产生活，在此基础上，长城衍生出了促进民族交流

① （清）张玿美总修，张克复等校注：《五凉全志校注》，兰州：甘肃人民出版社，1999年，第377—378页。

融合的功能。松山地区是汉族聚居区与蒙古族、藏族等多民族的衔接地带，是中原与西部少数民族冲突的前沿。"松山新边"的修筑遏止了多年以来的蒙汉争斗，有利于各民族人民和平相处，发展经济，互通有无，实现多元文化的交融共生。① 这是"松山新边"修筑更为深远的历史意义所在。

---

① 马晓杰:《明代松山古城遗址调查与研究》，西北师范大学 2020 届硕士学位论文。

第四节 "达公墩"的英气浩然

"达公墩"指的是位于古浪县大靖镇青山寺建筑群右侧的烽火台。这是大靖北面东西走向近 300 里明长城沿线最大的一个烽火台。松山战役后，甘肃镇总兵达云亲自督办修建了"松山新边"明长城和大靖城池，后来人为了纪念这位功勋卓著的将军，将这个烽火台称为达公墩。

达公墩的修筑背景

达公墩的修筑有着深厚的历史渊源。明王朝建立后，为防止元朝残余势力侵扰，一直持续不断地通过征剿、防御、安抚、贸易等方式，维护北部边疆地区的稳定与发展。尤其在东北地区，山西、陕西、甘肃等地，布设重兵，设置九边，修筑长城，移民实边。其中，武威所在的河西地区就设有甘肃总兵官（驻凉州），专门防御元朝残余势力。梁份在《秦边纪略·凉州卫》中就言："封疆之外，祁连前隔，沙漠后绕，腹背皆要荒也。左引庄、兰，右通甘、肃。甘、肃为诸郡之臂指，而凉则甘、肃之咽喉也。且祁连之外即西宁，沙漠之东为宁夏，凉州盖四达之地也。"[1] 清初刊印的《凉镇志》记载："凉州地居适中，为五道咽喉，四面环山，番夷此处，官民惟中居一线耳。"[2]《大明一统志》中也记载："河山襟带，为羌戎通择之路，环以祁连、合黎之山，侵以居延、鲜卑之水，凉州险绝，土地肥沃，万山环抱，三峡重围。"[3] 时人马文升更是发出"万一甘、凉失守，则关中亦难保其不危"的惊呼，这些都充分说明整个有明

---

① （清）梁份著，赵盛世等校注：《秦边纪略》卷二《凉州卫》，西宁：青海人民出版社，2016 年版，第 150 页。

② （清）苏铣：《丁酉重刊凉镇志》，北京：中国国家数字图书馆藏清顺治十四年刻本。

③ （清）李贤等：《大明一统志》卷三七，西安：三秦出版社，1990 年，653 页。

一朝，凉州都是抵御蒙古和扼制西域的战略要地，更是承担着隔绝北面蒙古和南部诸番联系的重任，军事战略地位十分重要。

明代隆庆、万历年间，蒙古俺答部落崛起，多次以游牧、互市为名入侵甘肃，越过宁夏、甘肃边境，侵占了大小松山（今天祝县松山和古浪县昌灵山），进而盘踞在青海地区，严重威胁到明王朝的边疆安宁。到明万历年间，朝廷决意调兵遣将，集中征剿，于明万历二十六年到二十七年（1598—1599年），击败了盘踞的蒙古部落，收复了青海、甘肃松山等失地，在甘肃新修建长城400里（新边），恢复了原有的疆域。指挥这场著名的"松山战役"的，除陕西三边总督李汶、甘肃巡抚田乐外，还有一名最为关键的名将，即以"达公墩"之名为纪念的人——达云。

边将之冠，名将达云

达云（1551—1608年），明代凉州卫人，字腾霄，别号东楼，是万历年间武威籍的一位名将，《明史》把达云和麻贵、张臣、杜桐、董一元列为"五大边将"，称达云"勇悍饶智略"，为将"先登陷阵，所至未尝挫衄，名震西陲，为一时边将之冠"[①]。达云戎马一生，屡建奇功，为明代甘肃边防立下了汗马功劳。关于达云的生平事迹，已有很多详细的研究。达云先祖于明初自哈密进贡，留居甘肃，试任百户，辈辈世袭，嘉靖四十五年（1566年）四月，达云承袭祖职。先后担任嘉峪关守备、镇夷游击、永昌参将、碾伯游击将军、庄浪参将、西宁参将、延绥总兵、甘肃总兵等职，万历二十九年（1601年）二月，升左都督，七月升特进光禄大夫、上柱国、太子少保，于万历三十五年（1607年）在军中去世，赠太子太保。除《明史》外，《武威县志》人物志中就有达云传记，把他列入乡贤，今天武威除了"达公墩"，还有一条街道被命名为"达府巷"；大靖镇有一条街也被称为"达公街"。达云一生最光辉的时刻，除了"湟中三捷"外，就数"松山战役"。

---

① （清）张廷玉等撰《明史》卷二三九，北京：中华书局，1974年，第6223—6224页。

驱虏收复失地，构筑长城"边墙"

明朝中后期，甘肃一带边境问题尤为严重，从万历十八年（1590年）开始，河西地区就被蒙古人三面环围，蒙古人时常骚扰边民，牲畜、财物乃至妇女被大批掠走，百姓生活不得安宁。据史书记载，明朝建立230年之后，盘踞大、小松山（今大靖和天祝松山滩）百年之久的鞑靼阿赤兔纠集兵马、骚扰地方、劫掠客商，以致当地百姓苦不堪言，农、商皆难以为继。

面对如此严峻的形势，万历二十六年（1598年）三月，兵部尚书兼三边总督李汶，大司马兼甘肃巡抚田乐，甘肃总兵官达云等奉旨，集甘肃两河五道官兵，兵分五路，合力围剿青海、松山等地的蒙古部落。达云率领甘肃副总兵马应龙、凉州副总兵王铁块、镇番参将万赖、洪水游击徐龙，镇夷游击朱启来、凉庄游击张守信等官兵1万多人，从古浪县泗水、黄羊川、黑马圈，庄浪（今永登），景泰洪水等地攻击松山阿赤兔部，直捣松山腹部黑马圈河等地，斩首阿赤兔部1000多人，俘获1万多人。同年七月和九月，达云又两次用兵，彻底扫清了占据松山的阿赤兔等部落残余，获牛、马、驼、羊1500多头（只），不仅改变了"松虏"连连入寇、边警不断的局面，而且收复疆域500里。此战史称"松山大捷"。明《定松山碑》中镌刻着这样的文字："剿除兔虏，恢复松山，宣庙略于河西，靖边烽于漠北，奏龙沙之捷，屯虎城之田，业与方召争流，名与天壤俱永……"[1] 次年，为了彻底杜绝边患，达云亲自督修了大靖城堡及从泗水至景泰黄河畔东西走向的"边墙"。

明代对长城沿线的墩守有着明确而详细的规定，史道在其《创立五堡以严边防事》中就有"每二里余筑打墩台一座""每墩起盖房屋二间，合为一间，其各墩应有锅瓮、器皿、旗帜、号带、弓箭、盔甲、枪刀、火器，具各置办完全，逐一布设""各选拔调拨官军六员名，令其常轮流哨守。一遇有警，一面酌量贼数多寡，张挂青黄白色号带，传报诸路，瞭望之人依照传报，预为戒严

---

[1] 郑炳林主编：《凉州金石录》，兰州：甘肃文化出版社，2022年，第372页。

收敛；一面摘拨一人下墩，逾壕星分驰报各该分定城堡，以凭会报合兵"[1] 等记载。"达公墩"就是这段边墙的一部分，曾几何时，这里旌旗猎猎，人啸马嘶，一片刀光剑影。如今一切都已远去，历经 400 余年雨雪风霜的达公墩依旧巍然屹立，气势不减，只是变得出奇安静，与青山寺相守为伴，只留下久远的记忆让人凭吊、感叹。

① （明）陈子龙等辑：《明经世文编》卷一六六《史督抚奏疏（史道）》，北京：中华书局，1962 年，第 1689 页。

第四章

武威长城的战略地位和作用

长城在战国时候就已经开始修筑，有文献记载，齐长城是最早修筑的长城。但是在甘肃河西地区，时间上的起点则是汉朝，所以河西地区汉朝修筑的长城被称为"河西汉塞"。明以前，河西地区的军事防务都是在汉朝遗存的基础上再进行整修，一直到明代都没有大规模修筑长城，因此，在明建立之前，河西地区的长城都是以汉长城为主。

汉武帝在河西地区建立了河西四郡，分别是敦煌郡、酒泉郡、张掖郡、武威郡。河西地区汉长城的修筑则是在汉朝统辖河西之后，为保障河西地区的安定和沟通西域各国的文化交流，修筑了这一道防御体系，意在指"隔绝羌胡，使南北不得交关"[①]。河西地区汉长城的修筑是一个不断完善的过程，每隔几年就要整修或是新修，在修筑的时候也是一段一段的。汉武帝元鼎六年一直到汉宣帝地节三年（公元前115—公元前67年），这段时期共修了五次。从分布的走向看，这段长城在西汉整个防御体系中属于西段，东西走向。河西汉长城分为主线和支线两部分，东西是主线，南北是支线，加上河西走廊的关隘城墙，构成了完整的防御体系。

汉长城的分布走向是东西两个方向，明长城的走向也基本一致，这是因为甘肃地区的一些长城在汉长城的基础上修建。在甘肃地区黄河岸边的媪围渡口、令居渡口这两个地点，汉长城分别向西和北延

---

① （清）吴广成撰，龚世俊等校证：《西夏书事校证》，卷7《起宋真宗咸平四年尽六年》，兰州：甘肃文化出版社，1995年。

伸，最后在今甘肃省古浪县境内连接在一起，成为主线继续向西延伸，横穿整个河西地区，最远到达今天新疆的罗布泊。

甘肃境内长城主要集中在河西走廊，除了长城的墙体等本体要素，它在修建的时候还和地形地貌、军事防御等因素相结合，包含了烽火台、关口、绊马坑、城堡等其他丰富的内容和建筑文化。河西走廊位于甘肃省西北部，是中原通往西域的要道，因位于黄河以西而得名。河西地区为一条东南向西北的走廊地带，南有祁连山地，北有北山山地（包括马鬃山、合黎山和龙首山），东临黄河，西接三陇沙，长约 1000 公里，走廊最宽处百余公里，最窄处仅 3 公里左右。地域上包括今甘肃省河西五市，即武威市、张掖市、金昌市、酒泉市和嘉峪关市。走廊内，除祁连山地冷龙岭余脉乌鞘岭外，大多为黄土高原或戈壁沙滩、绿洲草原，地势平坦，一般海拔 1500 米左右。河西长城的营建往往根据河西地区的自然环境，以河西走廊为轴，向东西两个方向延伸，主要包括了河西汉塞的修建和甘肃镇明长城的营建两个时期。

第一节　武威长城驱匈奴、筑边塞的军事价值

河西长城在自然地理区划上属于我国西北典型的内陆干旱地区，而依据地貌类型和分布特点，明长城途经的主要自然区域包括：河西走廊区、北山山地区、祁连山地区及乌鞘岭以东所延伸的黄土高原区西端部分。具体而言，其地区东连中原，西通西域，南北山脉延绵，形成一个既能阻隔南北往来，又能控制东西交通的要冲之地，这种独特的地理环境，便利的交通网络，使之在军事上具有得天独厚的地理优势，一直以来是封建王朝掌握中原、向西发展的重要战略基地，尤以河西走廊区最具代表性，也是河西明长城分布的主要区域。

在其走廊境内，南部有高大的祁连山脉，北部有延绵的龙首山、合黎山和马鬃山等为主体的北山山脉体系，并且在南北两山之间，呈现出相对平缓的地势，由此形成了一条东西长约4公里，南北仅宽几公里或百余公里不等的狭长的走廊腹地。其间有石羊河、黑河、讨赖河、疏勒河等内陆河流切穿腹地而过，使其在沙漠广布、戈壁星罗的不毛之地中发育了许多大小不均的绿洲景观，而这些彼此相连的绿洲腹地，因具有相对优越的地理位置和自然条件，它们一度成为河西的重镇，是河西地区重要的政治、经济和文化中心，更是控扼往来西域与中原之间的交通要道。

若以位于河西走廊石羊河流域的凉州（今武威市）重镇为例，则可窥见这些独特的绿洲地带对于经营河西地区的重要意义。凉州位于石羊河绿洲腹地，是从中原进入河西走廊的第一个军事重镇，素有河西走廊东端门户之称。其地理位置特殊，地形复杂，境内有绿洲、沙漠、高山、丘陵、戈壁等地貌景观断续分布。在其西南部有祁连山区，更是群山绵延，山势高峻。而在乌鞘岭西北又有古浪峡，峡谷两侧，峭壁悬崖，地势险要，颇有"一夫当关，万夫莫开"

之形胜，也成为连通兰州与凉州的咽喉要道。① 加之核心区域，又是地势平坦、土壤肥沃，水源充足、宜农宜牧的天然场所，故其战略地位极为重要。历代文献也对凉州重要的战略地位及独特的地理形势多有论述。

《元和郡县图志》卷四○《陇右道下》凉州条记载：

> 汉得其地，遂置张掖、酒泉、敦煌、武威四郡，昭帝又置金城一郡，谓之河西五郡，改州之雍州为凉州，五郡皆属焉。地势西北邪出，在南山之间，隔绝西羌、西域，于时号为断匈奴右臂。②

《大明一统志》卷三七《陕西行都指挥使司》记载：

> 河山襟带，为羌戎通驿之路。环以祁连、合黎之山，浸以居延、鲜卑之水。凉州险绝，地土饶沃，万山环抱，三峡重围。③

《读史方舆纪要》卷六三《凉州卫》记载：

> 卫山川险厄，土田沃饶，自汉开河西，姑臧尝为都会。魏、晋建置州镇，张轨以后，恒以一隅之地，争逐于群雄间。……唐之盛时，河西、陇右三十三州，凉州最大，土沃物繁，而人富乐。其地宜马，唐置八监，牧马三十万匹，汉班固所称凉州之畜，为天下饶，是也。

---

① 梁继红：《论西夏对凉州的经营》，《固原师专学报》（社会科学版）2006 年第 2 期，第 43 页。

② （唐）李吉甫撰，贺次君点校：《元和郡县图志（下）》，北京：中华书局，1983 年，第 1017 页。

③ （明）李贤、彭时等纂修：《大明一统志》卷三七《陕西行都指挥使司》，台北：台联国风出版社，1977 年，第 2657 页。

西夏得凉州，故能以其物力侵扰关中，大为宋患。然则凉州不特河西之根本，实秦、陇之襟要矣。①

《凉州府志备考》卷七《艺文》"凉州卫大云寺古刹功德碑"条记载：

> 其地接四郡境，控三边冲要，俯苍松而环城，珍白兰而作镇。

由上述记载，亦可显见凉州重镇在河西走廊区具有十分重要的战略地位。除此之外，类似凉州地理形胜的河西城镇，还有甘州、张掖、肃州、酒泉、瓜州、安西、沙州（敦煌）等，如甘州（张掖）重镇，位于河西走廊中段，境内地势平坦，气候温和，水草丰美，不仅是农耕与畜牧并重的交错地带，而且是河西重要的政治、经济和文化中心，更是中西交通的咽喉和各民族交往的十字路口。

这种山川错综，绿洲延绵，区域特征明显的地貌单元，共同孕育了河西走廊区自东至西，一线分布的城镇群，东有控拥中原之途的凉州门户，西有阻塞西域之道的嘉峪雄关，中有连接东西交通孔道与南北商旅往来的甘州腹地，为此使得河西之地缘关系，既有宏观层面上高度整合的一体性，又有小区域内独立自踞的地方特征。

显然，从军事战略的层面来看，河西地区这种高度整合的一体性与独立自踞的地方特性，都为河西地区营建有效的军防设施提供了优越的自然条件，为依据一定的地理环境实行以"要地制塞，巧用地利，就地取材，攻守兼顾"为原则修筑边防工事提供了有利条件，更是冷兵器时代最为显著的特征之一。

来自北方的匈奴是西汉王朝的最大威胁，而羌民被视为"匈奴右臂"。所

---

① （清）顾祖禹撰，贺次君、施和金点校：《读史方舆纪要》卷六三《凉州卫》，北京：中华书局，2005年，第2991页。

以整个西汉时期的对羌战略都是为彻底解除匈奴威胁而服务的。因此汉武帝制定"隔绝羌胡断匈奴右臂"的军事策略只是为稳住羌民。汉武帝继位之初，对匈奴仍然沿袭着前代的政策，但是消极防御的政策并没有换来边境的安宁。西汉政府所辖长城以内区域经常受到匈奴和西羌的骚扰，尤其是匈奴的骚扰，他们杀伤边境居民，抢劫财物，破坏农业生产，汉武帝意识到，对匈奴贵族"金帛文绣略之甚厚，侵盗不已"，才改变消极防御为主动出击。为了与他国联手共同抗击匈奴，汉武帝遂派遣张骞出使西域，欲联合大月氏夹击匈奴，但大月氏此时已在大夏建国，不愿东返故里再与匈奴为敌，所以该目的没有达到。张骞第二次出使西域，才逐渐完成了联合乌孙和天山以南的诸农业国共同抗击匈奴的目的。元光元年（公元前134年），汉武帝做攻打匈奴的准备；元朔五年（公元前124年），卫青率汉军主力3万骑出高阙（今内蒙古杭锦后旗西北），突袭右贤王王庭。公孙贺、李沮、李蔡、苏建等率军出朔方，共计10万大军，均由卫青指挥，卫青大军出塞七百余里俘万余人，牲畜百万头；元朔六年（公元前123年），卫青、霍去病二次击匈奴，斩敌2千余人；元狩二年（公元前121年），霍去病率精骑万人，出焉支山（今甘肃山丹县），深入匈奴地千余里，直捣匈奴休屠王大本营；元狩四年（公元前119年），卫青和霍去病分东西两路进军，深入到漠北作战，霍去病攻击祁连山，迫使昆邪王杀休屠王，率4万余人投奔汉朝，汉武帝发车万乘迎之，并在昆邪王故地设张掖、酒泉、敦煌郡，加强统治，使匈奴主力全部被歼且再也无力与汉对抗。史料也曾记载武帝"征伐四夷，开地广境，北却匈奴，西逐诸羌，乃度河、湟，筑令居塞；初开河西，列置四郡，通道玉门，隔绝羌胡，使南北不得交关。于是障塞亭燧出长城外数千里"[1]。

河西地区的长城修筑肇始于汉代，即闻名于世的"河西汉塞"，它是明代之前中原王朝对河西地区实施大规模军防建设的必然产物。据现有的研究成果

---

① （南朝宋）范晔：《后汉书·西羌传》，北京：中华书局，1974年，第77—76页。

来看，继此之后，除西凉李暠政权仅在其统辖范围内所遗存的汉塞的基础之上有局部的修缮之外，一直至明代均无任何政权在此进行大规模的修筑长城。显然，明代之前，河西长城当以汉代修筑为主。

河西汉长城的修筑是在河西归汉统辖以后，基于河西十分重要的战略地位，为保卫这一地区的安全和维护中原与西域的交通，意欲"隔绝羌胡，使南北不得交关"[1]。而修筑的一道边境防御体系，其仍以塞垣障城为长城的主体构成部分。具体而言，河西汉长城的兴筑，具有"逐年逐段"修筑的特点。从汉武帝元鼎六年（公元前111年）到汉宣帝地节三年（公元前67年），先后修了五次，中间还进行了不断整修。长城墙体的构筑运用了土筑、石筑、土石混筑、红柳夹沙等多种方式。河西汉长城的修筑体现了因地制宜、就地取材的设计思想。《汉书·匈奴传》中记载郎中官侯应语："起塞以来百有余年，非皆以土垣也，或因山岩石，木柴强落，溪谷水门，稍稍平之，卒徒筑治，功费久远，不可胜计。"[2]即在高山峡谷地区，长城修建凭借山险稍作整治；在河流滩涂地区，则砌筑沟堑，有的地方还建有木栅、水门、篱笆等设施。比如酒泉以西，戈壁、沙滩分布广阔，汉塞结构主要为以堑壕与墙垣相结合，沿河流并充分利用沿岸的沼泽、湖滩、风蚀台地等复杂地形为屏障，构建塞防。在开掘堑壕的同时，在堑壕外侧利用芦苇、红柳、砂砾等分层叠砌墙垣。因此，河西的汉代边防设施是由黄土、砂砾、芦苇、红柳等砌筑的墙垣，堑壕，以及山峰、河流、沼泽、沙漠等天然屏障，关堡等单体建筑共同组成的。

从分布和走向来看，河西汉长城是西汉整个长城防御系统的西段，由东西走向的主线、南北走向的支线长城及走廊南部隘口的墙垣等军防设施，共同构成颇为完备的防御体系。[3]

---

[1]（南朝宋）范晔：《后汉书》卷八十七《西羌传》，北京：中华书局，1965年，第2876页。
[2]（汉）班固：《汉书》卷九十四下《匈奴传》，北京：中华书局，1962年，第3795页。
[3] 李并成：《河西走廊历史地理》（第一卷），兰州：甘肃人民出版社，1995年，第161页。

　　河西汉长城主要分为南塞和北塞，整体沿东西延伸，同时结合农业生产、交通顺畅以及控制水源等要求灵活布置。河西汉塞的北塞主要利用河流、沼泽为天然屏障，并凭借休屠泽、居延泽，将两泽的下游三角洲囊括于防区内，驻守重兵屯田，以阻遏匈奴南下。南塞主要利用祁连山地为天然屏障，并在各山口兴筑土、石等墙垣，切断北侵河西走廊的通道。塞防的分布和走向与控制水源、维护交通、保障农业生产的安全有着密不可分的联系，其走向并不沿山地的分水岭延伸，各段塞防也不互相连接。[①]

　　河西汉长城还建立了一些附属设施，如障城、坞堡、烽燧、关隘等，共同构成完备的军事防御系统。障，作为都尉府或候官的治所，有的障顶附属有候望燧或候望屋，障内有房屋数间，是河西汉塞沿线最高大严密的防御设施，也是边防最高级别官员的治所和居室。都尉府所驻障，多位于驿道上，与塞防保持一定的距离。为防止羌、匈奴等民族的入侵，汉政府除修筑长城外，还在长城沿线设立了军事性质较强的边城。边城是汉政府布阵于长城沿线的军事据点，也是长城防线的后盾，从人员和粮草方面为长城防线提供后勤保障，考古发现的河西边城有汉宜禾古城、大湾城、休屠城、河仓城遗址等。边城的设计与建筑重在防御，主要体现在边城中的瓮城、马面、角楼等设施方面。

　　烽燧、墩台多为方形，底边长5—8米，高数米，收分明显，平顶，上建有小屋一间，即望楼，汉简中又称作堠、候楼等。望楼周围以土壑筑女墙，高1.5米左右，厚约0.8米，女墙顶无锥谍或望孔等设施。上下墩台或借助于墩台侧面砌筑的阶梯，或是凭借软梯、脚窝攀登而上。遇到敌情发生，白天放烟为"燧"，夜间举火为"烽"，将敌情以烽火信号的形式传递是最有效、最快捷的通信联络方式。史书中记载了烽燧的主要任务是"谨候望，通烽火"，要求警戒瞭望，观察敌情，发放信号，急传言府。如《史记·司马相如列传》："夫

---

　　① 吴礽骧：《河西汉塞调查与研究》，北京：文物出版社，2005年，第170—172页。

边郡之士，闻烽举燧播，皆摄弓而驰，荷兵而走。"①烽燧、障城在营建过程中采取多层坞院环绕、高筑障城、曲折迂回等相应的措施，以阻扰敌军人马进犯，防止弓箭偷袭。烽燧作为古代的报警系统，与长城相互结合，组成了一个完整的军事防御体系。

河西汉塞的兴筑对后世河西长城的兴筑产生了很大影响。有明一代，更是大力利用和改建汉塞遗迹，修筑墙垣、边壕及壤台，以致对河西明长城的分布、走向及构筑方式均产生了重大的影响。

明朝建立之后，明太祖下令继续进行大规模的军事行动，将残元势力驱逐出境，逐渐将西北地区各个省份相继收复，纳入中原政权管理之下。残元势力溃退蒙古高原之后，元顺帝于上都开平（今属内蒙古锡林郭勒盟）建立"北元"政权，而镇守甘肃的故元河南王扩廓帖木儿坐拥十八万人马，盘踞于东北的元将纳哈出，成为元顺帝的左膀右臂，元顺帝以辽东及陕甘为左右翼，居中调度，继续与明军对抗，屡次从北部及西北对中原发动军事进攻，伺机收复失地，卷土重来。而位于西部的吐鲁番、西番等数十个少数民族部族，在元明交替之时，有些仍受元朝统治，有些则趁动乱之际拥兵割据一方，西北地区的边患也主要来自于北部的蒙古及位于西部和西南的西番等少数民族势力。北虏势力的虎视眈眈及西番诸部的滋扰动荡，都为明朝西北地区的安定造成了很大的威胁。一旦北虏与西番各部势力联合起来，将会形成明朝之大患，这些游牧民族在中国历史上长期与中原形成敌对关系，无疑增加了中原对西北地区的统治难度，这一点自明太祖朱元璋起到以后的历代君王都十分重视。可以看出，西北地区的稳固安定不仅关系到中原地区与西北少数民族诸政权的正常往来，更加关系到新生中原政权的巩固与否。鉴于西北地区严峻的边防形势，明廷制定了相应的边疆政策，加强北部边防建设，从而为明王朝的统治建立起一道固若

① （汉）司马迁：《史记》卷一百一十七《司马相如列传》，北京：中华书局，1959 年，第 3045 页。

金汤的军事防线。

洪武五年（1372年），岭北之役的惨败成为明军有史以来最大的一次军事失利，直接促使了明代对北边的战略决策逐渐由主动进攻转变为依托长城实施近边防御的战略，自此也奠定了后来百余年间，明、蒙长期对峙的格局。[①]也使得有明一朝在北部边疆地区，以"依托长城，建立军镇，实行军屯，近边防御"为核心思想的边防政策得以长期实施，最终形成以"九边"重镇为载体的万里长城防御体系，便于管理长城的防务和指挥调遣长城沿线的兵力。

而作为"九边"之一的甘肃镇，则更是"僻处河西，孤悬天末，四面受警。若以守之难易论，诸边皆难，而甘肃为尤难"[②]，河西地区的军事防守任务甚是艰巨，且刻不容缓。

甘肃镇的设立从初设到最终形成独立军事防区，经历了一个较为漫长的时期。明朝对河西走廊地区的收复最晚，直至洪武五年才占领，并且是在明朝著名的"岭北之役"战略背景之下，为配合中路军的北伐战争，由征西将军宋国公冯胜率师进取河西而完成的。有关冯胜领军出征河西的战略意图与作战任务的具体情形，《明太祖实录》卷七一，洪武五年正月甲戌条记载：

> 遣征虏大将军魏国公徐达、左副将军曹国公李文忠、征西将军宋国公冯胜等率师征王保保。上戒之曰："卿等力请北伐，志气甚锐。然古人有言：'临事而惧，好谋而成。'今兵出三道，大将军由中路出雁门，扬言趋和林而实迟重，致其来击之，必可破也；左副将军由东路自居庸出应昌，以掩其不备，必有所获；征西将军由西路出金兰取甘肃，以疑其兵，令虏不知所为，乃善计也。卿等宜益思戒慎，不可

---

① 赵现海：《洪武初年甘肃地缘政治与明朝西北边疆政策——由冯胜"弃地"事件引发的思考》，《古代文明》2011年第1期，第80页。

② （清）查继佐：《罪惟录》卷十二《九边志》，杭州：浙江古籍出版社，1986年，第746、751页。

轻敌。"达等遂受命而行。①

洪武五年（1372年），明军北伐，派征西将军冯胜从兰州出击，进攻河西走廊，一路西进相继攻克凉州、甘州、肃州等路，直至沙州路，初步平定了甘肃行省全境，遂在同年废甘肃行省，实行卫所制。② 由此可见，冯胜军的任务仅仅是配合中路军作战，但在岭北之役中，唯有冯胜军取得了重大胜利，几乎占领了甘肃行省全境。

对此情形，《明太祖实录》卷七四，洪武五年六月戊寅条记载：

> 戊寅，征西将军冯胜、左副将军陈德、右副将军傅友德率师至甘肃，故元将上都驴降。初，胜等师至兰州，友德先率骁骑五千直趋西凉，遇元失剌罕之兵，战败。至永昌，又败元太尉朵儿只巴于忽剌罕口，大获其辎重、牛马。进至扫林山，胜等师亦至，共击走胡兵。友德手射死其平章百花，追斩其党四百余人，降太尉锁纳儿，加平章管著等。至是，上都驴知大将军至，率所部吏民八百三十余户迎降，胜等抚辑其民，留官军守之，遂进之亦集乃路。元守将卜颜帖木儿全城降。师次别笃山口，元歧王朵儿只班遁去，追获其平章长加奴等二十七人，及马泥牛羊十余万。友德复引兵至瓜、沙州，又败其兵，获金银印，马驼牛羊二万而还。③

不难看出，此次西路军出兵河西，乘势收复了河西走廊地区。但由于河西

---

①《明太祖实录》卷七一，洪武五年正月甲戌条，台北：中央研究院历史语言研究所校勘本，1962年，第1322页。

②艾冲：《明代陕西四镇长城》，西安：陕西师范大学出版社，1990年，第7页。

③《明太祖实录》卷七四，洪武五年六月戊寅条，台北：中央研究院历史语言研究所校勘本，1962年，第1358—1359页。

处于明政权统治的边缘地带，而防御北元势力南下的战略部署也主要在甘肃镇以东的边疆地区实施，加之建立于东南地区的明政权对西北地区仍存有一定的疏远与隔膜，故而明初对河西地区的经营采取了几乎放弃的举措。正如明人王士性在论述明朝西北边疆形势时指出："前代都关中，则边备在萧关、玉门急，而渔阳、辽左为缓。本朝都燕，则边备在蓟门、宣府急，而甘、固、庄、凉为缓。"①由此看来，河西之得失尽管对西北边疆有较大的影响，但还是远逊于对汉唐政权之影响。

正是在这样的背景之下，宋国公冯胜的"弃地"之举，导致了河西防线的内缩，形成以嘉峪关为界的军事防御态势。而对这一防线内缩的变迁，亦可以从历代的文献记载中得到进一步的印证。《秦边纪略》云："及明兴，使耿炳文收河、湟，冯胜取甘、肃，而于嘉峪关画玉斧以界华夷。其敦煌无虑数千里，委之外藩，不知古玉门、阳关者安在，遑问都护长史之置，然较之秦则亦过之。"②《九边图论》记载：洪武五年，宋国公冯胜下河西，乃以嘉峪关为限，遂弃敦煌焉。"明初对河西地区的战略定位，在很大程度上影响到了甘肃镇防务的积极建设，以致明代初期在河西走廊的经略十分薄弱，河西零星分布着庄浪、甘肃、西宁诸卫，相去甚远，甚至出现了在凉州与甘州间的广阔地带内没有其他卫所，军事防御过于稀疏的景象。③

而自洪武二十三年（1390年），明廷对河西地区的经略开始逐渐加强，陆续在此地域内先后增设山丹卫、甘州左卫、甘州右卫、甘州中卫、肃州卫甘州前卫、甘州后卫、镇夷守御千户所卫所（今甘肃高台）等，并在洪武二十六年（1393年）又移置陕西行都司至甘州。与此同时，任命宋晟为甘肃镇首任镇守

---

① （明）王士性撰，周振鹤点校：《五岳游草·广志绎》，北京：中华书局，2006年，第1999页。

② （清）梁份著，赵盛世等校注：《秦边纪略》卷一《全秦边卫》，西宁：青海人民出版社，1987年，第21页。

③ 郭红：《明代都司卫所建置研究》，复旦大学博士学位论文，2011年，第78—79页。

总兵官，自此甘肃镇守总兵制度建立，有效地整合了甘肃地区的军事力量，极大提高了河西军队整体作战的能力。

此后，虽有北边实行九王守边制度，驻守甘肃镇的肃王朱楧（就藩甘州），以此加强河西地区的边防驻守力量，但基于明廷抵御帖木儿帝国入犯河西的战略部署，仍由武将统管整个陕西行都司的大小军务，以防备帖木儿势力犯边。据《明太宗实录》卷二五，永乐元年十一月癸巳条载：

> 甘肃总兵官左都督宋晟奏："鞑靼察罕帖木儿来归，言虏党伯客帖木儿欲寇甘肃、宁夏。上即日封晟所奏，付宁夏总兵左都督何福，令严固守备。[①]

由此可看出，甘肃镇所在的河西地区是抵御帖木儿帝国东进的第一道防线，战略地位十分重要，直接影响到了河西防御策略的再次局部调整，同时也反映了河西地区边防格局的演变总是受制于边防军事形势的变化而发生防守政策上的重新调整，呈现出河西边防态势在地缘政治上的特殊性。

至宣德（1426—1435年）年间，明廷对北部的国防政策又一次进行了调整，由洪武、永乐两朝以来屡次北伐的进攻方针全面转入以防守为主的固边策略。但与此同时，北部蒙古诸部的势力也日益强大，尤为蒙古鞑靼和瓦剌两个部落的雄起，对明代的北部边防产生了巨大的威胁。其主要以东蒙古阿鲁台部、西蒙古瓦剌部、贺兰—河套鞑靼部、宣大边外的鞍靼俺答部及鞑靼土蛮（土默特）部等蒙古集团为侵扰九边的主要力量。[②]以致"正统以后，敌患日多。故终明之世，边防甚重"。

---

① 《明太宗实录》卷二五，永乐元年十一月癸巳条，台北：中央研究院历史语言研究所校勘本，1962年，第455页。
② 刘景纯：《宣德至万历年间蒙古诸部侵扰九边的时间分布与地域变迁》，《中国边疆史地研究》2009年第2期，第79页。

河西地区作为甘肃镇所在的腹心地带，地处边塞，近于胡虏。随着蒙古诸部的逐渐强大，该地的军事防守呈现出日趋紧张的态势。甘、凉等地屡次遭受其频频南下的侵扰，宣德至万历余百年间，北方蒙古诸部在甘肃镇的侵扰活动多达 38 次。[①]

明代在河西地区的防务建设受河西军事态势的影响最为明显。河西在明初、明中后期两个不同时段内所面临的戍边任务截然不同。同样，河西的设防也呈现出前后不同的特点，前期的边防以卫所士兵驻守防御为主，辅以凭险设关，筑防修城，并呈断续的点状分布。而自中后期以来，随着西北局势的恶化，河西进入多事之秋，这种点状式的防务格局不再能有效起到巩固边防的作用，以致蒙古骑兵经常南下侵扰。故大规模修筑长城，积极营建长城防御体系，成为河西防务建设的一种必然选择。

于是，明廷开始筹划在河西大规模修筑长城之事，以期在原有的断垣基础之上，或以修补利用，或以另筑新墙，更或凭天险设防，并将墙垣、天险有机结合，互为犄角，形成一道完整的长城防御体系，在军事上真正实现北防鞑靼南侵，南蔽西海蒙古北犯，西拒吐鲁番内掠，即"外御大寇，内防诸番"。[②] 其修筑过程，自成化初年至万历二十七年（1465—1599 年）前后历经一百三十多年，而大规模修筑主要集中于嘉靖、隆庆、万历年间。由此形成一道主体以今甘肃景泰县、兰州市境内黄河岸边为起点，西至古浪、凉州区、民勤、永昌、山丹、临泽、高台等处，再经酒泉北部地区，而后进入嘉峪关市境内，又至讨来河，最后延伸于南部祁连山区的长城防御线。

凉州以东的明长城，主要分布于自武威境内至今甘肃境内的黄河西岸之间的地区，在行政区划上包括兰州市、靖远县、景泰县、天祝藏族自治县、永登

① 刘景纯:《宣德至万历年间蒙古诸部侵扰九边的时间分布与地域变迁》,《中国边疆史地研究》2009 年第 2 期, 第 86 页。

② 高荣:《河西通史》, 天津: 天津古籍出版社, 2011 年, 第 465 页。

县、古浪县、凉州区等各市、县区。凉州以东明长城是河西明长城东端的起始部分，也是甘肃镇与固原镇长城的接合部。明代河西东端长城分布格局的历史演变，是随着明代国力的变化及元势力的消长，先后在此修筑了两道边墙，其实是一种代表不同时期明王朝与蒙古诸部落势力的分界线，也是农、牧交错地带的分界线。万历二十六年（1598 年）以前，是以南边墙为界线的防御体系占据主导地位，即沿黄河、庄浪河、古浪河一带布防。而在此之后，防御线则向北推移于大、小松山一带，即形成了以北边墙为界线的防御格局，实现了远逐鞑虏，环松山沃地尽于内地的战略防守。

甘肃镇辖区东南起自今兰州市黄河北岸，西北至嘉峪关讨赖河一带，约800 多公里，总兵驻甘州卫（今张掖市），城墙多由土砌筑。甘肃明代长城对汉长城进行了大面积的利用，在原来的汉长城遗址上重新修缮，然后修筑边墙、墩台和堑壕等，因此，明长城的分布走向与河西汉长城大体一致，主要修筑两道边墙，一道是南边墙（旧边），第二道是北边墙（新边），同时还存有多条长城支线。嘉靖二十六年至二十七年（1547—1548 年），巡抚杨博主持了甘肃长城的三段大规模增建工程。隆庆五年（1571 年），廖逢节主持数段重建工程，重点是修复城垣，重挖堑壕，补砌排水道。万历二十六年，三边总督李汶筑"松山新边"，是明后期修筑长城的最大工程。甘肃镇地形较复杂，山地、河谷、沙漠、戈壁、高原等交错分布，长城的构筑方式类型有土墙、石墙、壕堑、山险墙、山险、水险等。甘肃镇长城遗迹现在虽经风沙剥蚀堆埋，仍大段保持连贯的墙体，其中瓜州县、山丹县等分布居多，在山丹境内还保存着一段两条间距十余米的平行墙体，现存敌台、烽火台等 1519 座单体建筑、84 座关堡，沿线还发现有驿站、路墩、生活遗址、摩崖石刻等大量长城文化遗存。

第二节　武威长城对河西建置区划格局形成的影响

河西地区南有祁连山脉，又称南山，北为由东向西依次分布的马鬃山、合黎山、龙首山，统称北山。南北两山之间形成了一条西北—东南走向的狭长走廊。走廊东起武威市古浪县古浪峡口，西至疏勒河下游甘肃、新疆交界处的库木塔格沙漠东缘，东西长约 900 公里，南北宽 50—120 公里。走廊由武威、酒泉—张掖、敦煌—瓜州三个独立的内陆盆地组成，地势相对平缓，由祁连山冰雪融水形成的石羊河、黑河、疏勒河三大水系，滋润、灌溉这些盆地绿洲。在历史时期，基于河西地区独特的地理位置以及与周围地理环境的特定关系，长期以来，不管是少数民族还是中原王朝都互相争夺，各种政治力量在河西地区风起云涌，彼此间的势力消长，使得这一地区的地缘结构有了整合和分离交替出现的历史变迁，在这一变迁的过程中，有中原王朝在河西地区的开疆扩土，也有少数民族之间分裂割据的局面。

先秦和秦汉之际，戎、羌、大夏、居繇、乌孙、月氏等游牧民族，正当月氏称雄河西时，北方地区盘踞在蒙古草原的匈奴也渐渐扩张领土，势力也逐渐变大，之后为了争夺河西水草肥美适宜游牧的地区，与月氏部落民族展开了激烈的争夺之战，"月氏故居敦煌、祁连间，为强国，匈奴冒顿攻破之，老上单于杀月氏王，以其头为饮器，余众循逃远去。"[①]匈奴完全占据了河西地区，这里优越的自然环境适宜匈奴"逐水草而居"的生活习性，匈奴在此得以长足发展。以游牧为主的匈奴部落在河西地区划分了两大牧区，分别由浑邪王和休屠王两大部落首领统治，使得河西地区成为了重要的军事基地。匈奴占据河西，

---

① （宋）袁枢撰：《通鉴纪事本末·汉通西域》，北京：中华书局，2023 年。

地理位置得天独厚，向西控制西域地区，南面有氐羌族可以联合，东部靠近关陇地区，有力地阻断了中原与西域的联系，形成这样的局面，也为后来河西地区地缘政治结构的形成和演变产生了巨大的影响。

为了巩固河西走廊，"隔绝羌胡，使南北不得交关"，有效保证"丝绸之路"的安全畅通，西汉王朝开始对河西地区进行开发和利用，在此修筑汉长城，与西域进行贸易往来，提供生活便利，保证生命财产的安全。元狩二年（公元前121年），骠骑将军霍去病统率万骑出陇西，从青海东北部进入河西走廊，过焉支山（即今大黄山）千有余里，重创匈奴于走廊一带。自此"金城、河西并南山至盐泽，空无匈奴"。据《汉书·张骞传》记载：

> 而汉始筑令居以西，初置酒泉郡，以通西北国。[1]

元鼎六年（公元前111年），汉武帝下令修建东起令居（今兰州市永登县）、西至酒泉的长城防御工事，数年后汉长城从酒泉延伸到玉门一带。太初三年（公元前102年），汉武帝又下令在额济纳旗（位于今内蒙古自治区）修居延塞，北起居延泽，沿黑河河道向南延伸，分别与张掖、酒泉两塞相连，形成一个"人"字形的庞大防御工事，这三段防御体系组合严密，烽燧相连。此后，汉长城沿着疏勒河流域一直延续到古盐泽地区（今罗布泊地区），有效保障了河西走廊的畅通运行，不仅具有军事防御作用，还是极为重要的交通线和供给线，汉长城的修筑促进了长城内外政治、经济和文化的发展。汉通西域的道路被打开，并设置武威、酒泉、张掖、敦煌四郡。据《汉书·地理志》记载，武威郡是太初四年（公元前101年）开，领县十，即姑臧、张掖、武威、休屠、揩次、鸾鸟、扑擐、媪围、苍松、宣威。其中，姑臧位于武威绿洲腹地，在此

---

① （汉）班固：《汉书》卷六十一《张骞李广利传》，北京：中华书局，1962年，第2687页。

设郡可以起到控制整个石羊河流域的作用。汉昭帝时（公元前86—公元前74年）又置金城一郡，合谓河西五郡，郡设太守，迁汉民居之。河西五郡皆属凉州，州治所在姑臧。河西五郡的建立，不仅断匈奴右臂，减轻汉王朝边域的威胁，更重要的是开辟了中原通往西域的道路，为中原和西域各国的经济、文化交流准备了必要条件。事实上，那时的姑臧已成为丝绸之路上"通一线于广漠，控五郡之喉襟"的重镇。

凉州重镇是河西走廊上的第一个军事阵地，分布着多样的地形地貌特征，可谓是占据了中国地形特征的一大半，有山地、丘陵、高地等，地形复杂多样化，地理位置独特。还有陡峭的山壁，地势险峻，是连接兰州的交通要道。一些绿洲、丘陵地区则是另一番风貌，土地肥沃，水源充沛，适宜农耕和放牧。由此可见凉州的地理位置多么重要。

西汉末年，张掖属国都尉窦融见姑臧地处河西之首，是一个进可动关陇、退足以自守的理想之所，率部至姑臧，静观天下之变。光武帝刘秀建立东汉政权之后，充分认识到姑臧在河西走廊及西北政治上的重要地位，亲自修书封窦融为河西五郡大将军、属国都尉，足见姑臧城具有相当重要的政治控制功能。

姑臧作为河西走廊东端门户，对割据河陇的地方政权而言，其重要的政治、军事价值更加突出。永宁元年（301年），西晋散骑常侍、安定乌氏人张轨看到朝政日乱，遂效法窦融，主动要求担任凉州刺史。张轨到姑臧以后，首先稳定地方政局，缓和民族矛盾，选拔重用了一批有识之士；同时，打退了鲜卑人对河西的进犯，保卫了地方的安宁。因此，张轨"威著西州，化行河右"[1]，完全控制了凉州，为以后前凉政权统治河西奠定了基础。到张骏继任后，前凉出现了"境内渐平""刑清国富""士马强盛"的鼎盛局面。辖境西达葱岭，东

---

[1]（唐）房玄龄等撰：《晋书》卷八六《张轨列传》，北京：中华书局，1974年，第2221—2255页。

至秦州，境内置郡多达二十二，划分为凉州、河州、沙州治理。张骏督摄三州，自称大都督、大将军、假凉王。设置了祭酒、郎中、大夫、舍人、谒者等官职，并"立辟雍、明堂以行礼"，建起了一套独立的官府机构，一切礼仪和车服旌旗俨然是一个诸侯国王。同时，"为贻厥之资，万世之业"，修筑了新的宫城，将姑臧建成"拟于王者"的都城。①此后，经张重华、张耀灵、张祚、张玄靓、张天锡等五主，到太元元年（376 年）被前秦所灭，前凉政权割据姑臧共有 76 年时间。太元十一年（386 年），氐人吕光占据姑臧，自领凉州刺史、护羌校尉，初步建立起了在河西的统治。太元十四年（389 年），吕光自称"三河王"，"置百官自丞郎以下，赦其境内，年号麟嘉"，正式建立起割据政权。至太元二十一年（396 年），吕光又称天王，改元龙飞，建国号为太凉，史称后凉。②吕光之后，前凉故地分为后凉、南凉、北凉、西凉、西秦五个割据政权，大多建都或迁都于姑臧。

就其衰落和灭亡的原因来看，无不与都城的选择有关。例如后凉末期，因姑臧城内乏粮，城外沮渠蒙逊频攻不已，吕隆曾向南凉求援，秃发傉檀指出："姑臧今虽虚弊，地居形胜，河西一都之会，不可使蒙逊据之，宜在速救。"他为了求得凉州刺史，"密图姑臧"，假意取消了自己的年号，于义熙二年（406年）"献马三千匹，羊三万只于秦"，姚兴以傉檀为凉州刺史。傉檀既得姑臧，南凉就控制了半个河西走廊，国势发展到鼎盛期。这说明姑臧城的重要地位，得姑臧即可称霸河陇。秃发傉檀从乐都迁于姑臧，名义上是后秦的臣属，实际上却是一个割据政权，他所使用的车服礼仪也和帝王一般。义熙四年（408年），傉檀复称凉王，改元嘉平，置百官。南凉迁都姑臧后，经常与向东扩张的北凉发生冲突，几次战争失利后，于义熙六年（410 年）又将都城迁回乐都，

---

① （唐）房玄龄等撰：《晋书》卷八六《张轨列传》，北京：中华书局，1974 年，第 2221—2255 页。

② （唐）房玄龄等撰：《晋书》卷一二二《吕光载记》，北京：中华书局，1974 年，第 3053—3075 页。

不久即被西秦所灭。义熙八年（412年），蒙逊由张掖迁都姑臧，改元玄始，自称河西王。并设置百官，修缮宫殿，大兴佛教。北魏太延五年（439年），世祖拓跋焘率师攻下姑臧城，沮渠牧犍率领左右文武官员5000人向魏主投降，有国43年，其中都姑臧28年。

实际上，除前秦、后秦占有凉州短暂时间内，整个十六国时期姑臧都是河西割据政权重要的国都选址考虑地。当时黄河以东的秦陇地区是四战之地，难得一日之安。河湟地接羌族，避在岭南，可为屏藩，难以为都。张掖自东汉以来发展落于武威之后，酒泉、敦煌避在西陲，东部有事，相顾不及。武威则南可控制岭南诸郡，东拒黄河险津，西有张掖、酒泉为后盾，恰处于河西、陇右经济发达地区的中心，足以较大程度上解决统治集团的物质需要，是一个经济富庶、有险可恃的地方。由于具有其他地方所缺乏的有利因素，所以在中原分裂时偏居河陇的割据政权都力图把自己的国都放在姑臧。隋大业十三年（617年），武威郡鹰扬府司马李轨占领河西，割据凉州，自称河西大凉王。但李轨并不以此为满足，几个月后，又"僭称天子于凉州"，即皇帝位，与唐争高低。不久，被唐臣安兴贵联络凉州少数民族击败，"自起至亡凡三年。"① 武德二年（619年），唐高祖李渊鉴于凉州所处位置的重要性，特别任命了善于征战的秦王李世民为凉州总管。有唐一代，凉州城不仅是州（郡）、县治，而且成为都督府和河西节度使治所。因河西走廊的得失对唐都长安有着重要影响，所以唐代河西节度使是当时所建立的10个节度使和经略使中最大者之一。它的职责是隔断吐蕃与突厥的交通，守护河西走廊。因此，唐从建国起到以后100多年中，与西北边境的少数民族发生过不少次战争，多数是围绕着凉州或是以凉州为基地进行的。

凉州对唐朝经略大西北，通商外国具有如此重要战略地位，故一直把一些著名的文臣武将任命为凉州的军事行政长官。诸如杨恭仁、郭元振、崔希

---

① （宋）欧阳修等撰：《新唐书》卷86《李轨传》，北京：中华书局，1975年，第3711页。

逸、王忠嗣、哥舒翰等，都曾在凉州担任过都督、节度使等职务，并建立卓著的政绩和显赫的战功。天宝十五载（756年）六月，安禄山叛军攻破潼关，唐玄宗仓皇逃往马嵬驿后商议去向时，曾有往蜀郡、太原、灵武、凉州等方案，中使骆承休曾说："姑臧一郡尝霸中原，秦、陇、河、兰皆足征取，且巡陇右，驻跸凉州，剪彼鲸鲵，事将取易。"① 这也说明当时凉州地位之重要。宋建国初年，在武威设立了西凉府，但宋朝实际上并没有正式在凉州城建立起自己的政权机构，仅羁縻而已。西夏统治凉州近200年，其在西夏历史上的重要地位，仅次于它的都城兴庆府（今宁夏回族自治区银川市）。清代著名学者张澍在《凉州府志备考·西夏纪年》中甚至说西夏后期曾在凉州建都。② 后来到了元代，中西贸易由陆路转向海运，这就大大影响了包括凉州在内的河西经济文化的发展。元占领凉州初期，仍沿袭宋、夏旧制，以武威为西凉府。至元十五年（1278年），元朝以永昌王宫殿所在地设立永昌路，降西凉府为州。明初平定河西后，废除了元朝的军政机构——永昌路西凉州，设立了凉州卫，武威成为明王朝西北边境的军事战略要地。清承明制，到雍正二年（1724年）改卫为府，府治凉州，清末又改设甘凉道，依然是河西地区的政治中心。应当指出，凉州之所以成为河陇地区抑或整个的西北军政中心，和前凉、后凉、南凉、北凉、唐初大凉的国都以及西夏的"陪都"有很大关系。武威在军事上既便于制内，即镇服河西的叛乱；又利于御外，即抗拒外敌入侵。因此，古人有"河西捍御强敌，唯凉州、敦煌而已"的说法。

---

① （宋）司马光著，胡三省注：《资治通鉴》卷218《唐记》，第6975页。

② （清）张澍辑著，周鹏飞、段宪文点校：《凉州府志备考》，陕西：三秦出版社，1988年，第832页。

第三节　武威长城保障了武威境内先进生产力的推进

汉代河西走廊长城不仅保障了关中和陇右的安全，而且打通了连接西域各国的通道，加强了中原与西域的联系，削弱了匈奴对西域的控制。为加强边备力量，朝廷在长城内侧移民实边，屯垦农田，在此过程中，农业生产技术得以推广。中原地区的牛耕，铁制农具如犁、锄、铲、镢以及辨土、施肥、田间管理、轮种等都引进到河西，手工业、商业以及河西城市等也都有很大的发展。

河西走廊是内地通往西域的交通命脉，也是匈奴和走廊以南羌族来往的通道。为了彻底切断匈奴与羌人以及西域诸地的联系，匈奴退出走廊以后，西汉政府建郡设县，立亭障，置烽燧，并实行移民实边政策，大力进行农业开垦，河西走廊由畜牧草原区变为新兴农业区。

西汉王朝对于河西四郡的经营，始终是将军事措施与经济开发紧密结合，移民、设郡、设防、屯垦四位一体。在开发方面，首先是移民实边，其时，河西地广人稀，自元狩二年（公元前 121 年）始，霍去病两次西击匈奴右部大获全胜，浑邪王部众降汉，河西归汉。汉王朝于西北边郡专设五属国安置匈奴部众之后，河西已"空无匈奴"。为了巩固对河西的统治，实现"通道玉门，隔绝羌胡，使南北不得交关"的目标，西汉在初置酒泉郡的同时，即"稍发徙民充实之"[1]。据《汉书》等文献记载，武帝以来，西汉向河西地区移民大约有以下几次：

元狩四年（公元前 119 年）：

---

[1]（南朝宋）范晔：《后汉书》卷 57《西羌传》，北京：中华书局，1982 年，第 2876 页。

有司言关东贫民徙陇西、北地、西河、上郡、会稽，凡七十二万五千口。

元狩五年（公元前 118 年）：

徙天下奸猾吏民于边。

元鼎六年（公元前 111 年）：

设张掖、敦煌郡，徙民以实之。

元封三年（公元前 108 年）：

武都氐人反，分徙酒泉郡。

征和二年（公元前 91 年）：

丞相刘屈牦等随戾太子发兵反被族诛，其吏士劫掠者，皆徙敦煌郡。

据研究，上述直接或间接记载所反映的移民，都包括了向河西地区的移民。此外，据悬泉汉简资料，河西敦煌一带还有归义羌、官奴婢、内地流民入居。[①]汉武帝以来大规模向河西地区的移民，加上戍边军卒及其家属居留当地，使大量内地汉族民众成为河西地区的主要居民。据《汉书·地理志》记载，

---

① 高荣:《河西通史》，天津：天津古籍出版社，2011 年，第 93 页。

汉末元始二年（公元2年），河西四郡共有71270户，280211人，如果再加上当地驻军和大量戍田卒，河西的总人口当不下五六十万。[①]汉王朝的移民实边使河西地区地广人稀的局面得到改观，特别是这一地区的民族构成由此发生改变，使河西走廊处在西北几个民族地域集团的交集，成为汉民族和中原政权经营西北的重要根据地。

其次是大规模开垦屯田，元狩四年，漠北之战再次大败匈奴后，"匈奴远遁，而漠南无王庭。汉渡河自朔方以西至令居，往往通渠置田官，吏卒五六万人，稍蚕食，地接匈奴以北。"[②]令居以西亦即河西，河西屯垦由此而始。据研究，整个汉代在河西走廊的屯田点主要有令居、番和、武威、居延、酒泉、敦煌等处。[③]据《史记·大宛列传》记载，太初三年（公元前102年），武帝"益发戍甲卒十八万，酒泉、张掖北，置居延、休屠以卫酒泉"。敦煌悬泉汉简也有"使领护敦煌、酒泉、张掖、武威、金城郡农田官，常平籴调，均钱谷，以大司农丞印封"的记载。[④]可见，河西屯田涉及四郡，规模很大。与此同时，随屯垦而进行的开渠浚沟，兴修水利，史称："朔方、西河、河西、酒泉皆引河及川谷以溉田……皆穿渠为溉田，各万余顷。佗小渠披山信道者，不可胜言。"[⑤]从而逐步将河西地区经营成一个重要的绿洲农业区，由此使河西由原来的单纯牧区转为绿洲农业与传统牧业兼有的经济区，有力地支持了汉王朝对西域乃至西北国防的开发和经营。

西汉政府对河西大规模的移民，自武帝时一直延续到昭帝。史料对此记载甚详，如武帝时"初置张掖、酒泉郡，而上郡、朔方、西河、河西开田官，斥

---

① 高荣：《汉代河西人口蠡测》，载于《甘肃高师学报》2000年第一期，第62—65页。

② （汉）司马迁：《史记》卷110《匈奴列传》，北京：中华书局，1982年，第2911页。

③ 刘光华：《汉代西北屯田研究》，兰州：兰州大学出版，1988年，第69—94页。

④ 吴礽骧：《敦煌悬泉遗址简牍整理简介》，载于《敦煌研究》1999年第四期，第98—106页。

⑤ （汉）司马迁：《史记》卷29《河渠书》，北京：中华书局，1982年，第141页。

塞卒六十万人戌田之"①, 昭帝始元二年"调故吏将屯田张掖郡"②。另外,从汉简中我们也可以了解到当初移民的情况,居延汉简中有这样的记载: "太初三年中又以负马田敦煌""诣居延为田"。从汉简记叙来看,仅居延一带的田卒移民,就有来自中原人口稠密地区的颍川郡、上党郡、魏郡、东郡、河内郡、大河郡、南阳郡、河东郡、巨鹿郡等十多个郡国。始元二年(公元前85年),淮阳国(今河南淮阳、太康一带)派遣到居延的田卒一次就达一千五百人。今敦煌东北甜水井汉代遗址中,曾发现许多铁农具。③ 这在一定程度上反映了河西走廊当时农业发展的情况。

从汉武帝经营河西到昭帝始元二年三十多年的时间里,汉政府利用屯田的方式,集中劳动力和技术,开垦河西走廊,建设"官田",建起一个屯戍结合的军事经济壁垒。汉政府一次次加大对河西地区的屯田,其中军屯占很大部分。"官田"大量开垦,随之便产生了"假民公田"的现象。对于迁徙到河西的中原贫民,先由国家供给他们衣食,在度过一段适应性生活以后"数岁,假予公田",分给他们一定数量的土地,组织他们自耕自种,自给自足。由此,在河西地区出现了一种和睦的社会风气,"酒礼之会,上下通焉,吏民相亲。是以其俗风雨时节、谷籴常贱。少盗贼,有和气之应,贤于内郡。此政宽厚,吏不苛刻之所致也。"④ 至此,河西走廊农耕经济进入了一个相对稳定的发展时期。这种发展主要表现在以下几个方面:

首先,随着汉政府对河西走廊屯田的不断增加,大量的城市兴起。城市的发展依赖所在地区的农业经济水平。在月氏、乌孙、匈奴统治河西走廊时期,他们主要以畜牧业为主,"逐水草而居",不利于城市的发展。汉政府统治河西

---

① (汉)司马迁:《史记》卷30《平准书》,北京:中华书局,1959年,第1439页。

② (汉)班固:《汉书》,北京:中华书局,1959年,221页。

③ 敦煌文物研究所考古组,敦煌市文化馆:《敦煌甜水井汉代遗址的调查》,载于《考古》1975年,第111—115页。

④ (汉)班固:《汉书》,北京:中华书局,1959年,第221页。

走廊时，不断移民、屯田和开发，使农业经济得到持续发展。农业经济的发展促进了河西走廊郡县城市的不断出现。汉政府陆续在河西走廊设置四郡三十五县。有了居民才能设郡置县，足见当时农业开垦已十分普遍。

其次，随着农耕经济的不断发展，河西走廊水利设施的建设已趋完善。河西走廊属于干旱地区，为了发展农业，必须兴修水利。河西走廊的河流径流，主要由祁连山区的高山冰川补给，所以山前绿洲上有丰富的水源，这给发展本区的农业创造了良好的条件。走廊内河道纵横，著名的氐置水（今敦煌党河），籍端水（今安西、敦煌间疏勒河），呼蚕河（今酒泉北大河），羌谷水（今张掖黑河），谷水（今武威、民勤间石羊河）等五条河流交错回流。加上走廊地势平坦，引水灌溉极为方便。武帝元封二年（公元前 109 年），塞黄河决口瓠子（今河南省濮阳西南）以后，“用事者争言水利，朔方、西河、河西、酒泉皆引河及川谷以溉田。”[①] 居延汉简 127·6 记载：“第十三墜长贤口井水五十步深二丈五上可治田度给吏卒。”[②] 这是张掖郡居延地区开井修渠用以灌溉的明证。另外，《汉书·地理志》记载，张掖郡觻得县有“千金渠西至乐涫入泽中”[③]，觻得县在今张掖市西，乐涫县在今高台县西北，中间隔今临泽县，因此千金渠是一条较大的灌溉工程。另外，冥安县（今安西县东南）的籍端水（今疏勒河），龙勒县（今敦煌市西南南湖附近）的氐置水（今党河）均“溉民田”。在武威郡“修理沟渠，皆蒙其利”[④]，其他如居延地区的灌溉渠道，至今还残存有痕迹。[⑤] 同时为了保证河西地区水利灌溉设施与屯田区配套，汉政府还做出了相应的规划，尽量将屯田区建在河水流域，并将屯田都尉站所置于重要的水口处。如当时北部

① （汉）班固：《汉书》，北京：中华书局，1959 年，第 1684 页。

② 谢桂华，李均明，朱国炤编：《居延汉简释文合校》，北京：文物出版社，1987 年，第 208 页。

③ （汉）班固：《汉书》，北京：中华书局，1959 年，第 1613 页。

④ （南朝宋）范晔：《后汉书》，北京：中华书局，1965 年，第 2643 页。

⑤ 陈梦家：《汉居延考》之《汉简缀述》，北京：中华书局，1980 年，第 221—228 页。

都尉设于酒泉郡内的会水偃泉障，渔泽都尉治设于敦煌渔泽等。

第三，一些先进的农业生产技术开始在河西走廊推广应用。如能增强农作物抗风抗旱能力、减少土地休耕的代田法，经关中、中原实验后，实施于河西，"令命家田三辅公田，又教边郡及居延城，是后边城、河东、弘农、三辅、太常民皆便代田，用力少而得谷多。"① 居延简有多处涉及代田仓，如"始元三年六月甲子朔，甲子，第二亭长舒受代田仓监……"即是居延县设置代田仓用以储存余粮的明证。当时先进的耕作方式相庸挽犁法也传入河西走廊，大大提高了耕作效率。

第四，在农业生产中，河西地区广泛饲养和使用耕牛。李广利受命远征大宛，"岁余而出敦煌六万人，负私从者不与。牛十万，马三万匹，驴、橐驼以万数赍粮。"② 居延汉简中也有多条简文记载了牛的年龄、毛色、性别等特征，如"十五日，令史官移牛籍大守府求乐不得，乐使毋告劾亡满三日五日以上"等，③ 为牛设置牛籍，证明耕牛在河西走廊农业生产中的重要性。

此外，农产品种类的不断增加也是河西走廊农耕经济发展的一个表现。居延汉简中记载的农作物品种不下二十种，主要有胡豆、胡麻、糜、米、粱米、白米、黄米、黍米、谷、黄谷、麦、土麦、白栗、荞、菽、荵、秫、姜等。④

汉王朝对河西走廊的农业开发也促进了当地人口的增加。汉初不断地进行移民屯田，使这里迅速由草原区变为新兴的农业区。中原汉族把先进的生产技术带到河西，促进社会生产力迅速发展。河西走廊的不断开发又促进了该地区人口的增加。据史料记载，汉代张掖郡有户 24352，口 88731；酒泉郡有户 18137，口 76726；武威郡有户 17581，口 79419；敦煌郡有户 11200，口

---

① （汉）班固：《汉书》，北京：中华书局，1959 年，第 1139 页。

② （汉）班固：《汉书》，北京：中华书局，1959 年，第 1139 页。

③ 谢桂华，李均明，朱国炤编：《居延汉简释文合校》，北京：文物出版社，1987 年，57 页。

④ 薛英群：《居延新简释粹》，兰州：兰州大学出版社，1988 年，第 8—9 页。

38335。合计河西四郡有户 61270，口 280211，领县三十五个，出现了广泛的城市分布。

在此后的近 120 年里，河西走廊农业社会度过了一个相对平稳和顺利发展的时期。西汉政府统治时期的关中及中原、河北、关东等地区，封建地主土地制度已经建立。激烈的土地兼并以及由此引起的土地高度集中，贫富分化严重，阶级对立尖锐的问题，使这些地区的社会处于动荡不宁之中，这种动荡也波及农业经济的发展。而在河西走廊内，农耕经济起步很晚，虽然封建经济关系和政治关系也在形成和发展，但土地兼并似很少见。河西走廊内土地广阔，人口稀少，亟待开发。这种现象就避免了出现像中原地区那样由于土地少、人口多而导致的土地兼并，为河西走廊农耕经济的发展提供了稳定的外部环境。汉政府为大力开发河西地区，安定民生，对迁徙到河西走廊的百姓实行了各种优待政策。"假民公田"在一定程度上调动了农民生产的积极性。正所谓"此政宽厚""吏不苛刻"以及"有和气之应"。河西地区的百姓很少遭受封建政府以及当地官吏"急政暴虐，赋敛不时"的侵扰，自然安居乐业。这种安定的社会局面非常有利于发展农业生产。

河西走廊"避远"的地理位置和险阻的地理环境，使得这一地区不易受到外部战乱及灾害的波及和影响。元封四年（公元前 107 年），因天灾人祸所致，关东流民多达二百万口，而"无名数者"多达四十万，朝廷为解决严重的流民问题，"公卿议欲请徙流民于边以适之。"[1] 公卿所提的"边"，也包括河西走廊；汉武帝后期，关东、关中地区屡屡发生"群盗并起""水旱连年"的现象，而河西地区却很少出现；西汉末，关中起兵，窦融因"河西殷富"，向始帝要求去河西任职，乃任为张掖属国都尉；东汉初，"时天下扰乱，唯河西独安"[2]"安定、

①（南朝宋）范晔:《后汉书》，北京：中华书局，1965 年，第 2768 页。
②（南朝宋）范晔:《后汉书》，北京：中华书局，1965 年，第 1089 页。

北地、上郡流人避凶饥者，归之不绝"[1]。光武帝给窦融的诏书中也说："（河西）仓库有蓄，民庶殷富。"[2] 这种政治上的稳定，经济上的富庶，使得内地一遇到战乱或灾荒，就有不少人迁往河西定居。大量流民的移入给河西走廊带来了先进的农业生产技术和丰富的劳动力，极大地促进了该地区农耕经济的发展。这种人口的不断流入也是导致河西走廊人口增长的原因之一。

优越的自然环境、特有的社会结构和宽松的政策使得河西走廊的农耕经济不断增长，成了"殷富"之地。河西走廊的西部是干旱荒漠地区，而汉代敦煌郡有"委粟里""宜禾里""美稷里"等地名，还有以"力田得谷"而名的效谷县，这在一定程度上证明汉代敦煌地区农业经济的繁荣。安帝延光二年（123年），东汉政府接受敦煌太守张珰献策，在西域柳中（今新疆鄯善西）一带屯田，由河西四郡供给耕牛、谷食，说明河西走廊还是经营西域的后勤基地，河西走廊的农耕经济越来越受到中央政府的重视并且占有举足轻重的地位。但是河西走廊农耕经济的开发并没有影响到畜牧业的发展，汉代国家牧苑的设置和农业人口兼营畜牧业，使农耕和畜牧业有机结合并协调发展，河西走廊原有的畜牧业仍占有相当重要的地位，"地广民稀，水草宜畜牧，故凉州之畜为天下饶。"[3] 汉代河西走廊在农业经济迅速发展的情况下，畜牧业也在不断发展，农牧结合的经济发展方式给河西地区人文方面也带来了许多变化。这些当然离不开长城的军事保障作用，减少了战争冲突，为经济的发展提供了安定的条件。除了民风敦厚之外，移居河西的关东人在习俗上也与原先大不相同，"习俗颇殊"[4]。而农牧结合、协调发展的经济格局形成的重要意义，在于使河西走廊的区域经济朝着良性循环的方向发展，也正是这种区域经济的存在，成为了以后河西地区区域政治发展的基础。

---

[1] （南朝宋）范晔:《后汉书》，北京：中华书局，1965年，第797页。

[2] （南朝宋）范晔:《后汉书》，北京：中华书局，1965年，第7页。

[3] （汉）班固:《汉书》，北京：中华书局，1959年，第1645页。

[4] （汉）班固:《汉书》，北京：中华书局，1959年，第1645页。

第四节　武威长城屏护甘肃境内丝绸之路的发展

丝绸之路是连接东西文明的重要通道，也是中国走向世界的第一条大道，有着"人类文明的运河"之美誉。在这条通道上的河西走廊位于黄河以西，处于祁连山与龙首山、合黎山等山脉之间，地势狭长，是联系中西政治、经济、文化的瓶颈地带。其地理位置优越，地势险要，地貌种类多样，与蒙古高原、黄土高原、青藏高原和塔里木盆地相毗邻。东逾黄河可达中原腹地，西出阳关可通西域边疆，南经祁连山口可出青海，北过居延可抵漠北。治国必治边，稳定西域必先治理河西，河西稳则关陇安。在漫长的丝绸道路上，从汉唐至明清，历代统治者无不重视对河西的经略和开拓，其历史底蕴深厚又独具地方特色。随着丝绸之路的开拓，河西走廊成为连接中西的孔道和桥梁，其对丝绸之路的畅通和繁荣、中西文明的交流融合、汇聚传承贡献巨大，作用不可小觑。

张骞出使西域是丝绸之路开通的象征，但从两汉之前东西方通过此道进行的玉石或其他物品的贸易来说，民间通过不同族群维系的丝绸之路早已有之。只是在亚洲东部的汉朝第一次从国家层面打通了塔里木盆地和河西走廊诸要冲，使得丝绸之路成为连接亚欧文明的大动脉，张骞出使西域因此被称为"凿空"。汉代的万里长城主要修建于武帝时期，以长城为核心构筑的河西边防体系有效地抵御了匈奴对丝绸之路东段的侵扰和掠夺，为丝绸之路的畅通和东西方的经济文化交流提供了安全保障。而丝绸之路的畅通无阻又加强了汉政府对西域各国的联系和控制，从而形成对匈奴的战略夹击，间接维护了北方边疆的和平与安定。

甘肃境内陆上"丝绸之路"全长约1700多公里，分为陇西和河西两段，其中陇西段较为复杂，又分为北、中、南三条路线。三条线路都从长安出发：北线沿渭河至虢县（今宝鸡市陈仓区），过汧县（今陇县），越六盘山、固原和海原，沿祖厉河，在靖远渡黄河至姑臧（今武威），北线是开通最早但里程最短的路线。中线开辟于元鼎三年（公元前114年），出陇关（大震关），翻越陇山，经张家川、陇城（今天水市秦安县北）、魏店、吉川、碧玉、通渭、定西、榆中，在金城（今兰州市西固区）过黄河，再经令居（今兰州市永登县）越乌鞘岭到达武威。南线则出陇关、越陇山，在张家川马鹿向南行经清水，过上邽（今天水市），沿渭河西行经冀县（今天水市甘谷县）、武山、襄武（今定西市陇西县）、渭源、狄道（今定西市临洮县），渡洮河，再经枹罕（今临夏回族自治州）从永靖渡黄河出积石山，最后由乐都过祁连山，经天祝、古浪后到达武威。①陇西段三条线路会合武威后，进入河西段。

河西段地理环境决定了南北两山间形成了一条东西长约1000公里，南北宽约100—200公里的天然平坦通道。河西段从武威过骊靬（今甘肃省永昌县）、删丹（今甘肃省山丹县）、䚙得（今张掖市西北）、福禄（今甘肃省酒泉市）、嘉峪关、玉门（今甘肃省玉门市玉门镇）、敦煌（今敦煌西），最后由玉门关或阳关连接"丝绸之路"的中段。

汉时还有一条与河西道平行的"羌中道"，也能连通中原与西域。其从陇西郡治狄道西行至大夏（今甘肃广河县西北），渡离水（今黄河支流大夏河），至枹罕，继而北行至金城，再向西北行至允吾，过湟水溯水西行至破羌（今青海乐都区东南）、安夷（今青海乐都区西），抵达西都（今西宁）后经大斗拔谷出焉支山至删丹与河西道相接，这就是羌中道东段的河湟道。汉时"丝绸之路"已经形成，连通了中国和西域各国，成为中西政治、经济、文化交流的大动脉，甘肃作为其中重要的一部分发挥了不可替代的重要作用。汉代河西地区主要有北、中、南三条驿道，是进行经济贸易、文化交流的主要通道。"丝绸之路"主要就是通过这些连续分布的驿站，经由驿道系统进行发展的。河西汉

① 杨咏中：《甘肃交通史话》，兰州：甘肃文化出版社，2008年，第82页。

塞的营建与走向与驿道路线有着密切关系。塞防的走向多面对匈奴，位于驿道的东侧或北侧。为了驿道的安全而修筑塞防，塞防的建设保障了驿道的畅通。大量烽燧亭障的修筑，在重要地点设置关城，稽查行旅，一定程度上保障了交通安全，也促进了商贸的发展。从居延汉简提供的材料来看，当地烽燧等许多防卫建筑确实靠近交通要道。简文中可见"道上亭驿□""县索关门外道上燧""临道亭长"等字样。有些地段塞防和驿道是合二为一的，用于戍守瞭望的亭燧也是邮驿。至此，河西地区逐渐繁荣起来，军旅往来不断，客商源源不绝。

随着长城的建筑、战争的平息、生产的发展，"交换"的需要就应运而生，长城沿线逐渐出现"关市"贸易。《史记·匈奴列传》提到，汉武帝即位时，"明和亲约束，厚遇，通关市，饶给之。匈奴自单于以下皆亲汉，往来长城下。"而进入战争状态之后，"匈奴绝和亲，攻当路塞，往往入盗于汉边，不可胜数。然奴贪，尚乐关市，嗜汉财物，汉亦尚关市不绝以中之。"[①] 东汉明帝永平七年（公元 64 年），北匈奴"欲合市，遣使求和亲，显宗冀其交通，不复为寇，乃许之"[②]。《后汉书·孔奋传》中提到武威郡的郡治姑臧，"通货羌、胡，市日四合。"[③] 即一天之内举行四场集市。由此可见，"关市"贸易的有效运转，是通过长城交通组织上的"当路塞"而外运的。匈奴通过与汉族贸易，可以利用自身富于机动性的交通优势获取更大利益，并通过西域与西域各民族以及希腊等西方各族人民发生交换，促使了"丝绸之路"上的物资流通，促进了中西方文化的交流。

汉宣帝神爵二年（公元前 60 年），西汉设立西域都护府，"丝绸之路"由西

---

① （汉）司马迁：《史记》卷一百十《匈奴列传》，北京：中华书局，1959 年，第 2905 页。

② （南朝宋）范晔：《后汉书》卷八十九《南匈奴列传》，北京：中华书局，1965 年，第 2949 页。

③ （南朝宋）范晔：《后汉书》卷三十一《郭杜孔张廉王苏羊贾陆列传·孔奋传》，北京：中华书局，1965 年，第 1098 页。

域都护府通过河西走廊而到中原,基本奠定了中西方文化交融的基本格局。当中西方交通开通后,西域商人纷纷涌入河西地区。据《后汉书·西域传》记载:"汉世张骞怀致远之略,班超奋封侯之志,终能立功西遐,羁服外域。"于是形成了"商胡贩客,日款于塞下"①的局面。

三国两晋南北朝时,我国北方战争频繁,后期还出现了南北政权对峙的局面,导致中原通往西域的道路受阻,汉代陇西段南线和河西仍维持。直到隋唐时,陆上"丝绸之路"的交通又一次达到了辉煌时期。

隋唐时期,陆上"丝绸之路"甘肃段走向与汉代略有不同。主要有关陇南道、关陇中道和关陇北道三条道路。其中关陇南道是主要通道,因经过陇关,也被称为陇关道或秦州路,是"丝绸之路"上最繁华的路线。关陇南道从陕西进入甘肃境内后下分水驿至清水、上邽,溯渭河西行经甘谷、陇西、渭源至狄道,再出临州向西北,穿越沃干岭,过阿干河至金城,循逆水河谷(今永登庄浪河),最后越洪池岭(今乌鞘岭),即达姑臧(今武威市)。关陇中道,自原州沿蔚茹水(即高平川,今清水河),北经石门关(即今黄绎堡),西行越六盘山北端,经河地(今甘盐池)至会宁(今甘肃省靖远县),由会宁关、渡黄河西至乌兰夫(为乌兰县治),西北经汉媪围(今甘肃省景泰县)至凉州姑臧。关陇中道因经过萧关,故被称为萧关道,也经过乌兰夫,亦称乌兰路,全长900余公里。关陇北道,是兴于张议潮起义后,讫于五代通往西域的主要线路,全长712.5公里,其中凉州东距灵武约500公里。丝路东段关陇南、中、北三道,皆汇集于姑臧,再经河西走廊西去。

唐时"丝绸之路"东段的河西段是"丝绸之路"绿洲干道,自凉州治所姑臧进入河西走廊后,经天宝、删丹、甘州、再至肃州,西渡讨赖河,经玉门、疏勒河,到瓜州治所晋昌县,最后向西南渡党河至沙州治所敦煌,全长840

①(南朝宋)范晔:《后汉书》卷八十八《西域传·车师》,北京:中华书局,1965年,第2931页。

千米。

陆上"丝绸之路"经历了隋唐的繁荣后，至北宋时，基本沿用了唐末五代以来的关陇北道即灵州道，同西域诸国进行交流。由灵州青铜峡渡过黄河西去凉州有南、北二道，南线沿黄河北岸经今中卫市西至凉州，僧人、商贾多行走于这条道路。而北线要穿越腾格里沙漠方至凉州，西方的贡使多走此线，至凉州后即可循河西走廊而达西域。

北宋的灵州道后因被西夏控制，加之角厮啰的兴起，"丝绸之路"东段又形成了青唐道，并分为北线渭州道和南线秦州道。北线渭州道先兴起，但随着西夏势力继续扩张，占据河西走廊后，北线渭州道被阻断了，"丝绸之路"不得不向南移动，即形成了南线秦州道。此线由秦州（今甘肃省天水市）溯渭水西至陇西地区的古渭州，再西越末邦山（即薄寒山，位于临洮南）渡洮河，至河州大夏川，西越大力加山，到今青海循化地区的国门寺，再北越拉脊山，即达青唐城，之后再沿着"丝绸之路"东段的道路西出鄯善进入中段。直至角厮啰被消灭，这条青唐道才又为北宋政权所控制。

元朝时"丝绸之路"东段仍分北、中、南三条线路，其中中道和南道经过甘肃境内。中道从宁夏中卫穿过腾格里沙漠南缘至凉州，再西行至永昌、甘州、肃州、沙州进入西域；或者由甘州向西北行，至哈剌和林与草原丝路北道相接。南道经过甘肃境内的主要线路：从陕西进入甘肃的秦亭驿站（今甘肃清水县东）、上邽驿站（今甘肃清水县）、西行至伏羌驿站（今甘肃甘谷）、文盈驿站（今甘肃武山）、巩昌驿站（今甘肃陇西）、通安驿站（今甘肃通安驿）、定西、金城（甘肃榆中）、定远镇、兰泉驿站（今甘肃兰州），渡黄河西行，经庄浪（今甘肃永登）、古浪，至凉州，最后与丝路东段河西道相接。

进入明代之后，海上交通逐渐发达，随着郑和七下西洋，中国通过"海上丝绸之路"与69个国家进行经济交流和文化往来，从而使陆上丝绸之路渐渐失去了昔日的繁华景象。加之此时的西北边患严重，虽为加强边防修筑了长城，但时而闭关，人为地阻隔了丝绸之路，传统的陆上丝绸之路在中西交往中的地位悄然失去了昔日的辉煌。

但清王朝大力发展驿道，丝绸之路的作用主要体现在"官马大道"，后来演变成"兰州干道""官马西道"和"陕、甘、新大驿道"等称谓，它是连接北京到西北，并继续通往中亚的道路交通干线。"官马大道"进入甘肃行省的这段驿道又称"兰州官道"或"兰州官马大道"，属"丝绸之路"陇右道中线，是清代中原通达西北和新疆的主要驿道。

无论历史如何发展变化，陆上丝绸之路经历过兴盛与衰落，留给甘肃很多的印迹。沿线城市的驿站、关隘、渡口、城址、烽燧、墓葬、寺塔等，还有大量珍贵的金石碑刻、敦煌文书和遍布各地的石窟艺术，这些历史印记不仅是古代陆上丝绸之路留给甘肃的，更是留给中国的，见证了中外文化交流的历史，记录了中外贸易发展的历程。

第五章

武威长城文化的孕育发展

长城随着时间推移早已超越了物质的存在，围绕长城的构筑和使用所展现的物质产品和精神产品都可归纳为长城文化，即长城是集物质、精神和文化于一体的复合体。

　　正如《中华长城资料》中所概括的，"长城文化不但包括作为物质实体客观存在的物态文化，也包括反映长城南北农耕文明与游牧文化不同生产方式、生活方式冲突与融合的制度文化；包括围绕长城制定的战略战术及从中体现的军事思想，作为构筑运用长城重要配套措施的军屯、民屯文化；还包括大量守边将士、文人墨客、艺匠画师以长城为题材创作的文艺作品，以及在民间广为流传的神话与传说文化；乃至于在构筑运用长城以及长期戍守、生活于长城地带所凝聚显现出的思维方式、价值取向、审美情趣、风俗习惯乃至民族性格和文化精神等则属于长城文化中的深层心态文化层次。"① 武威长城自修建之初就与当地的自然地貌、民族人口、军屯保障、商贸往来等结合在一起，长城文化作为凉州文化的一个重要方面，在长达两千年的岁月中不断地孕育发展，别有特色。

---

① 忻州市文联编：《中华长城资料分类汇编（文化类）》，第3—4页。

第一节　烽报极边：长城烽传文化

长城在中国古代军事史上之所以能够有效地发挥防御作用，除了有坚固的墙体和无数的城、堡、塞之外，还有较为严密的军事信息传递系统。与长城有关的军事信息形成了极富特色的长城文化。

烽燧在汉代被称为亭隧，因为驻有戍守又是望警的烽台。汉代长城沿线的烽燧按照形制和功用可分为两类：一是与长城同线的烽燧，主要作用是烽火警报、传递邮件、守护长城、保卫边境，它的任务主要是警备和固守边塞，兼有瞭望报警的作用，可称之为塞烽；另一类是瞭望报警烽燧，是一种延伸出长城的瞭望线，如伸向罗布泊的烽燧线，以郡府为中心，向郡境四周边作辐射状展开，四处延伸修建在各地制高点的烽燧，其主要作用在于候望及向郡府传递情报，瞭望报警，基本上不承担抗敌保境的作用。

烽燧传递报警消息是一项十分严肃的军事任务，为确保信息传递及时、有条不紊，汉代的郡府与都尉府都有制定适合本地区使用的《烽火品约》，品约中的品是指登记，约有约定之意，若未经约定，在传递信息上便会产生另一障碍。汉代边塞将敌情分为五类：

敌十人以下在塞外者。

敌十人以上在塞外，或一人以上、五百人以下入塞者。

敌千人以上入塞，或五百人以上、千人以下攻亭障者。

敌千人以上攻亭障者。

已被敌人攻下临近的障城。

　　与上述敌情分品相对应，蓬火信号亦随之对应约定为五级：

　　　　昼举一蓬，夜举一苣火，毋燔薪。

　　　　昼举二蓬，夜举二苣火，燔一积薪。

　　　　昼举三蓬，夜举三苣火，燔二积薪。

　　　　昼举三蓬，夜举三苣火，燔三积薪。

　　　　昼举亭上蓬，夜举离合火。

　　这里的"蓬"是以缯布制作，白天有敌情，在烽火台下用桔槔或辘轳升起，使后方传递烽火信号的戍边士卒见而知之。苣火是用柴草堆积，白天有敌情，则在烽火台旁点火燃烧，白天可见烟起，夜间有敌情，则将苣薪插在烽火台上的木橛上点燃。烽燧戍卒在平日执行勤务时还要用土给积薪涂垩土以防止积薪被雨淋湿或者被大风吹散。发现临近烽燧有敌在烽火台下也燃烧一定堆数的积薪，以便后方望见火光而传烽，这也是一种重要的传递报警的方法。唯有"亭上蓬"和"离合火"分别为危急信号。当敌人已占领烽火台下的障城，烽火台受到直接攻击时，白天则在烽火台上挂起"亭上蓬"，夜间则在烽火台上举"离合火"。

　　唐杜佑《通典·守拒法》中，详细记载了当时烽火台的结构和应用情况："烽台，于高山四顾险绝处置之，无山亦于孤迥平地置。下筑羊马城，高下任便，常以三五为准。台高五丈，下阔二丈，上阔一丈，形圆。上建圆屋覆之，屋径阔一丈六尺，一面跳出三尺，以板为上覆下栈。屋上置突灶三所，台下亦置三所，并以石灰饰其表里。复置柴笼三所、流火绳三条在台侧近。上下用屈膝梯，上收下乘。屋四壁开觑贼孔及安视火筒。置旗一口、鼓一面、弩两张、抛石、垒木、停水瓮、干粮、麻蕴、火钻、火箭、蒿艾、狼粪、牛粪。每晨及夜，平安举一火，闻警固举二火，见烟尘举三火，见贼烧柴笼。如每晨及夜平安火不来，即烽子为贼所捉。一烽六人，五人为烽子，递知更刻，观视动静；

一人烽率，知文书、符牒、转牒。"

汉唐时期燃放烽燧的方法及报警制度与前大同小异。唐章怀太子李贤注释《后汉书》时，对烽燧做了如下说明："边方备警急，作高土台，台上作桔皋，桔皋头有兜零，以薪草置其中，常低之。有寇，即燃火举之以相告烽；又多积薪，寇至，即燔之望其烟曰燧。昼则燔燧，夜乃举烽。"（见《后汉书·光武帝纪下》）文中的"桔皋"是可引物上下的高架子，"兜零"指笼子。唐段成式《酉阳杂俎·广动植》："狼粪烟直上，烽火用之。"宋朝学者陆佃在《埤雅·释兽》中写道："古之烽火用狼粪，取其烟直而聚，虽风吹之不斜。"其实，大凡食肉兽的粪便，其烟都有这种特性。

因为古代燃放狼烟报警，在古代典籍中，"狼烟"竟成了"烽火"的同义语，"敌兵"的代名词。狼烟也成了边陲风光中最有代表性的景观。因为狼烟燃放是否准确及时直接影响到边关乃至内地的统帅们对敌情的了解和判断，影响到战斗的胜负，所以古代军事家们对狼烟的燃放做过认真研究，在《卫公兵法》中，就对燃放狼烟的烽火台的选址、建造和相互间距作了详细的说明，并且规定，即使兵马行军途中宿营，也要在营寨百里之外设临时性烽火台。

王维在其《陇西行》诗中写道："十里一走马，五里一扬鞭。都护军书至，匈奴围酒泉。关山正飞雪，烽戍断无烟。"此诗描写的就是河西边防上紧急报警的情形。一方面军情紧急，另一方面边关又风狂雪暴，隔断了烽火上联络报警的狼烟，边防警哨没有办法点燃烽火报告军情，只得用驿骑策马扬鞭，火速一站一站地往下传递紧急军情。可见烽燧制度为当时的诗歌等提供了不少素材，造成了深远影响。

第二节　停歇驻息：长城驿传文化

武威所处的河西走廊是中西文化交流的重要通道，依托长城形成了完备的驿传系统，在确保这条古代丝绸之路交通运输、信息传递的畅通，保持边疆稳定，促进西北地区经济发展，加深西北各民族之间的文化交流方面发挥了重要作用。

长城驿传文化产生

驿传特指我国传递政令军情公文、接待来往官员使节及调运物资贡赋、管控商旅通行的重要组织机构，产生于商周时期，秦汉时形成了较为成熟的体制，唐宋得以进一步发展，元代疆域辽阔，驿路交通系统更加规范完备，清末民初伴随着邮政事业的发展，古代驿传退出了历史舞台。长城的驿传发展历程贯穿整个长城的发展史，它与长城的政治、经济、文化、军事、外交等作用互为一体又密切相关，是长城文化的重要组成部分。武威独特的地理环境、生态资源与文化背景决定了它在驿站、驿道等方面遗存丰富，内容广博，自成体系，是促进河西走廊文化交流、民族融合的前提条件与物质基础。

驿传在我国起源很早，据相关专家学者考证，在殷商时期就有了驿传制度，殷墟出土的甲骨文就有"驲传"的记载，所谓"驲传"就是指驿站专用的车辆，《说文通训定声》称"车曰驲，曰传，马曰驿，曰遽"，因为传递文书讯息主要是用车用马，故驿站亦称驿传、传驿或置驿、置传、邮驿等。《韩非子·难势》中则描绘了古代驿传的基本建置和传递速度，"夫良马固车，五十里而一置，使中手御之，追速致远，可以及也，而千里可日致也。"

汉至明清驿传文化发展

汉代，在河西各地传舍（即邮差休息的房子）15公里置一驿，供驿传者休息、停留，并由邮亭传递公文信息，在嘉峪关出土的魏晋驿使画像砖就描绘了"折花逢驿使，寄与陇头人"的生动场景。1982年8月25日曾发行过一枚邮票，邮票图案采用的就是这幅《驿使图》，此幅《驿使图》不仅对史书中关于驿传的记载相印证，而且也成为我国邮政史的珍贵图片资料。例如悬泉置是包含传舍、邮在内的多功能机构，悬泉出土的汉简对该地传舍官吏制度有较为详细的记载，从中也可管窥武威的驿传文化。例如在元康五年（公元前61年），长罗侯常惠率众前往西域途经悬泉置，随行人员的物资消耗账目在悬泉汉简过长罗侯费用簿有载：

> 县（悬）泉置元康五年正月过长罗侯费用薄（簿）。县掾延年过。入羊五，其二羍（羔），三大羊，以过长罗侯军长吏具。入鞠（麴）三石，受县。出鞠（麴）三石，以治酒之酿。入鱼十枚，受县……五凤四年九月己巳朔己卯，县（悬）泉置丞可置敢言之，廷移府书曰：效穀移传马病死爰书，县（悬）泉传马一匹，骊，牂，齿十八岁，高五尺九寸，宋渠犁军司（马）令史。

从都城长安到敦煌可经由东西主干线即今陕西西安—咸阳—泾阳—淳化—彬州—甘肃宁县—泾川—平凉—宁夏固原—六盘山—靖远—皋兰—景泰—古浪—武威—永昌—山丹—张掖—临泽—高台—酒泉—嘉峪关—玉门—桥湾—安西—甜水井—敦煌。河西古道上的武威—永昌—张掖段，亦称甘凉大道，自丝绸之路开辟以来，西来的西域文化与东来的中原文化在此融合，结合本土文化，形成了博大精深的凉州文化，这与长城驿传文化的保障作用是分不开的。

自隋以后，驿传隶属于兵部，直至清末，可见驿传与军事联系密切，邮驿在唐代得到空前大发展，当时官办的驿站以京都长安为中心四方并联，15公里有一驿，还在水路设水驿，驿有驿田，设驿长。明时驿传也十分发达，各州府县均设驿站，有水驿、马驿、急递铺、递运所之分，驿站所需民夫、马骡、车船等，作为差役，由当地州县府官府向民户编派。武威著名的古驿站就有大河驿、靖边驿、黑松驿、岔口驿等，驿传制度所带来的驿传文化，对清朝以前文书的传递、交通设施、军事制度等都产生着不小的影响。

武威的古驿站

曾经密布在武威各县区交通要道上的驿站现多已废止，具体位置也随着驿道更改发生了多次变化，但是我们在现存的史书中仍然能寻找到很多驿站名称，一些名称甚至沿用至今。

翻阅《五凉全志》，里面有很多驿站。如在《武威县志》中专门列有"驿传"条目记载：

边境驿传外有运所夫马车牛，加增于腹地。诚以夔贡迤通，雁臣时至，需迎送。且备挽弓刀刍糗，用资捍御者重。是其置邮繁密，非仅以供绣使星轺已也。

武威县，旧志：凉州卫领五驿，武威驿额军八十名，余四驿各额军六十名。武威驿额马骡八十匹，余四驿各六十匹。递运所六，武威递运所额夫六十名，余四所俱五十名。武威递运所车六十辆，牛六十头，余四所俱车四十辆，牛四十头。

我国朝定制，武威驿所军夫一百名，怀安、柔远、大河、靖边驿所各军夫五十名，马牛各数如后载今制。

武威驿：旧在城东隅，今归县。额夫二十八名，马四十五匹。

武威递运所：城西十里。额夫一十九名，牛一十五头。

大河驿：城东三十里。驿所夫三十五名，马三十二匹。

大河递运所：在本驿。牛九头。

靖边驿：城东七十里。驿所夫三十五名，马三十二匹。

靖边递运所：在本驿。牛九头。

怀安驿：城西五十里。驿所夫三十五名，马三十二匹。

怀安递运所：在本驿。牛九头。

柔远驿：城西九十里。驿所夫三十五名，马三十二匹。

柔远递运所：在本驿。牛九头。[①]

可以看出，许多驿站就是设置在长城重要的军事堡寨里，在驿站下面还有递运所，而且对驿站名称、方位、兵额人数、驿夫、牛马等有详细的规定。许多往来的官府人员、文人侠客等多会在驿站中歇息驻足，如明代嘉靖年间进士甄敬出塞河西，就曾留宿大河驿，并写下《过大河驿》：

黄沙漠漠望中迷，黯淡阴云高复低。

古戍春深凄碧草，孤城亭午叫寒鸡。

匈奴几度恣蚕食，汉将连营驻马蹄。

安得班生重断臂，封侯万里玉门西？

《镇番县志》中的"驿传"条目记载相比《武威县志》简单，但是我们也能据此了解民勤的驿站设置情况：

明永乐三年，设立驿递并铺舍。本朝裁驿留铺。在城为宁边驿，三十里至本县属之青松堡铺接替。青松堡三十里至本县属之黑山堡铺接替。黑山堡四十里至本县属之重兴堡铺接替。重兴堡二十里至本县属之蔡旗堡铺接替。蔡旗堡二十里至武威县属之三岔堡铺接替。三岔堡三十里至武威县属之石羊堡铺接替。石羊堡三十里至武威县城。俱以铺司递送公文，往往迟误。乾隆八年，署县李如琏详请，准在武威

---

①（清）张玿美总修，张克复等校注：《五凉全志校注》，兰州：甘肃人民出版社，1999年，第44页。

县拨马四匹、夫二名，于蔡旗堡安设马二匹、夫一名，黑山堡安设马二匹、夫一名，再本县安设马二匹、夫一名。一拨怀安、柔远二驿各马一匹、夫一名，轮送半年；一拨大河、靖边二驿，各马一匹、夫一名，轮送半年。共马六匹。本县直递黑山，黑山递蔡旗，蔡旗直递武威，上下接递，不至稽迟。其夫马工料，仍在武威县与各该驿支领。[①]

《古浪县志》"驿传"条目记载：

古浪县明制领驿二，每驿各额军六十名，马、骡六十四、头。递运所三，每所各额夫五十名，牛车四十只、辆。我朝定制古浪、黑松、安远二驿三所，边路五塘，其夫、马、牛车俱有定额。

古浪驿夫二十一名，马三十二匹；递运所夫一十四名，牛车九辆。驿、所皆南至黑松驿三十里接替，北至武威县靖边驿六十里接替。

黑松驿夫、马、牛车与古浪同数。驿，南至平番县镇羌驿六十里接替；所，南至安远堡六十里接替；驿、所皆北至古浪三十里接替。

安远堡经制驿夫五十名，因地寒苦，诸物少产，难以安马，呈详留所夫二十五名，牛车一十五辆。南至平番县镇羌驿，北至黑松，皆三十里接替。

塘，各马十匹，夫五名。

圆墩塘东至土门，西至武威达家寨墩。

土门塘东至夹山岭，西至圆墩。

夹山岭塘东至黄家寺，西至土门。

---

① （清）张玿美总修，张克复等校注：《五凉全志校注》，兰州：甘肃人民出版社，1999年，第212页。

　　大靖塘东至平番县裴家营，西至黄家寺。

　　以上皆三十里接替。①

　　可以看出，承担驿传的除了专门的驿站、递运所外，在一些偏远的地点，受到人力财力的限制，驿传的职责直接加在了基层村寨身上。古代传递信息大多靠马匹，因此驿站的设置多是间隔在三十里左右。

　　再比如今天天祝县的安远驿、岔口驿，也是武威历史上比较有名的驿站。

　　安远，始于西汉，自筑令居以西长城后，便为丝路隘口。唐在凉州设六军府，其中洪池府当在安远。宋初为安远砦。明为安远堡，有驻军。《武威历史文化丛书·名胜古迹》记载："安远驿古城重建于明代。南依长岭山一里半，北为斜坡，东靠直沟河一丈余，西临安远河三十丈。城堡周围一百六十丈，高三丈五尺，厚一丈。有角墩，开南北门各一。今残留东城墙和东南、东北两个角墩。墙高6米，底宽4米，顶宽2米。地表暴露遗物极少。"② 在清康熙年间成书的《秦边纪略》记载："安远驿堡，亦谓之打班堡，凉庄之分疆也。东接乌鞘，西连黑松。堡在山冈，如斗大，荒凉实甚，且肘腋皆番，河山所隔皆夷，可可口诸番为夷编氓久矣。堡为三郡通衢所在，东如乌鞘岭，宜与镇羌互相巡逻。迤西北二十五里则黑松堡。乌鞘岭在东五里，其岭长二十里许。堡四境皆山，土瘠多雹，地无所产，止蘑菇耳。可可口在境外三十里。番目阿贡，岁纳麦力干添巴。堡之供力役者，皆熟番男妇也。毛打班在堡北三里，熟番居之。堡旧制有参戎，今但设守备。西北去凉州一百八十里。"③ 指出安远驿重要的枢

　　① （清）张珩美总修，张克复等校注：《五凉全志校注》，兰州：甘肃人民出版社，1999年，第403页。

　　② 梁新民、杨福编：《武威历史文化丛书》之《名胜古迹》，兰州：甘肃文化出版社，2002年，第167页。

　　③ （清）梁份著，赵盛世、王子贞、陈希夷校注：《秦边纪略》西宁：青海人民出版社，1987年，第126页。

纽地位，是"三郡通衢所在"。

岔口驿在今天祝藏族自治县华藏寺镇西北6公里处的庄浪河与石门河汇合处。岔口驿在明代也称为岔口堡，明代修筑长城新边时所筑，是明代的驻军城堡和通邮驿站。岔口驿北上武威，南下兰州，东去宁夏，西进青海，因其位置正好是三岔口，故名"岔口"。《五凉全志·平番县志》所载堡内所建关帝庙、文昌宫、龙王庙、马王庙等建筑均已不存。岔口驿原有两座古城，一座是西夏李元昊时期修筑，今遗址不存无从考证。另一座是明代修建的驿堡，南北长90米，东西宽80米，今只残存一面断墙。明代时此处是用于通信和防御的驿堡，到了清代，军事地位下降，逐渐只保留了邮驿的功能。

岔口驿作为古浪河和庄浪河南北分流的分水岭，水草丰美，是游牧部落自古以来的必争之地。由于其优越的地理环境，明代时盘踞在松山一带的鞑靼部落频繁袭扰此地。直到万历年间，李汶七路大军平定松山之后，此处才安定下来。也正因岔口驿牧场连绵，所培育的骏马远近闻名，在没有战争的时期，这里就是开展茶马交易的场所。当地有谚语"镇武三岔的走马胎里带"，反映了当时镇羌驿、岔口驿一带培育的马匹，刚成年就能快步疾行。历史上唐、宋、明、清各朝的部分战马大多源于凉州一带，天祝就是著名的良马产地，宋代在今永登设立庄浪茶马互市，以茶换马。这一带培育的马匹品种优良，不仅因为将马匹作为战马培育，可能也是由于在乌鞘岭南北这段山路上，驿站相隔较远，地形不够平缓，为了适应驿站之间飞骑驰报，人们不断筛选善于奔驰的良驹，逐渐提高了马匹的质量。

武威长城驿传系统作为封建国家的治理手段和信息传播的系统工程，是河西走廊文化交融、东西往来的物质与制度前提。武威曾经一度驿站相连、使臣仆继、商贾云集，驿传文化遗珍遍地，见证了我国交通发展史上驿传文化的发展历程，为驿传文化研究提供了可贵的史料与物证。

第三节　军勤保障：长城屯田、戍边文化

河西走廊地势平坦，水草丰美，自古以来就居住着从事畜牧业兼营农业的各种民族。羌、月氏、乌孙和匈奴等游牧民族是河西早期的居民。秦汉之际，匈奴逐走月氏、乌孙，控制河西。西汉时，经过河西之战，匈奴被彻底击败，降汉匈奴被西汉政府安置在陇西（今甘肃省临洮县）、北地（今甘肃省宁县西北）、上郡（今陕西省绥德县）、朔方（今内蒙古自治区乌拉特前旗）、云中（今内蒙古自治区托克托县）一带，称为"五属国"。从此，"金城，河西，并南山（祁连山）至盐译（罗布泊），空无匈奴。"

为了巩固开发河西，西汉政府不断从内地移民到河西四郡。移民的主要来源是内地的汉族农民，还有一些犯人和被贬谪的官吏。大致分为五类人：一是"关东下贫"，即函谷关以东的贫苦农民，这占绝大部分；二是"报怨过当"，即刑事犯；三是"悖逆亡道"，即反叛性的政治犯；四是屯垦戍边的士兵退伍后，接家眷在此落户；五是某些少数民族迁居河西。

西汉的大规模移民使河西地广人稀的局面得到了根本改变。西汉政府向河西移民的同时，为充实边防力量，扩大国家所有的耕地面积，增加赋税收入，还在河西实行屯田政策。屯田是利用守边戍卒一边戍守，一边垦殖的措施。本来，戍边是西汉农民的徭役之一，因此西汉政府便以戍卒的名义，把大批的内地农民调发河西，让他们在屯田的名义下守边和垦田种植。同时，又招募良家子弟，并调拨刑徒等参加屯田。还调发一些已经失去职务的官员，到河西负责屯田事务。所有戍卒在屯戍期间，完全是以农民的身份来服徭役的，他们每年应该缴纳的赋税，还必须照常完成。在河西屯田区内，政府非常重视水利灌溉工作，大量推广和采用中原地区先进

的生产工具和耕作技术，使用牛耕。因此，农作物亩产量和中原地区相差无几。

河西屯田既巩固了边疆的安全，也维护了中西交通的畅通，还开发了河西，加速了西北各民族的融合。从此，河西走廊逐渐成为西北地区一个比较富庶的地区。在嘉峪关新城乡魏晋墓与酒泉果园乡丁家闸魏晋墓中的画像砖上，就有汉以及魏晋时期戍边士卒的屯垦画面，它们生动地描绘了当时屯垦的历史情景。文物工作者给它起名《屯垦图》。图中，士卒们持盾、矛，在武官的带领下排队行进；紧接着就有士卒扶犁耕地的画面，充分显示出当时屯垦已经具有相当的规模。可以想见，在茫茫戈壁滩上，士卒们一边守卫边疆，一边开荒种地，修渠筑坝，把沉睡了多少万年的土地唤醒，使它变成了块块良田，他们的历史功绩是不可磨灭的。

明王朝为了加强国防，在全国遍设卫所制度，卫所有固定兵每卫5600人，每所1120人，全国总计329卫，总兵力170多万。如此庞大的军队，后勤供应就是很大的问题。于是，明朝统治者吸取前代经验，设立了卫所士兵屯田的制度，规定正军三分守城，七分屯垦，卫所与屯田相结合，以屯垦自给。当时，明朝为了加强北部边疆的防务，在长城沿线设置了9个镇，其中河陇地区就占了3个镇，分别为宁夏镇、固原镇、甘肃镇。河陇三镇处于西北边陲，驻军十七八万，由于交通不便，运输困难，供应问题就更大，屯田便显得更加重要。尤其是甘肃镇地处河西，既防御已被赶到北方但不甘心失败的蒙古贵族势力，又要扼制西域，还要阻隔蒙古与吐蕃的联系，地理位置和军队的作用十分重要，所以明王朝对河西的屯田非常重视。据《河西志》记载，明朝初年，朝廷大量从山东、山西、河南、陕西等地向河西移民屯垦。来者，每人授田五十亩，又给牛只，籽种，教以种植方法。

由于实行屯田制度，使当地荒田得到了大量的开垦，使边地原来以畜牧业为主的经济过渡到以种植业为主，同时，军民收获有所增多，这样又减少了军需运输之劳，减轻了人民的劳役和赋税负担。到明洪武三十一年（1398

年），凉州、西宁、永昌、肃州、庄浪卫所的正军已做到了自给有余。边防的加强和巩固，又使内地移民与边疆各族能在经济上取长补短，生活上互相影响，这种经济上的融合既稳定了边疆，也保证了沟通东西的丝绸之路的畅通。

第四节　汇聚集散：长城商贸文化

　　武威长城防御体系建设主要是烽燧、城墙、道路、关城，还包括其他附属建筑如驿站、道路、水利工程、敖仓等。这些建筑在担负起军事防御职能的同时，也改善了长城沿线戍边人员及民众的日常生活。在和平时期，长城防御体系也从军事功能拓展到商贸交往功能，长城沿线的商贸发展带动了各民族之间的交流，中原农耕文化与游牧文化在战争与商贸中不断融合，商贸往来变得更为频繁，逐渐形成和平交往、贸易互惠的发展秩序。

　　汉朝初年在与汉匈订立和亲政策后，双方在长城沿线地区开展商贸活动，其中最为著名的"丝绸之路"，便是由开拓者张骞出使西域，将中国的丝绸、茶叶、瓷器等带到边疆及国外，从而形成了"丝绸商路"。汉朝与匈奴约定以长城为分界线开展贸易交流，"今帝即位，明和亲约束，厚遇，通关市，饶给之。匈奴自单于以下皆亲汉，往来长城下。"[1]中原以丝绸、布帛、粮食、盐铁等商品换取北方的马、羊、驴等牲畜，逐渐形成了具有一定规模的贸易活动。《后汉书·南匈奴列传》记载："元和元年，武威太守孟云上言北单于复愿与吏人合市，诏书听云遣驿使迎呼慰纳之。北单于乃遣大且渠伊莫訾王等，驱牛、马万余头来与汉贾客交易。诸王大人或前至，所在郡县为设官邸，赏赐待遇之。"[2]北单于特意遣人驱赶万余头牲畜来武威合市，足见当时武威长城沿线商贸互市的规模巨大。在史书记载中还有许多对当时商贸活动的描述，如"立屯

---

　　①（汉）司马迁撰：《史记》卷一一〇《匈奴列传》，北京：中华书局，1963年，第2904页。
　　②（南朝宋）范晔撰：《后汉书》卷八九《南匈奴列传》，北京：中华书局，1965年，第2950页。

田于膏腴之野，列邮置于要害之路。驰命走驿，不绝于时月；商胡贩客，日款于塞下"[1]。意思是说粮食的储存就在田野之上，传递信息的驿站就在重要道路旁，往来的驿马日月不绝，来往边塞的客商与胡人都在边塞受到款待，侧面表明了长城边境地区的贸易已经较为丰富。

《五凉全志》中关于武威长城沿线的商贸繁荣景象也有详细的记载，如《武威县志》中记载："河以西之商货，凉、庄为大。往者捷买资甘、肃，今更运诸安西、沙、瓜等以利塞外民用，所赖以通泉货者重矣。贾拥高资者寡，而开张稠密，四街坐卖无隙地。凡物精粗美恶不尽同，鲜有以伪乱真者。"[2]今天的古浪还流传着"要想挣银子，走一趟大靖土门子"的俗语，可以看出长城商贸文化的繁荣。

---

① (南朝宋) 范晔撰：《后汉书》卷八八《西域传》，北京：中华书局，1965年，第2931页。
② (清) 张玿美总修，张克复等校注：《五凉全志校注》，兰州：甘肃人民出版社，1999年，第49页。

第五节 融合传承：长城诗词、民俗文化

长城是边塞诗的书写点

万里长城本身就是一部壮丽的史诗，长城雄伟的气势、丰富的文化内涵，古往今来吸引了许许多多的文人墨客、艺匠画师以及帝王将相为之泼墨挥毫，或描绘边塞的苦寒，或咏唱长城的壮美，或抒发报国的豪情，或针砭筑城的劳民。比如秦朝民歌《古长城歌》：

生男慎勿举，生女哺用脯。不见长城下，尸骸相支拄。

汉代的乐府诗《饮马长城窟行》：

青青河畔草，绵绵思远道。

远道不可思，宿昔梦见之。

梦见在我傍，忽觉在他乡。

他乡各异县，辗转不相见。

枯桑知天风，海水知天寒。

入门各自媚，谁肯相为言。

客从远方来，遗我双鲤鱼。

呼儿烹鲤鱼，中有尺素书。

长跪读素书，书中竟何如？

上言加餐食，下言长相忆。

东汉蔡琰的《胡笳十八拍(选四首)》:

第六拍

冰霜凛凛兮身苦寒,饥对肉酪兮不能餐。

夜闻陇水兮声呜咽,朝见长城兮路杳漫。

追思往日兮行李难,六拍悲来兮欲罢弹。

第七拍

日暮风悲兮边声四起,不知愁心兮说向谁是。

原野萧条兮烽戎万里,俗贱老弱兮少壮为美。

逐有水草兮安家葺垒,牛羊满野兮聚如蜂蚁。

草尽水竭兮羊马皆徙。七拍流恨兮恶居于此。

第十拍

城头烽火不曾灭,疆场征战何时歇。

杀气朝朝冲塞门,胡风夜夜吹边月。

故乡隔兮音尘绝,哭无声兮气将咽。

一生辛苦缘别离。十拍悲深兮泪成血。

第十七拍

十七拍兮心鼻酸,关山阻修兮行路难。

去时怀土兮心无绪,来时别儿兮思漫漫。

塞上黄蒿兮枝枯叶干,沙场白骨兮刀痕箭瘢。

风霜凛凛兮春夏寒,人马饥豗兮筋力单。

岂知重得兮入长安,叹息欲绝兮泪阑干。

北魏温子升的《凉州乐歌》:

远游武威郡,遥望姑臧城。

车马相交错，歌吹日纵横。

隋代明余庆的《从军行》：

三边烽乱惊，十万且横行。
风卷常山阵，笳喧细柳营。
剑花寒不落，弓月晓逾明。
会取淮南地，持作朔方城。

唐代岑参的《武威春暮闻宇文判官西使还已到晋昌》：

岸雨过城头，黄鹂上戍楼。
塞花飘客泪，边柳挂乡愁。
白发悲明镜，青春换敝裘。
君从万里使，闻已到瓜州。

《凉州馆中与诸判官夜集》：

弯弯月出挂城头，城头月出照凉州。
凉州七里十万家，胡人半解弹琵琶。
琵琶一曲肠堪断，风萧萧兮夜漫漫。
河西幕中多故人，故人别来三五春。
花门楼前见秋草，岂能贫贱相看老。

李益的《边思》：

腰悬锦带佩吴钩,

走马曾防玉塞秋。

莫笑关西将家子,

只将诗思入凉州。

王维的《凉州赛神》:

凉州城外少行人,百尺峰头望虏尘。

健儿击鼓吹羌笛,共赛城东越骑神。

王翰著名的《凉州词》:

葡萄美酒夜光杯,欲饮琵琶马上催。

醉卧沙场君莫笑,古来征战几人回。

张籍的《凉州词(三首)》:

其一

边城暮雨雁飞低,芦笋初生渐欲齐。

无数铃声遥过碛,应驮白练到安西。

其二

古镇城门白碛开,胡兵往往傍沙堆。

巡边使客行应早,欲问平安无使来。

其三

凤林关里水东流,白草黄榆六十秋。

边将皆承主恩泽,无人解道取凉州。

温庭筠的《苏武庙》：

苏武魂销汉使前，古祠高树两茫然。
云边雁断胡天月，陇上羊归塞草烟。
回日楼台非甲帐，去时冠剑是丁年。
茂陵不见封侯印，空向秋波哭逝川。

宋代陆游的《凉州行》：

凉州四面皆沙碛，风吹沙平马无迹。
东门供张接中使，万里来宣布祇敕。
敕中墨色如未乾，君王心念儿郎寒。
当街谢恩拜舞罢，万岁声上黄云端。
安西北庭皆郡县，四夷朝贡无征战。
旧时胡虏陷关中，五丈原头作边面。

明代戴良的《凉州行》：

凉州城头闻打鼓，凉州城北尽胡虏。
羽书昨夜到西京，胡兵已犯凉州城。
凉州兵气若云黑，百万人家皆已没。
汉军西出笛声哀，胡骑闻之去复来。
年年此地成边土，竟与胡人相间处。
胡人有妇解汉音，汉女亦解调胡琴。
调胡琴，按胡谱，夫婿从军半生死，美人踏筵尚歌舞。
君不见，古来边头多战伤，生男岂如生女强。

明代丁昂的《狄台》：

> 招讨台荒四百年，凉州风月几凄然。
>
> 白旄无复麾西塞，故垒仍前驻北川。
>
> 每岁春风齐碧草，有时朝雨起寒烟。
>
> 至今冷落空遗址，不见游人一醉眠。

清代洪亮吉《凉州城南与天山别放歌》：

> 去亦一万里，来亦一万里。
>
> 石交止有祁连山，相送遥遥不能已。
>
> 昨年荷戈来，行自天山头。
>
> 天山送我出关去，直至瀚海道尽黄河流。
>
> 今年赐敕回，发自天山尾。
>
> 天山送我复入关，却驻姑臧城南白云里。
>
> 天山之长亦如天，日月出没相回环。
>
> 朝依山行暮山宿，万里不越山之弯。
>
> 松明照彻伊吾左，隆冬远藉天山火。
>
> 安西雨汗挥不停，酷暑复赖天山冰。
>
> 天山天山与我有夙因，怪底昔昔飞梦曾相亲。
>
> 但不知，千松万松谁一树，是我当时置身处。
>
> 兹来天山楼，欲与天山别。
>
> 天山黯黯色亦愁，六月犹飞古时雪。
>
> 古时雪着今杨柳，雪色迷人滞杯酒。
>
> 明朝北山之北望南山，我欲客梦飞去仍飞还。

许荪荃的《武威绝句》：

武威莫道是边城，文物前贤起后生。

不见古来盛名下，先于李益有阴铿。

可以看出，长城是激发历代文人墨客迸发诗情的源泉，两千多年来围绕长城这个话题，诗人将其亲身经历和体验或者想象到的武威乃至河西长城战争场面、塞外风光、社会风貌、人情风俗，以及征人戍边的离情别恨、断肠愁绪、军旅生活等诉诸笔端，有歌咏长城关隘雄伟壮丽、筑城工匠勤奋智慧，抒发戍边将士英雄主义壮志豪情的；有描绘关山行旅、塞外征战、兵民疾苦、悲欢离合，揭露鞭挞统治阶级役使兵民筑城的酷虐残暴及其给人民带来的深重苦难的；还有真实反映了武威长城南北风土民情，农牧民族之间争战与商贸、碰撞与融合交替演进的变幻风云的，为我们展现出丰富多彩、形象生动、波澜壮阔的武威长城沿线历史与风情的巨幅画卷。

孟姜女哭长城故事的文化演绎

作为非物质文化遗产的长城，在民间通过传说故事、音乐、舞蹈、戏剧、曲艺、武术、游艺活动、美术、节庆民俗等各种活动进行着文化演绎，故事家喻户晓。孟姜女哭长城故事在武威也有自己的文化演绎。

国家级非物质文化遗产凉州贤孝作为当地一种古老的叙事性民间说唱艺术，通过讲述古今故事，劝化世人"出世为贤，居家尽孝"，唱本题材非常丰富，诸如"二十四孝""三十六记""七十二案"等等，孟姜女哭长城的故事也被凉州贤孝创作演唱，有唱本《孟姜女哭长城》存世。凉州贤孝的孟姜女哭长城故事概况和民间大体一致，但凉州贤孝《孟姜女哭长城》也有其独特的演绎方式。比如曲目整体上使用凉州民歌"十二月调"的形式，从正月唱到了十二月，并通过对其中某些段落的扩充，讲述更加曲折的故事。前六个月，每一段都比较简单，少者8句，多者16句：正月里来是新年，孟姜女的丈夫却杳无音信。二月里来说孟姜，孟姜女15岁嫁给范喜良为妻，但新婚不久，范喜良就被抓去修筑长城。三月里来三清明，孟姜女独自一人去上坟。四月里四月八，孟姜女独自一人去娘娘庙上香，祷告神灵保佑丈夫安全回家。五月里来端阳节，孟姜女独自一人过节。六月里来热难当，孟姜女独自在家劳作。从七月开始，几个段落的篇幅开始增加，加入更多的叙事内容。活用民歌的演唱形式，扩充原始内容故事，为我们刻画了丰满独特的孟姜女人物形象。在故事中，孟姜女的坚贞不屈、秦始皇的荒淫无道、徐子成的唯利是图都被刻画得淋漓尽致。同时，唱词结合每月的重大节日，运用对比等修辞手法，表达人物思想感情，凸显"每逢佳节倍思亲"的传统等特点，这些都是适应凉州贤孝的演唱重新进行的文化创作和演绎，是对长城民间传说故事的丰富。

"苏武牧羊"故事的文化嫁接

武威民勤是全国苏武文化最浓厚的地区，在县城东南12公里处有一座全国唯一以苏武命名的"苏武山"，为纪念这位"忠肝百炼"的名臣之英德，县人在苏武山修苏公祠，《镇番卫志》记载："苏武山有苏公祠，洪武初，犹觑其遗迹，因知为先朝之制。"明成祖永乐七年（1409年），镇番卫镇抚李名募资兴建苏武庙，立"苏武山铭"。崇祯年间，县人杨大烈、刘道揆等募资整修，于庙前立"汉中郎将苏武牧羝处"石碑一通（现保存于民勤县博物馆）。在民勤，留下了许多关于苏武牧羊的感人传说。

关于苏武的传说比较多，比如"羊路"的传说。传说苏武每天早出晚归牧羊，天长日久，他的羊群在山上山下和白亭海边走出了一条长长的牧羊小道，后人就把此地称之为"羊路"。

还有望乡台的传说。苏武长年在荒野牧羊，受尽磨难，吃尽苦头，无日不思念中原故国、家乡亲友，每天登高远眺，痴心不改。为了登得更高、看得更远，苏武长年累月在山丘的最高处垒起了一座高高的土墩，常常登台远眺家乡。后来人们就把这个土台称为"望乡台"。土墩上飞来了许多野鸽子并在土墩上安家，成了苏武除了羊之外又一个亲密伙伴。鸽子久而通灵，为苏武传书，汉昭帝得到信息，与匈奴修好，苏武才回到了汉廷。人们又把这个土墩叫"野鸽子墩"，"野鸽子墩"的传说故事不得而考，但其原型就是长城的烽火墩。

蒙泉的传说。苏武在山下牧羊，因天气暴热，口渴难忍，羊群也奄奄一息。苏武仰天长叹道："苍天有眼，就赐给你的生灵水吧！"节杖在地上一插，顿时冒出一眼泉来。泉水源源不绝，甘甜无比，苏武高兴极了。羊儿奔拥而来，尽情地喝起了清冽的甘泉。从此，苏武常把羊群赶到这里饮水。这眼神泉水天涝不增，天旱不减，后人称它为"蒙泉""苏泉"，并在旁边修了一座彩亭，叫"蒙泉亭"。

无节芨芨的传说。苏武在山上放羊，成天在石滩上跑来跑去，寒来暑往，风吹日晒，衣衫褴褛，鞋帮跑散了，鞋底磨通了，只好光着脚跑，苦楚难忍。苏武想把破烂的鞋锥补一下再穿，找来马莲、冰草、沙竹，可这些东西都是一拉就断，或是一撅就折，根本不能用。实在无计可施，苏武找来找去，发现山坡上长着一种茎细秆长的无节芨芨草，柔软坚韧，就拔下来搓成绳子，用来缝补衣服和鞋子。从此，苏武就把无节芨芨草收集起来，补衣锥鞋。后世相传，只要是忠诚信义之人，就能在苏武山遇上这种奇异的无节芨芨神草。

还有诸如鬼井子的传说、柴鼠洞与碱柴籽的传说、发菜的传说、苏武双羔的传说、汉节与毛条的传说等等。苏武死不负国、不辱使命、忠于大汉王朝的民族气节，体现了他强烈的民族意识和爱国情怀，他不畏艰苦，长年累月与恶劣环境做斗争的生存勇气，和长城所体现的民族精神是一脉相承的，这也是苏武文化能在民勤广泛流传的一个深层次原因。

长城以其浩大的工程、悠久的历史，孕育了诸如建筑、屯田、烽传、驿传、诗词、民俗等无比璀璨的长城文化，而这些文化又反过来滋养了长城深厚的思想内涵，共同为我们勾勒了一个立体的、多面的、有血有肉的长城形象。

第六章

武威长城沿线的乡镇文化

武威长城不仅有厚重的物质文化遗产，还有丰富的非物质文化遗存。在武威汉、明长城墙体遗存沿线的城堡、关口，不仅是长城的重要节点，更是沟通游牧与农耕、物资交换的集散地。一个个因驻边而兴起的小镇，成为散布在长城沿线的边贸重镇，山山水水、村镇院落与周边长城遗迹已经融为一体了。下面，我们根据实际情况选取其中自然风貌、文化、旅游等资源丰富的、更有文化挖掘价值、旅游发展潜力的点和路段进行描写，力争把武威长城沿线生动活泼、有血有肉地展现出来。

第一节 雪域藏乡·避暑天堂

天祝，藏语称华锐，意为英雄之地，是周恩来总理命名的全国第一个少数民族自治县。地处甘肃省中部、武威市南部、祁连山东端，地理区位优越，南接兰州，东靠景泰，北邻古浪，西邻青海，西北与肃南县接壤，素有河西走廊门户之称。县境内分布有众多的汉明长城遗迹，在周边雄伟山势的映衬和优美自然风光呼应下，显得尤为奇雄壮美。

一、走马故乡·魅力华藏

华藏寺镇，地处金强河下游，位于天祝藏族自治县境南部，北靠西大滩乡，东依松山镇，西连石门镇，东南与永登县毗邻。镇域内不仅有汉明长城穿过，更是有西夏古城遗址、栗家庄汉墓群、岔口驿堡子、华藏寺等古迹。

镇内长城墩台、边墙遗迹

华藏寺镇保存有众多长城遗迹，既有烽火台、敌台，也有壕堑、墙体，现在保存相对较好的是明长城，如在华藏寺镇东 1.5 公里的墩子岇山顶上的明代墩子岇墩（烽火台）；宏达村石牛沟组西北山梁上的明代石牛沟口墩（烽火台）；水泉村东约 500 米的明代水泉墩（敌台）；岔口驿村陈家庄正南 700 米山梁上的明代石门河道班南墩（烽火台），过街组东南约 100 米的明代过街敌台，三里墩组东北约 600 米三里墩敌台和烽火台，阳山村札毛沟二组北面约 5 公里山梁上的明代头道墩（烽火台）；华（藏寺）东（大滩）公路南侧约 1 公里、松山镇鲁家涝坝东北约 5 公里草原上的明代五分墩（烽火台）；岔口驿村上三里墩组西南约 1.1 公里的墩子岇山顶上的明代三里墩烽火台等。

此外也有壕堑和墙体，如起点于天祝县华藏寺镇界牌村四组西南 500 米大马营沟口，止点于华藏寺镇石门滩村七组（白土湾庄）南 150 米山脚边界牌至三里墩消失壕堑；起点于华藏寺镇石门滩村七组（白土湾庄）南 150 米山脚边，止点于华藏寺镇岔口驿村下三里墩组西南 800 米的西山坡上的三里墩壕堑；起点于华藏寺镇岔口驿村下三里墩组西南 800 米的西山坡上，止点于打柴沟镇打柴沟砖厂的北侧 350 米处的一条水沟边的三里墩至火石沟消失壕堑等。墙体如起点于华藏寺镇界碑村四组耕地中（天祝县与永登县交界处的高速公路东侧约 50 米），止点于华藏寺镇华藏寺村水泉九组东 300 米水泉墩的华藏寺长城；起点于华藏寺镇水泉村九组东 300 米水泉墩，止点于华藏寺镇过街村一组南 600 米过街敌台的水泉长城；起点于华藏寺镇过街村一组南 600 米过街敌台，止点于华藏寺镇岔口驿村三里墩组南 1.2 公里三里墩 1 号烽火台的三里墩长城等。

岔口驿的走马

武威作为中国旅游标志"马踏飞燕"的出土地，历史上更是以水草丰美，善出良马而著称，"凉州大马，横行天下"，现存很多马神庙等，都是马文化繁荣的见证。华藏寺就是马文化富集的乡镇之一，尤以岔口驿走马而闻名。

岔口驿马以善走对侧快步而闻名，骑乘时步伐快速平稳，无颠簸之感。岔口驿马还有较强的挽力。产区山高气寒，马匹终年放牧，因而形成了耐粗放饲养管理的特性，能适应较恶劣环境条件，耐劳持久，抗病力强，分布地域亦广。岔口驿马的体形特点是体质结实，体型多呈正方形。头形正直，中等大，眼大眸明，耳小尖立，鼻孔大，颜面干燥。颈长中等，大多呈 30° 倾斜。鬐甲不高而长。前胸宽，胸廓深长，背长中等，腰短宽，腹部充实，肌肉发达。四肢关节、肌腱均发达，距毛少，蹄质坚硬，前肢肢势端正，后肢稍外向。公马的鬃鬣、尾毛较长。毛色以骝毛居多，青、黑、栗毛次之，头部白章较多见。有民谚云："镇武三岔的走马胎里带。"这是说镇羌驿（现名金强驿，今属天祝县）、武胜驿、岔口驿（今属天祝县），坪城乡的三岔村、马场岔，这一带产的走马，一成年就能快步疾行。据《汉书》记载，在汉朝这一带就以"畜牧为天下饶"著称。

一百多年来，这一带的藏汉群众养马、选马、驯马已经成为风气，在每年农历六月，人们骑上自己驯养的骏马云集草原，汇集四乡八邻的优良走马，为外地马客相马、挑马、试马提供了极为便利的条件。其间举办赛马比赛、机械剪羊毛大赛、民族传统体育比赛、群众文艺汇演等系列文化活动，很是热闹。

华藏寺

位于华藏寺镇所在地的华藏寺，全称为永明华藏寺，始建于清顺治年间，至乾隆时，逐渐形成规模，同治年间毁于兵燹；民国十二年（1923年）重建；1958年，寺院建筑大部分被拆毁，1988年，在原址上按原样修建大经堂。从开建起进行过三次更名，同时殿顶也经过几次更换。现在为县级文物保护单位，占地面积2100平方米，为一进两院式布局，主体建筑大经堂为单檐歇山顶，二层木构建筑，面阔五间12.75米，进深三间8.35米，前出廊，廊深1.7米，建筑面积106.5平方米；屋顶铺灰色筒瓦，正脊上有黄色琉璃卧龙二条及宝瓶、经幢，木构件均有彩绘装饰。

二、绿色金强河·流金打柴沟

打柴沟镇，位于天祝藏族自治县中部，东南与华藏寺镇相连，南与石门镇相接，西与炭山岭镇毗邻，西北与抓喜秀龙镇相接，北与安远镇、朵什镇接壤，拥有古迹汉明长城和安门古城遗址等。

镇内长城墩台、边墙遗迹

打柴沟也是天祝县长城遗迹比较丰富的乡镇之一。镇内的长城烽火墩台有打柴沟镇后家槽村西北的墩子梁上的明代墩子梁1号烽火台，后家槽村西北的墩子梁上墩子梁1号烽火台西约200米处的明代墩子梁2号烽火台，打柴沟镇砖厂西面的山顶上距砖厂约500米处的明代打柴沟砖厂西山烽火台，山湾村四组东面的山梁上与村庄直线距离约400米处的明代山湾烽火台，庙儿沟口山梁上的明代庙儿沟烽火台，石灰沟村三组西北的墩子洼上的明代上疙瘩烽火台，金强驿村西南约 1 公里的山梁上的明代金强驿敌台，金强驿村西、安门一组南金强河南岸台地边的明代安门敌台，金强驿村安门一组南面的金强河南岸台地边的明代大墩子烽火台，安门村一组烟洞沟沟口的山梁上的明代乌鞘岭东山丘墩（烽火台），乌鞘岭吊沟沟口 312 国道西侧的山梁上的明代乌鞘岭吊沟西山烽火台，乌鞘岭吊沟烽火台北约 1 公里处的明代乌鞘岭鄂博烽火台，乌鞘岭吊沟烽火台北约 1.5 公里的明代长城西侧的三个嘴敌台，大庄村大庄小学东北面约 150 米处的明代四道沟岭墩（烽火台），乌鞘岭沟口北约 1.6 公里的吊沟沟口的明代乌鞘岭吊沟烽火台，铁腰村三组（上火烧城）东南约 1.4 公里的墩子梁上的明代铁腰烽火台等等。

壕堑起点于华藏寺镇岔口驿村下三里墩组西南 800 米的西山坡上，止点于打柴沟镇打柴沟砖厂的北侧 350 米处的一条水沟边的汉代三里墩至火石沟消失壕堑；起点于打柴沟镇打柴沟砖厂的北侧 350 米处的一条水沟边，止点于打柴沟镇大庄村小蒲沟组东北 50 米处的山梁南侧一水渠边的明代火石沟壕堑；起点于打柴沟镇大庄村小蒲沟组东北 50 米处的山梁南侧一水渠边，止点于打柴沟镇深沟村一组村民白鸿家屋后墙角边的汉代大庄壕堑；起点于打柴沟镇深沟村一组村民白鸿家屋后墙角边，止点于打柴沟镇石灰沟村石灰沟口北侧山梁的崖坎东边 50 米处的汉代深沟壕堑；起点于打柴沟镇石灰沟村石灰沟口北侧山梁的崖坎东边 50 米处，止点于打柴沟镇金强驿村安门组东北 300 米（乌鞘岭沟口西北侧）的汉代金强驿壕堑；起点于打柴沟镇金强驿村安门组东北 300 米（乌鞘岭沟口西北侧），止点于安远镇南泥湾村西侧 300 米（乌鞘岭气象站西150 米）的汉代乌鞘岭壕堑 1 段。

镇内遗留的墙体有起点于华藏寺镇岔口驿村三里墩组南 1.2 公里三里墩 1号烽火台，止点于打柴沟镇铁腰村一组村庄内的明代打柴沟长城 1 段；起点于打柴沟镇铁腰村一组村庄内，止点于打柴沟镇大庄村东北 700 米的明代打柴沟长城 2 段；起点于打柴沟镇大庄村东北 700 米，止点于打柴沟镇大庄村小蒲沟西 500 米的明代打柴沟长城 3 段；起点于打柴沟镇大庄村西 500 米小蒲沟，止点于打柴沟镇安门村三组南（刘家嘴）的明代深沟长城；起点于打柴沟镇安门村三组南（刘家嘴），止点于打柴沟镇安门村宋家庄二组东耕地边的明代安门长城1段；起点于打柴沟镇安门村宋家庄二组东耕地边，止点于打柴沟镇安门村一组东南500米（乌鞘岭沟口）明代安门长城2段；起点于打柴沟镇石灰沟村三组（石尖帽山脚），止点于打柴沟镇安门村一组西南300米金强河岸边的明代石洞沟梁长城；起点于打柴沟镇安门村一组西南300米金强河岸边，止点于乌鞘岭吊沟沟口西南侧50米处的明代乌鞘岭长城1段；起点于打柴沟镇安门一组东250米乌鞘岭沟口东山梁上，止点于乌鞘岭三个嘴敌台东30米的明代乌鞘岭东长城等。

高原夏菜

打柴沟镇位于天祝县西北部，乌鞘岭南麓，海拔2600米，具有夏季凉爽、日照充足、昼夜温差大等气候特点，使得这里生产的优质高原夏菜受到国内外市场和消费者青睐。

目前高原夏菜品种达到17个，包括荚豆、莴笋、生菜、西蓝花、娃娃菜、甘蓝、蒜苗等，通过"公司＋合作社＋基地＋农户"的经营模式，形成高原夏菜加工、包装、冷藏、销售一条龙产业化发展格局，延长了产业链条，使品质优良的高原夏菜销往北上广深杭等城市和粤港澳大湾区，还走出国门远销东南亚国家。高原夏菜已成为当地群众增收致富的支柱产业，也是天祝县打造"天祝原生"的一张绿色名片。

铁路文化教育馆

文化的魅力，在于能把大千世界的一个小小角落变成人人心驰神往的地方，独具特色的打柴沟"铁路文化教育馆"就是这样一个地方。

苏联在援建兰新铁路打柴沟火车站时，修建了打柴沟铁路职工子弟小学，部分俄式风格的校舍保存至今，成为天祝县境内保存最早最完整的校舍，今天的"铁路文化教育馆"也称作"天祝县铁路文化博物馆"，是甘肃省文化遗产"历史再现工程"示范性博物馆之一，收藏了打柴沟机务段、打柴沟火车站、兰新铁路修建，乌鞘岭隧道开通等大量的有关铁路建设发展方面的实物、文献、图片等资料，博物馆由铁路科技、铁路之窗、铁路生活、雪域天路、学校史苑五个展馆组成。博物馆面积虽然不大，但是结构紧凑，布局精巧，收藏、陈列了有关铁路的几千件珍贵文物，浓缩了打柴沟铁路60多年的风雨历程，大量的实物、图片、文字构成了一幅恢宏大气、震撼心魄的铁路建设油画，它与长城一样，承载着一代人的文化记忆。

三、安远镇

安远镇，因古驿站安远驿而得名，藏语称嘉多草洼。位于天祝藏族自治县北部，东接朵什镇，南连打柴沟镇，西靠哈溪镇，西南依抓喜秀龙镇，北与古浪县十八里堡乡毗邻。镇域内文化遗迹众多，有汉明长城，还有番城遗址、雷公山雷庙遗址、寺院极乐寺、近现代兰泉隧道、长岭防空洞遗址等。

镇内长城墩台、边墙遗迹

安远古代时就是重要的驿站，军事战略枢纽价值极为重要，因此保存了丰富的长城遗迹，有长城烽火台、敌台，有城堡遗址，有壕堑，还有墙体，长城的遗迹形态是最丰富的。

镇域内的烽火台有安远镇乌鞘岭沟大洼滩牧民居住点北约900米处的明代乌鞘岭大洼滩烽火台，安远镇南泥湾村南300米的山嘴上的明代南泥湾烽火台，安远镇南泥湾村一组北面400米的墩子坪上的明代墩子坪敌台，安远镇柳树沟村二组南约100米的台地上的明代柳树沟烽火台，安远镇大河村东约100米处的明代直沟敌台，安远镇双坪村北约800米的鱼儿山上的明代鱼儿山烽火台，安远镇大河村东150米山丘台地上的明代城东洼掌1号烽火台、城东洼掌2号烽火台，安远镇大河村北约500米处的明代北大墩（烽火台），安远镇大泉头村一组东北约100米处的明代油坊台敌台，安远镇大泉头村二组西北约300米的山梁上的明代极乐寺烽火台等。城堡有安远镇乌鞘岭大洼滩牧民放牧点北约200米处的明代乌鞘岭大洼滩堡，安远镇大河村东南角，直沟沟口的明代安远驿城址等。

此外，还有壕堑和墙体，如有起点于安远镇南泥湾村西侧300米（乌鞘岭气象站西150米），止点于安远镇南泥湾村西南约20米的汉代乌鞘岭壕堑2段；起点于安远镇南泥湾村西南约20米，止点于安远镇东南约2公里（312国道边的土崖边）的汉代南泥湾壕堑；起点于安远镇东南约2公里（312国道边的土崖边），止点于古浪县黑松驿镇磨河湾村油坊台组东南100米的汉代南泥湾至油坊台消失壕堑等。遗留的墙体有起点于乌鞘岭气象站东150米，止点于安远镇南泥湾村一组的明代乌鞘岭长城4段；起点于安远镇南泥湾村一组，止点于安远镇南泥湾村一组西400米墩子坪敌台的明代安远长城1段；起点于安远镇南泥湾村一组西400米墩子坪敌台，止点于安远镇柳树沟村二组东100米直沟敌台的明代安远长城2段；起点于安远镇柳树沟村二组东100米直沟敌台，止点于安远镇大泉头村一组北250米油坊台敌台的明代安远长城3段等。

番城遗址

位于安远镇三沟台村。番城遗址始建于西夏，呈方形，坐北朝南，每边长95米，依山坡地势而建。南侧开城门，宽7米；城墙已塌落成土梁，北墙、东墙残高2—4米，宽3米，南墙、西墙残高1—3米，宽3.5米；城外侧有护城壕沟，口宽8米，深1—2米。番城遗址是西夏时的一处军事要塞，具有一定的研究价值，2012年被天祝县人民政府公布为县级文物保护单位。

兰泉隧道和长岭防空洞

兰泉隧道位于天祝县安远镇三沟台村。兰泉隧道于1954年建成通车，为兰新线曲墙式单线隧道，隧道高10米，宽6.5米，全长205.8米。至2007年，乌鞘岭特长隧道通车后，废弃不用。该隧道是兰新铁路建设史的实物遗存。隧道保持原貌，保存完好。2012年被天祝县人民政府公布为县级文物保护单位。[①]

  长岭防空洞遗址位于天祝县安远镇柳树沟村一组，始建于1970—1973年，共开挖防空洞10座，沿山坡呈弧形分布，长450米，洞口间距50米，分布面积3500平方米。每个洞口宽1.88米，高2.50米，洞长50米。长岭西侧4座防空洞内部互相连通，西南侧3座防空洞内部互相连通，南侧防空洞有2座内部互相连通，1座为直洞，是20世纪70年代当地人民防空及战备活动的实物遗存。2012年被天祝县人民政府公布为县级文物保护单位。

---

  ① 天祝藏族自治县文学艺术界联合会编：《天祝文物：天祝田野文物概览》，北京：中国文史出版社，2020年，第166—167页。

第二节　丝路要塞·红色古浪

古浪，系藏语古尔浪哇的简称，意为"黄羊出没的地方"。地处河西走廊东端，为古丝绸之路要冲，东南分别与景泰县和天祝县相连，西北与凉州区接壤，北邻腾格里沙漠，区位优势明显，境内享誉古今的"金关银锁"古浪峡，"扼甘肃之咽喉，控走廊之要塞"，自古就以"驿路通三辅，峡门控五凉"的重要地理位置而闻名。因其独特的战略位置，汉、明两朝都在此修筑过长城，汉、明长城相互交汇，至今雄风犹存，境内长城沿线拥有丰富的历史文化景观，如大靖财神阁，土门三义殿、山陕会馆、罗汉楼、玉皇殿等许多古代建筑遗迹，造型独特。仰韶、马家窑、齐家沙井等多处文化遗址，存有大量的彩陶、汉代青铜器、唐代鎏金佛、宋元瓷器等文物，尤以明清水陆画和《甘珠尔》大藏经最为著名，具有厚重的文化底蕴。

一、土门镇

土门镇地处腾格里沙漠南缘，位于县城东北24公里处，东接黄花滩镇，西连泗水镇，北依永丰滩镇，南靠定宁镇，是古浪长城遗址丰富的乡镇之一，这从现存乡村地名上就可以看出，比如"台子""教场""三关""王府营""胡家边"等，明显具有军事色彩，再比如"明洪武，宋国公冯胜平定河西，驻土门（原名哨马营）。因多数移民祖籍为陕西富平县土门子人，取追怀之意，改哨马营为土门"[①] 等，都是长城文化在地名上的遗存和延续。

---

① 蔡生菊等编著:《八步沙治沙人访谈录》，兰州：甘肃人民出版社，2023年5月，第250页

镇内长城墩台、边墙遗迹

土门明长城有二道。一道是胡家边，修建于明嘉靖年间，从泗水干河与旧边分开，经胡家边、新胜到土门。另一道属于"松山新边"，修建于明万历二十七年（1599 年），将胡家边包围在内。史书记载万历二十六年（1598 年），三边总督李汶、甘肃巡抚田乐集七路之师，分道出兵，击败驻牧于大、小松山的鞑靼阿赤兔等部落，次年筑松山新边。"河东自永安索桥至小松山双墩分界，共一百八十里；河西自泗水、土门至小松山双墩分界，共二百二十里。"并在长城内修筑了土门堡、大靖营、裴家营、红水堡、三眼井、芦塘营诸城堡。

土门的长城遗迹非常多，既有烽火台，如位于胡家边村三组村庄内明代唐家墩（烽火台），位于和乐村村庄东侧的明代和乐墩（烽火台），位于台子村东南约 1.5 公里的明代王家墩（烽火台）、新墩岭烽火台，位于台子村二组南约 700 米处的明代大墩子（烽火台），位于青石湾村西南约 700 米的明代青石湾敌台，位于和乐村东北约 1 公里处的明代落落墩（烽火台），位于古浪电石厂东南约 200 米处的明代周庄敌台，位于二墩村西约 500 米处的明代二墩（烽火台），位于土门火车站北约 600 米处的明代新西 1 号敌台，位于新西村杨庄井组南约 200 米处的明代新西 2 号敌台，以及位于土门林场西 150 米的川滩内的明代永丰滩暗门墩 1 号、2 号敌台，土门镇八步沙林场南面的沙漠中的明代八步沙烽火台等。同时，也有保存有多段明代长城墙体，如起点于土门镇保和村上西湾组南 400 米，止点于土门镇保和村中西湾组西 200 米（308 省道南侧 50 米处）的保和长城；起点于土门镇保和村中西湾组西 200 米（308 省道南侧 50 米处），止点于泗水镇光丰村贾家团庄（一组）东 200 米光丰 2 号敌台的光丰长城；起点于土门镇胡家边村二组村庄内（唐家墩西北 10 米），止点于土门镇漪泉村三组（原省道 308 线与长城相交处）的胡家边长城 2 段；起点于土门镇和乐村东 600 米青石湾敌台，止点于黄花滩乡二墩村周庄组西 200 米电石厂东南 300 米，周庄敌台的二墩长城 1 段；起点于黄花滩乡新西村九组（上滩）西 300 米新西 1 号敌台，止点于土门镇永丰堡村西北 200 米永丰滩暗门墩1号敌台的土门林场长城；以及起点于土门镇永丰堡村西北200米永丰滩暗门墩1号敌台，止点于永丰滩乡新河村横沟台组西南300米新河敌台永丰滩长城1段等。

商埠重镇·人文土门

土门镇位于古浪县城东北34公里处，地处腾格里沙漠南缘，是辐射周边十多万人的商贸、教育、金融、文化娱乐、商品集散、交通运输及农副产品加工的商贸中心。现有国家级文物一处——长城及烽燧。省级文物点四个，其中田野文物一处——青石湾墓群，文物建筑三处——三义殿、山陕会馆、罗汉楼；市级文物一处——玉祖台，一般文物31处。

土门三义殿，因供奉刘备、关羽、张飞而名，俗称柏台。始建于明万历年间，清代修缮。是土门古建筑"七星剑"、清代"土门八景"之一。由台基和大殿组成，台基平面呈"凸"字形，高约3米，东西长28米，南北宽29米，夯土版筑，外包青砖，四周垛墙环绕。大殿位于柏台中轴线，坐北向南，面阔三间，进深二间，单檐歇山顶，卷棚出廊，气势巍峨，古朴厚重，大殿内刘备、关羽、张飞、诸葛亮、赵云等塑像栩栩如生。1993年3月，三义殿被甘肃省人民政府列入省级文物保护单位。

山陕会馆，位于土门镇漪泉村。始建于清道光年间，由大殿、马王殿、厢房、钟鼓楼组成。大殿坐北向南，面阔三间，进深三间，单檐硬山顶，卷棚出廊，檐下悬挂道光三十年"循环今锡福"木匾一块，殿内有清代白福龙所绘三国演义壁画。2016年6月，被甘肃省人民政府列入省级文物保护单位。

罗汉楼，因供奉十八罗汉而名，又名菩萨楼，是土门古城东城门楼。罗汉楼是三层楼阁式建筑，单檐歇山顶。一层是城门，二楼有绕廊，二、三楼供奉菩萨罗汉塑像。城门东侧竖立大明碑，碑刻两面均有文字，一面记录万历二十七年（1599年）三月，平羌将军、甘肃总兵达云修筑土门堡和新边等事宜；另一面记录万历二十八年，总督陕西三边军务李汶、兵部尚书田乐、甘肃巡抚徐三畏等阅视扒沙、土门军务事宜。是现存见证"松山新边"修筑的唯一一块碑刻。2016年6月，甘肃省人民政府公布罗汉楼为省级文物保护单位。

王府城，传说是王爷府邸而得名。位于土门镇王府营村。乾隆九年《古浪县志》记载："王府，系明藩王禄地，至今有粮无草（只纳粮，不上草）。"王府城分内外城，内城周长132丈，外城周长249丈，东门有瓮城一座，有角楼四座。城外四角各建有四座庙宇。东北角为关帝庙，东南角为马祖庙，西北角为火神庙，西南角为龙王庙。上述建筑毁于1927年大地震。残留王府城墙体和清雍正六年（1728年）关帝庙铁钟一口。

清凉寺，传说修建于唐宪宗元和五年至十五年（810—820年）间，是土门规模最大的寺院。传说清凉寺西至尹家庄，东至罗罗墩，南至土门街，北至腾格里沙漠，方圆十里均有古寺分布。尹家庄现有一棵古柏树高30余米，树围4.5米，树冠硕大，据说是原清凉寺山门柏树。西夏南平王宝义元年（1226年），元兵攻取西凉府首战在此，杀声震天，狼烟弥漫。清凉寺三千铁脚武僧进行了英勇顽强的抵抗。元兵火攻，寺院化为灰烬，众僧殉难。后来有一老僧四处奔走，"谁能修起清凉寺，给银子九井八涝池，落落墩湾里取钥匙。"这个优美的民间传说，流传至今。1994年，土门社会各界贤达筹款，在三义殿东侧重建清凉寺，至1998年，建成大雄宝殿一座，蔚为壮观。

宝塔寺，位于土门镇宝塔寺村。因原寺庙后耸立宝塔一座得名。寺院南北长约80米，东西宽约50米，坐北向南，现建有山门、大殿、厢房、宝塔、院内有古柏两株。宝塔寺内供奉宝贝佛（宗喀巴）铜像，是丝绸之路上的名寺之一。清同治四年（1865年）遭受战乱化为灰烬。同治九年（1870年）至光绪十六年（1890年），古浪县儒学贡生朵发魁招四方之众捐资维修，使寺庙焕发出昔日的光彩。

绿色生态长城——八步沙

土门不仅有古代军事意义上的建筑长城，更有一条绿色的生态长城，那便是八步沙。

2023 年 6 月 6 日，习近平总书记在内蒙古巴彦淖尔考察并主持召开加强荒漠化综合防治和推进"三北"等重点生态工程建设座谈会时，提出"力争用 10 年左右时间，打一场'三北'工程攻坚战，把'三北'工程建设成为功能完备、牢不可破的北疆绿色长城、生态安全屏障"的重大要求。生态环境脆弱、沙漠化严重，是"三北"地区的显著特点。40 多年前，"三北"工程与改革开放同时起步，是生态文明建设的标志性工程，时至今日已取得巨大生态、经济、社会效益，实现了从"沙进人退"到"绿进沙退"的历史性转变，成为全球生态治理的成功典范。

古浪县是"三北"防护林的前沿阵地，八步沙位于腾格里沙漠南缘，每年春季，风沙肆虐。为了保住土地和家园不被风沙掩埋，1981 年，石满、张润元、贺发林、郭朝明、罗元奎、程海等 6 位年过半百的农民，以联户承包方式组建集体性质的古浪县八步沙林场，开启了有组织、有规模的治沙之路。此后，第二代、第三代治沙人接过先辈手中的接力棒，继续战斗在风沙线上。经过三代人 30 多年的艰辛努力，八步沙得到了有效治理，走出了一条以农补林、以副养林、农林并举、科学发展的新路子。截至 2019 年，八步沙林场累计完成国家"三北"防护林建设任务 13.7 万亩，工程治沙 4 万亩，封沙育林草面积达 21.7 万亩，管护面积达 37.6 万亩。完成通道绿化近 200 公里，农田林网 300 多亩，栽植各类沙生苗木 4000 多万株，栽植花卉、风景苗木 1000 多万株。2018 年，国家林业和草原局授予八步沙林场"三北防护林体系建设工程先进集体"称号[①]。2019 年，中国共产党中央委员会宣传部授予古浪县八步沙林场"六老汉"三代人治沙造林先进群体"时代楷模"称号；2021 年 6 月，八步沙林场又被中宣部命名为"全国爱国主义教育示范基地"。随着一代代治沙人的努力，这道绿色生态长城将会构筑得更加牢固。

---

① 蔡生菊等编著:《八步沙治沙人访谈录》，兰州：甘肃人民出版社，2023 年 5 月，第 262 页。

二、大靖镇

大靖镇位于古浪县城以东 80 公里处，东接海子滩、裴家营镇，西南与民权镇相连，西与西靖乡接壤，北临腾格里沙漠南缘，地理位置十分重要，清代王宏荫《大靖参戎边公德政碑记》中就记载："盖此地控贺兰之隘，抗比（北）海之喉，用以独当一面，而使凉镇无东北之虑者，不啻泰山之倚也。"① 其与陇南文县的碧口、陇中通渭的马营、陇东华亭市的安口曾并称为甘肃的四大古镇，入选"2019（首届）中国文化百强县、镇"名单，拥有包括长城在内的众多文化遗迹。

镇内长城墩台、边墙遗迹

明长城古浪段主要分布于古浪县境内北部、西南部等地，全长 151.1 公里，分为三条线路，第一条分布于县境西南部，属明长城"旧边（也称冲边）"，大致呈南—北略偏东走向，地处古浪河上游河岸山地；第二条分布于县境北部，属明长城"松山新边"，大致呈东南—西北走向，其中东段修筑于山麓缓坡地带，西段大部分修筑于平原绿洲地带，大靖镇长城就属于这一段，还有第三条为"胡家边长城"，大致呈弧形，西南—东北—东南走向延伸。

大靖的长城遗址也非常多，既有墩台，如位于沙河塘村村民黄金元住宅院落西南角 6 米处的明代沙河塘烽火台，位于上王庄村六组西北角的明代上王庄墩（烽火台），位于西关村北约 1.5 公里青山寺东面的山梁上的明代青山寺墩（烽火台），位于西关村北约 1.8 公里青山寺北面的山梁上的明代青山寺后山烽火台，位于黄家台砖厂东北约 500 米处的明代黄家台敌台，以及位于西关村包家湾山梁上的明代包家湾墩（烽火台），袁家窝铺东约 800 米处的明代直沟烽火台等。

此外，大靖也有很多长城墙体遗迹，如起点于裴家营镇哈家台村二组北 700 米（西小沙河沟边），止点于大靖镇沙河塘村上王庄组西 150 米（四支渠）

---

① 张克复等校注:《五凉全志校注》，兰州: 甘肃人民出版社，1999 年，第 438 页。

明代王庄长城；起点于大靖镇沙河塘村上王庄组西150米（四支渠），止点于大靖镇长城村李家庄西700米（大靖—海子滩公路豁口东10米）的明代李家庄长城；起点于大靖镇长城村李家庄西700米（大靖—海子滩公路豁口东10米），止点于大靖镇西关村北900米（308省道豁口西断点）明代青山寺长城；起点于大靖镇西关村北900米（308省道豁口西断点），止点于大靖镇西关村周家庄西3千米直沟东侧黄家台2号烽火台的明代黄家台长城1段；起点于大靖镇西关村周家庄西（直沟东侧黄家台2号烽火台），止点于西靖乡七墩台村礼县组东头明代黄家台长城2段等。

大靖镇的这一段"松山新边"长城，与城堡、墙台、烽燧等组成完整的军事防御工程体系，虽经风沙剥蚀堆埋，仍保持连贯的墙体，蔚为壮观。

文化名镇·商埠大靖

大靖镇自汉唐开源辟土、置县设郡，明清扩修城廓、防守经营至今，自古就有"扼甘肃之咽喉，控走廊之要塞"之称，乃历史上兵家必争之地，亦为古代丝绸之路上的一颗明珠。如今的大靖古镇，依然散发着古朴的历史气息，除了众多长城遗迹，还有如财神阁、青山寺、关帝庙、马家祠堂等，都是珍贵的文物古迹。

财神阁：大靖镇的十字路口，一座似关楼的古建筑在此坐镇，关楼之上高悬着"财神阁"的匾额。此财神阁始建于清康熙五十七年（1718年），以16根通柱建起，总高21米周长30米，上下三层。二、三层为原有木楼，单檐歇山顶，进深一间，周围有绕廊，中间施有三踩斗拱，每板柱子两端施柱牙，刀刻缠枝纹。二楼四面敞开，依原文字重题4块匾额——北为"峻极天市"，南为"恩施泽沛"，东为"节荣金管"，西为"永锡纯嘏"，字体遒劲有力，风格各领千秋。三楼安阁门，阁中塑有财神坐像一尊，笑容可掬地凝视着街市之上的人来人往……这座财神阁是古代民间建筑的一大杰作，以造型奇特、结构精巧而被收入《中国建筑学》一书并被列为省级文保单位。

火祖殿：位于大靖镇古浪三中内，建于清乾隆元年（1736年）。为砖木结构，卷棚歇山式，四周有绕廊，筒瓦起脊，面宽3间，进深1间，每间斗拱3朵，一斗二升，有柱牙，雕梁画栋，四面绕角，结构严谨。属省级文物保护单位。

青山寺：位于大靖镇新城区，腾格里沙漠南缘，祁连山东尾北麓，北枕长城大漠孤烟，南临青川越陌度阡，青山寺乃佛法东传的初地，始建于元代原名金山寺，当时西藏政教领袖萨迦班智达—驻锡凉州海藏寺，本地密教大兴，据传青山寺最盛时经堂有二百多喇嘛诵经，是远近闻名的大寺，蒙古人入藏朝圣，青山寺为必由歇脚处。农历正月十五日上元节，举办传统庙会三天，香火旺盛。

马神庙：位于武威市古浪县大靖镇南关村，始建于明万历四十四年（1616年），占地面积755.58平方米，坐西朝东，由夯土台、大殿和2座厢房组成。大殿建在高1米的台基上，为单檐歇山顶式建筑，面阔三间，通长11米，进深三间，通宽10.6米，周围廊。大殿南北两侧有民国改建二层木楼，建筑形制相同。该建筑经历代修缮，保存了明至民国时期古浪县庙宇的建筑特色，具有较高的历史价值和研究价值，是道教文化在当地传播的历史见证，也是理解当地民众对马文化的崇拜，尚武精神的历史见证。

烽火留痕——达公墩

在今古浪大靖镇以北青山寺建筑群的右侧不远处，矗立着一座虽饱受岁月侵蚀，残破沧桑但仍彰显壮阔宏伟气势的土墩子，人称"达公墩"，属全国重点文物保护单位"明长城——古浪段"的附属建筑。武威明长城的烽火早已熄灭，狼烟不再燃起，现在留给我们的只是宁静与壮美，历史与回响，让我们走近它，一起回顾它身后的那段时势、史实和英雄，感受它的历史文化魅力。

时势——万历年间边患起。万历（1573—1620年）是朱明王朝第十三位皇帝明神宗朱翊钧的年号，其继位时明朝已立国200多年。虽然到嘉靖中期，明朝已经构筑起了东起鸭绿，西抵嘉峪，绵亘万里，分地守御的九边重镇，但是边患从未彻底消除。万历十年（1582年）伴随着张居正的去世，朝廷在清算张居正的同时，也一改羁縻鞑靼的边防大略，骤时边患增多。边境部落犯甘、凉、洮、岷、西宁间，出没塞下，顺逆无常。

盘踞于大、小松山（今景泰、天祝、永登三县之交的寿鹿山、昌林山一带）的鞑靼宾赤兔等部就多次出为边患。至万历二十二年（1594年）以后，松虏侵扰的次数猛增，陕西巡抚吕鸣珂就上奏"松山丑虏，逼邻兰、靖，近聚众入犯，颇肆鸱张。"

史实——松山战役胡虏清。边患的紧张局势，终于引起了皇帝和朝臣的重视，自万历二十五年（1597年）开始对松虏用兵。朝廷令三边总督李汶指挥对其进行围剿，任命达云挂平羌将军印，充总兵官，与都御史一同镇守甘肃地方，修理城池，操练军马，防御胡虏，抚治番夷。通过详细的战前敌情侦查、作战方略制定和甘肃、固原、宁夏、延绥四镇官兵的持续英勇奋战，终于在万历二十六年（1598年）秋九月底，彻底扫清了松山一带的残鞑余虏。梁云龙《荡平松山碑记》记载："遍历扒沙、鱼沟，穷其腥窟，选遣骁勇追击之。逾大漠，馘俘葛尔晚卜等八百有奇，而松山始信无一虏。"

英雄——边镇名将达云显。英雄的伟业，必有英雄人物的出现。凉州自汉武帝拓边设郡伊始，就因其独特的地理位置，成为历代中原王朝经略西部边疆，保障丝绸之路的咽喉重镇。故而司马光《资治通鉴》中就总结道"烈士武臣，多出凉州，土风壮猛，便习兵事。父死于前，子战于后，无反顾之心者"。达氏家族就是以武功军勋崛起于嘉隆万三朝的边镇军功家族。松山战役能取得大捷，达云起到了至关重要的作用。

达云（1551—1608年），字腾霄，号东楼。勇猛强悍，谋略过人，在西北数十年，每遇战事，必先悉心筹划。惜兵爱民，军行所至，纪律严明。作战时身先士卒，冲锋陷阵，屡挫虏寇。在松山大捷后，达云加太子少保，升五军都督府右军都督衙门右都督，升祖职一级世袭，荫一子，世袭本卫指挥金事，家族名震西陲，"为一时边将之冠"。

边墙——修筑新边保安宁。收复松山后，为杜绝松虏的再次进犯，达云上书建议趁机动用甘肃军民之力，修筑一段把松山遮隔在边墙以南的新边墙（长城），以期"永固藩篱，令虏不敢复聚其集，收一劳永逸之效。"

据载，松山新边修筑工程起始于万历二十七年（1599年）二月初二，竣工于闰四月初八，长"二百二十余里，团庄墩台三十余座，大小城堡七座，屹然金汤之固"。原定一年的工期，在达云和边镇将士栉风沐雨、披星戴月努力下，不足三个月竣工。前文所提及的"达公墩"，就是后人为纪念达云功绩，而以其名冠之，是边墙上的烽火台，用以瞭望和预警敌情。

边墙的修筑，减少了战争冲突，有效地保障了沿线人民生命和农业生产活动，诚如乾隆年间古浪县知县徐思靖所吟"从此百载狼烽恬，卸甲裹兵无控弦"，发挥了它历史的作用。

三、泗水镇

泗水镇位于古浪县境东北部，东与定宁镇、土门镇相连，南与古浪镇、古丰乡为邻，西、北靠凉州区黄羊镇，境内不仅有很多长城烽火台墩，墙体，周边更是有红西路军战斗遗址。一古一今，长城与长征这两个对中华民族有着特殊意义的词汇在此相汇，更能激发起人们强烈的爱国情感和民族自信心。

泗内长城墩台、墙体遗迹

泗水镇长城遗迹是古浪县长城最多的乡镇之一，如位于光丰村贾家团庄东南约300米处的明代方墩子（烽火台），位于光丰村贾家团庄东约200米处的明代俞家墩（敌台），位于光丰村贾家团庄东北约100米处的明代光丰1号敌台，位于光丰村十一组东南约500米处的明代光丰2号敌台，位于光丰村十一组东北约200米处的明代光辉1号敌台，光丰村十一组东北约1千米处的明代光辉2号敌台，光辉村圆墩组东南约500米处的明代光辉3号敌台，光辉村圆墩组东50米处的明代光辉4号敌台，光辉村圆墩组的明代圆墩子（烽火台），圆墩子村圆墩子烽火台东40米处明代圆墩1号敌台，光辉村圆墩组圆墩子东北约600米处的明代圆墩2号敌台，光辉村圆墩子东北约900米处的明代圆墩

3 号敌台，光辉村圆墩西组东约 500 米处的明代圆墩 4 号敌台，位于泗水镇方家坟，兰（州）新（疆）铁路西侧 20 米处的明代方墩（烽火台），以及位于光辉村圆墩组东北部的明代圆墩堡等。

墙体有起点于泗水镇光丰村贾家团庄（一组）东 200 米光丰 2 号敌台，止点于泗水镇光辉村贾北组西 800 米光辉 1 号敌台明代光辉长城 1 段；起点于泗水镇光辉村贾北组西 800 米光辉 1 号敌台，止点于泗水镇光辉村圆墩组东 50 米光辉 4 号敌台明代光辉长城 2 段；起点于泗水镇光辉村圆墩组东 50 米光辉 4 号敌台，止点于黄羊河农场"春风水渠"豁口明代圆墩长城；起点于泗水镇光丰村一组（贾家团庄）南 200 米河岸边，光丰长城交汇点，止点于土门镇胡家边村二组村庄内（唐家墩西北 10 米）明代胡家边长城 1 段。

长城边的长征

1936 年 10 月，中国工农红军长征胜利在甘肃会宁会师后，红四方面军五军、九军、三十军及其直属部队两万多名将士奉命抢渡黄河西征。

红军西路军自 11 月 9 日进入古浪境内，到 11 月 18 日撤离古浪，在古浪征战近 10 天，特别是红九军，不顾长征疲惫、枪弹匮乏、给养短缺、气候严寒等困难，不畏强敌压境，在干柴洼、横梁山、古浪城三地与敌浴血激战，在极端艰难的情况下，在同国民党军队进行的殊死搏斗中，创造了可歌可泣的不朽业绩。西路军干部、战士所表现出的坚持革命、不畏艰险的英雄主义气概，为党为人民的英勇献身精神和长城所代表的艰苦勤奋、坚忍刚毅、开拓进取和充满向心凝聚力、维护祖国统一、热爱祖国的民族精神是一脉相承的，都是永远值得人们铭记的。

第三节　天马故乡·醉美凉州

凉州区位于甘肃省中部，河西走廊东端，是中国旅游标志——马踏飞燕的出土地，历史悠久，人文荟萃，以其"通一线于广漠，控五郡之咽喉"的军事战略要地和"车马相交错，歌吹日纵横"的商埠重镇为世人所瞩目。根据长城数据库系统中甘肃省文物局提供的数据显示，凉州区有长城分布的乡镇有黄羊镇、清源镇、长城镇、九墩滩、四坝镇、双城镇、东河乡（今金河镇）、吴家井、下双等乡镇，长城的遗迹分类也非常多样，或是敌台、烽火台，或是城堡、壕堑抑或是土墙、河险等类别。

一、长城镇

长城镇位于凉州区东端，距离城区 30 千米，东临腾格里八十里大沙漠，南连吴家井镇、黄羊河农场，西靠甘肃省濒危野生动物繁育中心，北与民勤县隔沙相望。境内三面为腾格里沙漠环绕，绿洲、荒漠相间交错，地势南高北低，地形呈南北狭长形。红水河由南至北越境而过，以红水河西岸为主要耕作区，平均海拔 1600 米。镇域面积 97.55 平方千米，耕地面积 46816 亩，属井水灌区，镇下辖大湾、红水、西湖、前营、岸门、新庄、上营、高沟、十二墩、长城、五墩、长富、长瑞 13 个行政村人。长城镇因古长城穿境而过得名，镇域内有著名的高沟堡古城和长城遗址。

长城镇的军事地位

长城镇是历代军事防御要塞，这里曾是凉州的东部门户，是古代通往蒙古、宁夏、河东至长安的丝绸之路要道，土地广阔，物产丰富，也是羌、月氏、乌孙、匈奴，鲜卑诸族的天然牧场。汉唐以来，实行军屯民屯，为古凉州提供了丰富的农牧产品。隋、唐时期凉州的牧马监，主要设在这里，长城镇所在的地区对防御回鹘、突厥的进攻，保卫凉州城有重要意义，现状镇域周围至今还有唐营（分东营、西营），牛头营，头墩营，邓马营、上营、下营等带有军事色彩的地名，有"沙压七十二里唐营"之说。在长城镇遗留有《明高沟堡万历碑》，碑文虽然释读不全，但从"钦差""分守凉州右副""防御指挥"等文字，也能明显地看出此地浓厚的军事地理价值。[1]

古城高沟堡

城寨、堡垒是长城系统军事防御体系的重要组成部分，长城镇境内的高沟堡，就是武威汉、明长城沿线的一个重要军事驻防堡垒，俗语称"先有高沟堡，后有凉州城"。关于高沟堡，在《武威县志·兵防志》中"营堡""关隘""烽墩"等条目下都有记载：

营堡（高沟堡）：县东北五十里。周围二百四十丈，高三丈，厚一丈，门一座。牧场在红水河。

关隘（高沟堡）：东北新一墩二十里，边外险口。西北旧二墩二十里，边外险口。

烽墩（高沟堡）：北边烽墩二十五座。高字一墩，东南四十里，连古浪营界；高字二墩，东南三十五里；高字三墩，东南三十里；高字四墩，东南二十五里；高字五墩，东二十里；高字六墩，东一十五里；高字七墩，东一十里；高字八墩，东北七里；高字九墩，东北五里；高字十墩，西北八里；高字十一墩，西北一十二里；高字十二墩，西北十五里；高字十三墩，西北二十里；高字十四墩，西北二十五里；高字十五墩，西北三十里；高字十六墩，西北三十三里；高字十七墩，西北三十五里，洪水至此冲边出墩，于边外扼其冲。岔字一墩，西北

① 郑炳林主编：《凉州金石录》，兰州：甘肃文化出版社，2022年，第157页。

四十里；岔字二墩，西北四十五里；岔字三墩，西北五十里；岔字四墩，西北五十五里；岔字五墩，西北六十里；岔字六墩，西北六十五里；岔字七墩，西北七十里；岔字八墩，西北七十五里，连蔡旗营界。环堡烽墩二座。本堡墩；中沙墩，西南一十五里，连城守营界。北边外烽墩二座。新二墩，东北二十里；旧二墩，西北二十里。以上营堡，每隘口额设深探兵各二名，每烽墩额设守瞭兵各一名。[①]

王宝元先生对古城遗址进行了实地详细勘察，其在《武威高沟堡古城考察记》记述道：

古城有内外城，外城仅存残墙断垣，露出地面，南北东西各300米，面积90000平方米，南部有4座已风蚀剥落高约2米的烽墩，东北角城墙上有长方形墩台，高12米，长15米，宽4米，俗名火药局，实为古城墙遗址。城内有残高2米的两道并行城墙，中间为3米宽的甬道，通往外城的墩台，这种空心城墙为战时藏兵处，可以流动增援外城的防守。城内东部有长280米，宽20米的房舍遗址，东西两排，共40间，每间长宽各7米，形似兵营建筑。东南部有一阅兵台，高2米，长宽各15米，近代变为戏台。

外城为方形，方位正南正北，夯筑、出土文物有汉砖瓦、石磨、碌碡，汉至宋元陶片，铜佛、珍珠、珊瑚、玛瑙、陶瓷等，城周围遍布汉墓群。根据出土文物，外城为汉代建筑。又据城内的防御设施，位于城东的古长城和由南到北绵延60余公里的"高"字25座烽火墩，建城当在"隔绝南羌匈奴"的汉元鼎年间。

---

① 张克复等校注：《五凉全志校注》，兰州：甘肃人民出版社，1999年，第77—78页，第80—81页。

内城建在外城内北部，保存较完好，城墙墩台均在，被流沙拥围。内城也是方形，东西南北各130米，面积16900平方米，城墙高12米，宽4米，夯筑，四周有墩台，开南门，东南角有古井一口。此城虽为方城，方位呈西北东南形，两城相交偏45度，按其形状，符合周易八卦的乾坤卦象，建筑年代较外城晚，约建于唐代。①

长城镇饮食

长城镇悠久的历史，多样的地貌，丰富的物产，多民族的融合交流，勤劳智慧的长城人民发掘出了独有特色的美食。沙米凉粉，沙漠羊羔肉，沙米面条就是长城镇的三件美食之宝。

沙米是大沙漠赐予当地人民的珍贵礼物。沙米，也叫沙蓬，是一种草本植物，生长在干旱的沙漠中。形状如同蓬草，色青，耐旱，叶子窄而长，尖有刺。生长期短，夏季遇雨发芽，炎暑迅速生长，在雨水丰沛的年份，能长半人多高，九、十月间种子成熟。成熟后，收割、打碾，除去秸秆，可以得到沙米籽。籽粒呈扁圆形，黄褐色。沙米籽营养价值很高，含有丰富的蛋白质、赖氨酸、苏氨酸、蛋氨酸、苯丙氨酸、异亮氨酸，以及锌、钾、镁、铁、钙等矿物质。沙米性温味醇，助消化、健脾胃，菜粮兼用，可谓食品中的佳品。

高档的食材只需要简单的烹饪。沙米的吃法很多，可以加工为炒面，可以做沙米面花卷、沙米面条，也可以做沙米凉粉。

沙米凉粉：把沙米浸泡在水中，然后用干净的麦秸秆搓揉出沙米的浆汁，等淀粉沉淀后，滤去多余的水，像打糨糊一样把米粉煮熟，等到冰凉凝固后，切成条状，浇上酸溜溜的醋卤，抹上火辣辣的油泼辣椒面、香喷喷的油泼蒜泥，这就是沙米凉粉。沙米凉粉吃起来嫩滑舒爽，令人食欲大开。

沙漠羊羔肉：长城镇的羊羔在独特的地域环境中生长，具有优良的肉质。

① 王宝元：《武威高沟堡古城考察记》，《西北史地》，1995年第2期。

长城羊羔肉质地细嫩，肥而不腻，瘦而不膻，香气扑鼻，鲜美异常。

沙米面条：武威人爱吃面条，也善于做面条。在汤面条中加入不同的佐料，则可以获得不同的风味，如黄米面条，扁豆面条，珍子面条，以及沙米面条。

俗话说，靠山吃山，靠水吃水。一方水土养育一方人，长城镇靠近沙漠，周边自然生态独特，当地饮食自然也会就近取材于沙漠沙生植物。沙米凉粉开胃，沙漠羊羔肉解馋，沙米面条养胃，饮食的合理搭配，充满了中国传统文化的智慧，也是长城沿线饮食文化的独特体现。

今天的长城镇在党和当地人民的艰苦奋斗下，以前"黄沙滚滚不见天，到处沙窝压良田""朝为庄园夕沙压，不知何处是我家"的环境有了翻天覆地的变化。当地年年坚持植树造林，不断扩大林地面积。全国劳动模范王银吉用20多年扎根沙漠的坚守续写着人进沙退的治沙奇迹，用奋进实干传承着"当代愚公"精神，一生只干一件事，压下一片沙，栽好一片林就是生动的写照。长城镇出现了"绿色林带护农田，林荫深处安家园"的喜人景象。西北古堡，大漠边塞，长城镇继汉长城、明长城后筑起了第三座长城——绿色长城。

二、双城镇

双城镇地处凉州区北部，东连四坝镇，南接永昌镇，西邻洪祥镇，北隔北沙河与永昌县相望。南距凉州城区30千米，辖羊儿、河西、小果园、南安、前进、齐家湖、北安、安全、高头沟、达桐、幸福、中山、徐信、双城、宏庄、宏济等16个行政村，两个社区，是凉州区比较知名的一个大镇。

明清时期，因地处武威城北门户，常有驻军，故名双城堡。在镇域内董家湾八组东南约300米的耕地中遗留有明代长城祁家墩（烽火台）。双城镇作为长城沿线的重镇名镇，虽然遗留的长城遗迹遗存较少，但是文化却比较丰富。

双城魁星阁

在双城镇镇区的东入口，有一座魁星阁。魁星阁平面呈六角形，二层，为钻尖顶式的楼阁建筑，其建筑年代不详。其基座原为夯土，后来当地政府为了保护古建筑，在外围砌筑了青砖。明清时期，双城筑有城堡，常有驻军，故名双城堡。在双城镇卫生院内，原遗存有一处城堡城墙遗址。魁星阁则位于双城古城堡的东南城墙角上。

汉族民间谓魁星主文事，魁星原为古代天文学中二十八宿之一"奎星"的俗称，指北斗七星的前四星，即天枢、天璇、天玑、天权。此四星除合称"魁星"外，亦被并称为"斗魁"。后道教尊其为主宰文运的神，作为文昌帝君的侍神。魁星信仰盛于宋代，从此经久不衰，成为封建社会读书人除文昌帝君之外崇信最甚的神，七月七日为魁星诞。魁星右手握一管大毛笔，称朱笔，意为用笔点定中式人的姓名，左手持一只斗，右脚金鸡独立，脚下踩着海中的一条大鳌鱼（一种大龟）的头部，意为"独占鳌头"，左脚摆出扬起后踢的样子以求在造型上呼应"魁"字右下的一笔大弯钩，脚上是北斗七星。

双城魁星阁，说明当地人们对文教事业的重视，历经历史沧桑的魁星阁依旧高耸而立，见证着社会的发展和时代的变迁。现今仍有考试学子登阁礼拜，许下美好心愿。

双城土塔寺与土塔

土塔，位于武威城正北凉州区双城镇双城村十一组，有说建于清初，具体年代无考。全塔由塔基、塔身、塔顶三部分构成的六面七级楼阁式汉传佛教塔。塔基大半没于黄沙，现露出地面约一米，呈八面形。塔身共七层，底层高九米，呈六面形，往上收束变窄，底上每层约高三米，各层间镶有砖檐。塔顶为土块垒起的覆斗形。原塔在民国十六年（1927）武威大地震后塌毁，后又重修。1987年被列为凉州区县级文物保护单位，现在四周被铁栅栏隔离保护。塔南北朝向，南望凉州城，北临北沙河，挺拔高耸，保存较好，是河西地区比较少见的楼阁式土塔，矗立于平坦广阔的凉州原野上，给驻足观览者几许的诗意和遐想。

土塔顾名思义，就是指塔的建筑材料为土质，塔整体是黄土建造的。除此之外，还有用其他材料建造的塔，如砖塔、木塔、石塔、铁塔等等。该塔属于阁楼式样，是目前国内存留最多，分布最广的样式。

塔的层（级）数一般为单数，比如三级、五级、七级、十三级、十五级、十七级等等。大家非常熟悉的"救人一命，胜造七级浮屠"，意思就是说救人一条性命，比建造七层的佛塔功德还大。而塔的平面却皆为偶数边形，如四角、六角、八角、十二角塔等，绝无奇数边的平面形式。构成这种造型的原因除了构造上的因素外，最重要的是佛教中国化后，佛塔的建造中也融入了中国古代阴阳对立统一的哲学观。

数字在中国除了它的运算功能外，还被赋予哲学的意义。数字有奇有偶，有阴有阳。天数奇数，为阳数，生数；地数偶数，为阴数，成数。天在上，是圆的，向高发展要用天奇数；地在下，是方的，平面展开要用地偶数，这是中国人对数的讲究。佛教也有如"七宝"、五蕴皆空、六道轮回、七觉八苦等等。因此，双城土塔的塔基平面、塔身层级、面数的数字选取，绝非随意而为，其中蕴含着佛教文化的独特内涵，有所指代。

塔一般是随着寺庙而建造，即塔随寺而建，伴寺而存。现称"土塔"，是因为其旁边原有一座寺院"土塔寺"。土塔寺系汉传佛教寺院，原建有经堂、佛殿，殿内塑有佛像，墙上绘有壁画，1958年时拆毁，后在寺址上建有土塔小学，学校撤并至双城小学后，校园一度闲置，其后又改建为养老院，唯独土塔一直存在。究竟是寺因为有土塔的存在而冠名"土塔寺"，还是塔因为有土塔寺的寺名而称为土塔？土塔寺应属于后来新修建或修缮的寺院，因为有古迹土塔的存在，寺随之而名土塔寺。

清初顺治时期苏铣纂修的《重刊凉镇志》"建置志·祠祀附宫观"中记载城北寺庙3处，为"龙王庙有二，一在城北门外一里，一在城南四十里。镇国寺城北三十里。大悲寺城北七十里"。而清乾隆时期张珋美修，曾钧等纂的《五凉全志》"建置志·寺观"中记载城北寺观仍有3处，分别为"龙宫寺城北五里。圆通寺城北十里。永寿寺城北四十里"。

首先通过检索对比，城北并无"土塔寺"的记载，这也说明"土塔寺"的名称不早于乾隆十四年（1749 年）。再者，百年间前后寺名和距离都不一样，看似毫无关联，实则不然。例如两书同时记载了"庄严寺"和"百（白）塔寺"，《重刊凉镇志》记载："庄严寺旧书静觉寺城南六十里。白塔寺城东南五十里。"而《五凉全志》记载："庄严寺城南四十里。白塔寺城东南四十里。"后者比前者少 10—20 里，但都记同一寺庙。如此算来，两书记载的寺院方位相同、距离大致一致，存在"龙王庙"沿革为"龙宫寺"，"镇国寺"沿革为"圆通寺"，"大悲寺"沿革为"永寿寺"的可能。

寺庙建筑可能由于地震、战乱、火灾等因素而毁坏，但是其方位相对关系并不会受这些因素的影响。因此，据此可分析存在着土塔周边寺院起初由"大悲寺"到"永寿寺"再到"土塔寺"的变迁过程。

武威长城沿线众多的窟、塔、寺、庙，台、观、阁、楼，是多民族聚居和多种宗教信仰并存的体现，犹如一颗颗璀璨的文化明珠，装点着凉州大地，是长城地带文化交流融合的一种体现。

双城乳鸽与夏日爽口皇冠梨

凉州大地有着较为悠久的乳鸽养殖历史，地势平坦、土壤丰沃、天高地阔的凉州城北的双城代代相传，户户相应，村村相比，许多农家都有丰富的乳鸽养殖经验，使得双城乳鸽肉质细嫩鲜美，素有"一鸽胜九鸡，无鸽不成宴。"的美誉。乳鸽烹制方法多样，常见的有红烧乳鸽、清炖乳鸽、烤乳鸽等，无论哪一种做法，食用时美味无比，这是鸽肉先天所具有的特质决定的，成为长城沿线游客舌尖上的一道美味佳肴。

双城镇作为种植皇冠梨的大镇，话说"春赏梨花夏摘果"。过了立夏，夏天的暑气慢慢袭来。盛夏时节燥热难耐，酥脆爽口、浓甜如蜜，素有"天然矿泉水"之称的皇冠梨，就成了人们消暑解渴的绝佳选择。皇冠梨成熟时果皮金黄，果面光洁，外形酷似金冠苹果。它皮薄肉厚，肉质细白，甜度和水分也是所有梨中数一数二的，所以被誉为"梨中贵族"。在火伞高张的夏日，皇冠梨称得上是武威极具夏日风情的水果。

双城冬季寒冷干燥，夏季高温酷暑，全年光照充足，昼夜温差较大，很符合皇冠梨喜旱喜寒的生长条件，且十分利于皇冠梨糖分富集。正是这些特殊的地理条件，成就了"马踏飞燕凉州地，得天独厚皇冠梨"的美谈。每年七八月左右，较其他梨果成熟早的皇冠梨都会抢先上市，销售火热。炎炎夏日，痛快地啃下一大口清香脆甜的皇冠梨，感受丰盈的汁水在唇齿间迸发，既是武威人的夏日风情，也是种植户们"摘得梨儿心倍爽，皇冠树下话丰年"的写照。

三、四坝镇

四坝镇地处凉州区北部，东临石羊河，南与永昌镇毗邻，西连双城镇，北与民勤县蔡旗镇、永昌县朱王堡镇接壤，因旧水系"永渠下四坝"而得名，辖7个行政村71个村民小。镇域内有明代长城烽火台遗址，如南仓村八组东北约500米处的耕地中的南仓半截墩烽火台；南仓村八组南约500米处耕地间一空地上的罗家墩烽火台，也有汉代遗址，如三岔村村委会所在地的三岔城故址"休屠王城"遗址等。

除此之外，四坝镇还系国家非物质文化遗产凉州"攻鼓子"的发祥地，"贤孝"的传习地，是"中国民间文化艺术之乡"和全国"一村一品"示范村镇，文化遗存丰富多样。

"休屠王城"遗址

三岔堡城遗址，位于四坝镇中学所在地。现仅存城基遗迹，呈长方形，东西宽200米，南北长400米，是西汉初匈奴休屠王所筑休屠城。虽然城址的具体方位还有待商议[①]，但城址作为汉初遗址，得到了考古学界的文物实证，如1988年，秦汉史地考察团在这里发现了一块匈奴人的瓦当，这算是这座古城中发现的为数不多的匈奴遗物了，由此也证实了这座古城的性质。

---

① 陈作义：《休屠王城比考》，《敦煌研究》1998年第2期。

这座休屠王城作为休屠部的统治中心，恰好卡在游牧部众逆石羊河南下青藏高原的咽喉之处。据当地上了年岁的老人口述，20世纪70年代前，休屠王城还算完整。有里外两重，外城厚，里城薄。城内有大庙、黑虎殿、魁星阁、娘娘庙、财神阁、马王殿等建筑。休屠王城的马王殿，村民们记忆颇深，"庙内有一个牵马的人，很是威风。"这个人就是休屠王太子金日磾，他以养马而闻名，马王殿为纪念他而修建的。

西部鼓魂凉州攻鼓子

中华鼓舞多以鼓谱丰富、情绪热烈、底蕴深厚见长，流布全国各地，影响及于全世界。凉州攻鼓子作为一种民间鼓乐舞蹈，流传于甘肃省武威市凉州区四坝镇的杨家寨。历史上，四坝镇自汉初至唐、五代时期都是北方众多少数民族的居住地，明朝以后又有山西、江浙等地汉人迁入，所以，此地一直是多民族聚居地。可以说，攻鼓子是西域乐舞与中原乐舞交融并蓄而生的独特西部鼓舞艺术。

四坝镇的凉州攻鼓子是古代出征乐舞的遗存，所有动作皆体现出"攻"的特征。表演者均为男性，几十至数百人不等，两人为一对，八人为一组。"渔阳鼙鼓动地来，惊破霓裳羽衣曲"，一队黑色的古代武士，黑衣、黑裤、黑靴、黑幞头，身背羊皮长鼓，手执枣木鼓槌，在一阵由轻而重，由缓而急，初似铮流泉，渐如惊雷奔电的隆隆鼓声中起舞，那整齐划一、沉着稳健的步伐，那一往无前、冷峻刚毅的神情，那力贯千钧、震人心魄的击鼓动作，还有那忽而如雁翎般展开、忽而如长蛇般疾冲、忽而旋走太极、忽而列成方阵的进退变化，把人们带进了金戈铁马的古战场，如闻刀枪撞击，铁骑突奔，如见浴血奋战，出生入死，表演中显现"两足对垒""展示三军""四门斗敌""登高望远""套莲花""挂阵"等阵形，充分体现出古代武士英勇剽悍、勇往直前的阳刚之气，给人以威武雄壮而又神秘莫测的美感，在当地有沙漠"黑旋风"之誉。

凉州攻鼓子集娱乐性、艺术性、地方性、自发性和民族性于一体，具有很高的审美价值和文化认同意义。新中国成立以来，1955 年，四坝滚鼓子队赴京参加全国民间舞蹈调演，获优秀节目奖。20 世纪 80 年代以来，又先后应邀参加了全国第四届艺术节和丝绸之路节、酒文化节、民运会等节会的文艺表演，因风格独特、气势恢宏而获奖。1990 年 4 月，甘肃电视台拍摄电视艺术片《西部之舞》，滚鼓子作为重点节目之一被介绍到国内外，声名大振，被称为西部"鼓魂"。

"此鼓只应凉州有，陇上难得几回闻。"凉州"通一线于广漠，控五郡之咽喉"的战略要塞地位，为凉州滚鼓子的发展提供了艺术的沃土[①]。因此，从某种程度上说，四坝凉州攻鼓子是武威长城地带军旅文化的另一种艺术表达。

凉州贤孝

凉州贤孝又称"凉州劝善书"，是流布于甘肃省武威市凉州区城乡及毗邻的古浪、民勤和金昌市永昌县部分地区的一种古老而悠久的民间曲艺说书形式。[②]据相关史料，它形成的历史至少可追溯到元末明初，也有说"凉州贤孝"源自西夏，它是党项羌人用于加强思想教育、宣扬儒家文化、教化子民的一种服务工具，2006 年 5 月 20 日被确定为国家级非物质文化遗产。四坝镇就是凉州贤孝主要传承地之一，有两位凉州贤孝省级传承人，即王月和董永虎。

凉州贤孝的唱本十分丰富，多以古典、传统的内容为主，其主要内容是赞颂先贤圣人、英雄好汉、贞节烈女、才子佳人等。在演唱中，根据听众构成和季节特点，分"段子"和"大戏"两种。段子多为一事一唱，在小故事中加入大量说教、劝诫内容，简洁明快。大戏一般有家书和国书两大类，家书主要反映人情世故、悲欢离合的生活故事，国书主要内容以帝王将相、历史兴亡为主。

---

① 石瑾，周邦春：《河西走廊上的西部"鼓魂"——凉州攻鼓子》，《大众文艺》2011 年第 9 期。

② 中国非物质文化遗产网·中国非物质文化遗产数字博物馆 https://www.ihchina.cn

历史上凉州贤孝的演唱者多为盲人，师徒相承，口传心授。

凉州贤孝的表演形式为一人自行伴奏说唱，即说白、诵唱和伴奏一般都由一人完成。唱词语言以凉州方言为主，通俗易懂，幽默风趣。音乐唱腔也十分丰富，保留着许多古老的曲牌，既有"凉州杂调"，又吸收了地方民歌的曲调，融汇化用，自成一格。

第四节　沙海绿洲·碧海民勤

地处河西走廊东北部，南依凉州，西毗金昌，东北和西北面与内蒙古左、右旗相接的民勤，历史文化悠久，因"俗朴风醇，人民勤劳"而得名，素有"人在长城之外，文居诸夏之先"之美誉，是甘肃有名的"文化之乡"。雄浑的大漠风光、丰富的自然资源、厚重的历史文化使民勤备受外界关注。

民勤境内不仅有汉明长城遗迹，更是有西北地区保存最完整的庄园建筑瑞安堡，有国内稀有的"千佛顶"寺庙圣容寺等众多历史文化遗迹，更是有亚洲最大的人工沙漠水库红崖山水库、石羊河国家湿地公园、青土湖风景秀美的自然风光，近年依托丰富的沙漠旅游资源，建成 4A 级旅游景区苏武沙漠大景区，打造了全国独一无二的沙漠雕塑创作基地、全国首个沙漠天文科普特色小镇摘星小镇。大漠、河流、湿地、戈壁、长城交相辉映，美不胜收。

一、重兴镇

重兴镇位于民勤县南部，东邻南湖镇，南依洪水河，西濒石羊河，北靠红崖山水库，因明代境内筑有"重兴堡"而得名，《镇番县志》就有"重兴堡，城西南一百里。城门一，东向。明设防守官兵□□□□名。黑山有警，与蔡旗官兵，同相驰御"[①]的记载，是重要的军事堡寨。

长城墩台、边墙遗迹

重兴镇的长城烽火台、敌台有扎子沟林场南洪水河大桥西约 400 米处的明

[①]（清）张玿美总修，张克复等校注：《五凉全志校注》，兰州：甘肃人民出版社，1999年，第 231、238 页。

代扎子沟林场 1 号敌台，扎子沟林场内洪水河大桥西北约 1.8 千米处的明代扎子沟林场 2 号敌台，扎子沟村西南 3 千米处的明代扎子沟 1 号烽火台，扎子沟村南约 2 千米的耕地中的明代扎子沟 2 号烽火台，上案村一社西南约 300 米的防沙林内的明代陈家墩（烽火台），新地村二、三社北约 800 米处的明代红土墩（烽火台），红崖山水库泄洪闸西约 2 千米的山梁上明代红岗墩（烽火台），下案村麻家湖西 3.7 千米处的明代羊圈墩（敌台），扎子沟林场内洪水河大桥西北约 2.5 千米处的明代扎子沟林场 3 号敌台等。

　　边墙有起点于重兴镇扎子沟村东北约 2 公里扎子沟林场 3 号敌台，止点于重兴镇扎子沟村西南约 1.2 公里（东南距民武公路约 700 米）处的明代扎子沟长城；起点于重兴镇扎子沟村西南 1.2 公里（东南距民武公路约 700 米），止点于苏武镇（原羊路乡）龙二村七组东 50 米（耕地水渠边）处的消失的明代扎子沟至龙二长城；起点于重兴镇上案村西北 2.5 公里（石羊河西南岸），止点于重兴镇上案村麻家湖西 3.7 公里羊圈墩（敌台）的明代红崖山水库长城 3 段；起点于重兴镇下案村麻家湖西 3.7 公里羊圈墩（敌台），止点于蔡旗镇小西沟村西约 6 公里马棚圈墩（敌台）的明代羊圈墩长城；起点于民勤县与凉州区交界处（重兴镇扎子沟林场东南，武威—民勤公路西侧 20 米），止点于重兴镇扎子沟林场沙枣林中（朱家庄东约 1 公里）处的汉、明扎子沟林场长城；起点于重兴镇扎子沟林场沙枣林中（朱家庄东约 1 公里），止点于蔡旗镇小西沟林场西南（小西沟村西南约 1.5 公里处）消失的汉、明扎子沟林场至小西沟林场长城等等。

　　黑山堡

　　黑山堡，明长城甘肃镇关堡。位于甘肃省民勤县重兴镇境内。建于明天顺三年（1459 年）初，据《镇番县志》载：“明天顺三年建，周围一百四十四丈。万历三十三年（1605 年）被山水冲淅，改建新堡，周围一百六十丈，堡门一，北向。”在清初废置，后被流沙淤压。现堡墙大多残存，内多砖瓦碎石。《五凉全志》中记载得更详细，写道：“《本营图说》：黑山四面沙漠，为贼出没之地，势极冲要。明额防守官兵一百余名。倘贼从东沙山湖，阿喇骨山等处突入边内，横冲大道，直抵野潴湾堡，剽掠永昌董、郑等堡，镇番兵马驰至红崖坡一带，依险拒堵；蔡旗、重兴官兵，驰至隘路设备张疑，俾不敢狂逞。后松夷驱逐已尽，银歹亦各远遁，惟虞南山海夷来往游牧为患。顺治二年，制定把总一员，步守兵三十名，管理巡查，大边三十里，中边三十里，内外墩一十九座。康熙十年，本堡官兵裁拨甘州梨园。而本堡汛界边墩，镇、蔡分拨兵丁守瞭。"[1] 可见黑山堡本身在明代时，就是长城军事堡垒的一部分，有官兵驻防。

红崖山

古代军事布防，借助山川地理的险势，依山据守，临河而立足是很普遍的。重兴镇、黑山堡紧邻的红崖（当地人读作 an）山，就是长城军事布防体系的一部分。

红崖山，主峰海拔 1750 米，远远望去，山色赤红，故名红崖山。在红崖山的半山上，有一块巨大的浅红色绝壁，壁长 100 米，高达 30 多米，在山峦的一片绿色中，格外耀眼夺目，好似镶嵌在碧绿地毯中的红宝石。石壁上有 21 余深红色的形似古文的符号，似篆非篆，若隶非隶，非镌非刻，横不成列，竖不成行，大者如斗，小者如升，均透出一种古朴苍劲的韵味。自明代嘉靖年间起，许多文人雅士曾来此地吟诗作赋，对它进行研究。先后有拓本、摹本、缩刻本等问世，并被收入全国性的碑刻著录。山下 1958 年建成"亚洲沙漠第一库——红崖山水库"[2]，库内游鱼簇簇，野鸭成群，水鸟飞翔，鹭鹤长鸣，与民勤其他地方沙漠干旱的地方形成鲜明的对比，成为一处著名的旅游胜地，被人们誉为"瀚海明珠"。

---

① （清）张玿美总修，张克复等校注：《五凉全志校注》，兰州：甘肃人民出版社，1999 年，第 238 页。

② 潘从学主编：《民勤史话》，兰州：甘肃文化出版社，2010 年，第 124 页。

二、蔡旗镇

蔡旗镇位于民勤县城西南53公里处，东隔石羊河与重兴相望，西接永昌县，北依红崖山，南邻武威市，以境内有明代所置蔡旗堡而得名。[①]《镇番县志》记载：“蔡旗堡：城西南一百二十里，建置年份无考。周围□百□十丈，高□丈，东西二门。有公署、仓场、门楼，有绅士、兵民、工商，镇番之首镇也。”[②]镇番首镇，足见其在全县的地位。境内有汉明长城遗迹，还有沙滩汉墓群，还有香甜爽口的民勤蜜瓜。

镇内长城墩台、边墙遗迹

蔡旗镇内的长城烽火台、敌台有蔡旗村村民康永强家住宅后院内的明代蔡城墩（烽火台），小西沟村北约6千米处的明代马棚圈墩（敌台），小西沟村西北约7千米处的明代牛毛墩（敌台），野潴湾农场场部西南约600米处的明代野潴湾农场敌台，月牙村东北350米的耕地中的明代月牙墩（烽火台），野潴湾村东北2千米处的明代塔墩（烽火台）等。

长城墙体有起点于重兴镇下案村麻家湖西3.7公里羊圈墩（敌台），止点于蔡旗镇小西沟村西约6公里马棚圈墩（敌台）的明代羊圈墩长城；起点于蔡旗镇小西沟村北约6公里马棚圈墩（敌台），止点于蔡旗镇小西沟村西北约7公里牛毛墩（敌台）的明代马棚圈墩长城；起点于蔡旗镇小西沟村西北约7公里牛毛墩墩（敌台），止点于蔡旗镇北大滩农场西北约5公里戈壁滩中的明代牛毛墩长城；起点于蔡旗镇北大滩农场西北5千米戈壁滩上，止点于蔡旗镇野潴湾农场西北约1公里（与永昌县长城交界）的明代野潴湾农场长城；起点于蔡旗镇小西沟林场西南（小西沟村西南约1.5公里处），止点于蔡旗镇小西沟村谢家庄北1.5公里处（与永昌县交界）的汉、明小西沟林场长城等。

---

①　民勤县人民政府编：《甘肃省民勤县地名录》，1985年，第22页。

②　（清）张玿美总修，张克复等校注：《五凉全志校注》，兰州：甘肃人民出版社，1999年，第231页。

镇番首镇蔡旗堡

蔡旗堡遗址位于民勤县城西南约60公里处，始建于明嘉靖二十四年（1545年）。梁新民先生在其主编的《武威历史文化丛书》之《名胜古迹》中就对蔡旗堡有详细的记载。[①]据史料记载，古城墙高三丈五尺、厚二丈八尺，周长五百零四丈。东西两面各有一个城门。城内有公署、仓厂、门楼，它是当时镇番设置的第一个大镇，地理位置十分重要。当时，今内蒙古一带的少数民族经常入侵镇番，当地人称他们为"套虏"。自从蔡旗堡设镇修城后，明清两代多次对城墙、烽墩进行加固维修，还调拨一定的武器弹药，目的是对"套虏"严加防范，扼制了"套虏"对镇番城的威胁，同时对凉州也起保卫作用。

明天启四年（1624年），柴国柱之子、西宁人柴时华任蔡旗堡守备。《镇番遗事历鉴》记载："柴时华，字维寰，西宁人，左都督柴国柱之子，骁勇有父风。"

柴时华到任后，"营政整肃，与士卒同甘苦。"他捐出俸银，又多方筹备资金修补城墙，并添置了战马一百多匹。蔡旗堡的防御能力大大增强，从此蒙古残余势力不敢轻易侵犯。柴时华驻守蔡旗堡期间，"尝于一年内三援镇番，而俱获功最"，大意是曾经率领蔡旗堡勇士在一年之内三次援助镇番城，都取得了显赫战功。所到之处，身先士卒，奋勇向前。敌人听到柴时华到来，闻风而逃。崇祯元年（1628年），因柴时华有将才，调任甘肃镇标，他离开之时，"民无老稚，皆遮道挽留之"，蔡旗堡军民不分老幼，都夹道欢送，极力挽留。后任甘肃镇总兵。

清顺治二年（1645年），蔡旗堡分都司镇守，扼制敌寇通往凉州、镇番。驻扎官兵四十二名，人员的军饷和牲口的粮草由镇番营供给。顺治年间，由于战事频繁，顺治五年（1648年）在镇番人何孔述的带领下，从镇番卫城至蔡旗

---

① 梁新民、杨福编：《武威历史文化丛书》之《名胜古迹》，兰州：甘肃文化出版社，2002年，第129—131页。

堡，沿大路增设烽墩八座，对原来的烽墩进行了加固维修。自此以后，蔡旗堡古城在军事方面不像以前那样重要了，似乎完成了它的历史使命。

民勤蜜瓜

民勤县被誉名为"中国蜜瓜之乡"，蜜瓜作为民勤县最著名的特产之一，很多乡镇都有种植。冬冷夏热、降水稀少、光照充足、昼夜温差大的气候环境为蜜瓜的生长提供了得天独厚的条件，使得民勤蜜瓜具有耐贮运，光泽艳丽，含糖量高，网纹明显，瓜型整齐均匀，肉质细嫩，汁多味爽，香气独特，口感好的特点，深受人们欢迎。今天的民勤蜜瓜种类多样，有黄河蜜瓜、玉金香、银帝、甘蜜宝、银峰等，是止渴、解暑的上品。

当地立足特色、放大优势，持续做大做强高端蜜瓜产业集群，通过政策"引"、资金"扶"、技术"帮"、措施"促"，助推蜜瓜产业升级。近几年，依托电商平台，民勤县邀请主播直播带货拓宽蜜瓜销售渠道，一箱箱蜜瓜远销全国各地，蜜瓜产业已成为乡村振兴和群众持续增收的重要支撑。

三、苏武镇

苏武镇，因地处苏武山麓而得名，是2015年撤乡建镇后的原苏武乡。2004年羊路乡与新河乡合并成立苏武乡，位于民勤县东部，东邻东坝镇、夹河镇、南湖镇，南连南湖镇、夹河镇，西接红沙岗镇、三雷镇、薛百镇，北靠大滩镇。镇内有红沙堡古城遗址和众多长城遗迹。

镇内长城墩台、边墙遗迹

苏武镇是民勤县长城遗迹保留丰富的乡镇之一，有很多的烽火台、敌台，如许岔村西北1公里处的明代许岔柴湾烽火台，马营家台东北约200米耕地中的明代西茨墩（烽火台），六坝村下东川组北2公里沙漠中的明代六坝西沙窝烽火台，下东川村七社东2公里处的明代大墩（敌台），六坝村下东川四社北2公里处的明代下东川敌台，大滩砖厂西约900米的老爷庙遗址上的明代老爷庙敌台，泉水村柴房滩2.5公里沙漠中的明代杜家墩（敌台），橙槽村北

约 1.5 公里，长城砖厂南约 1 千米处的明代橙槽烽火台，橙槽村长城砖厂西
北约 600 米，石羊河林场大滩分场葡萄园内的明代天广墩（敌台），圆台村东
南约 4 公里，苏武山最高山顶上的明代野鸽子墩烽火台，羊路村西面约 2 公
里处的沙漠中的明代羊路烽火台，邓岔村七社西面约 3 公里处的明代中沙嘴
烽火台，千户村四社西面约 3 公里的沙漠中的明代千户柴湾烽火台，邓岔村
七社西南约 2.5 公里，中沙嘴烽火台西北约 1.5 公里处的明代石台子墩（烽
火台），邓岔村七社西南约 3.5 公里，天井台子东南 1 公里处的明代邓岔南墩
（烽火台），许岔村七社西北约 3 公里的沙漠中的明代许岔北墩（烽火台），苏
武镇元太农科队林场沙滩内的明代黑家墩（烽火台），苏武镇元太农科队林场
沙滩内的汉、明代鸳鸯池墩（烽火台），民勤县城东 5.7 公里，苏武镇政府东
北约 4 公里的红沙堡沙窝中的明代东安堡，苏武镇泉水村红墙沟东北 500 米
处的明代红沙堡等等。

此外长城墙体有起点于苏武镇（原羊路乡）龙二村七组东 50 米（耕地水渠
边），止点于苏武镇（原羊路乡）龙二村七组西南 2 公里沙漠中的明代龙二长
城；起点于苏武镇龙二村七组西南 2 公里沙漠中，止点于苏武镇下东川村七组
东南 2.8 公里大墩（敌台）的明代下东川长城 1 段；起点于苏武镇下东川村七组
东南 2.8 公里大墩（敌台），止点于苏武镇下东川村四组东 2 公里下东川敌台
的明代下东川长城 2 段；起点于苏武镇下东川村四组东约 2 公里（耕地边）下
东川敌台。止点于苏武镇下东川村六闸口东南约 2 公里暗门墩的明代下东川长
城 3 段；起点于苏武镇下东川村六闸口东南 2 公里（北至总干渠 1.2 公里），止
点于大滩镇东大村砖厂西北 300 米东距民（民勤）左（阿拉善左旗）公路 400 米
的沙漠中的明代泉水长城 1 段等。

红沙堡遗址

红沙堡遗址位于苏武乡泉水村东北 0.5 公里的沙丘间。显残堡东西宽 160
米，南北长 180 米，东、南、西三面墙均局部有倾圮，保存基本完好。城外有
三座汉墓残迹，地面暴露历史遗物残片不少。《镇番县志》中记载："红沙堡：

城东北二十里，嘉靖七年建。周围五十余丈，高□丈。万历九年，因地窄墙卑，不堪固守，展筑东、西、北三面，共计一百一十二丈，高□丈。城门一，南向。旧有官厅、教场、门禁、堡楼。"《本营图说》记载："本堡在城极东临边，进东口外柳条湾，迤北狼跑泉、抹山，直抵瞭江石，俱系贼虏住牧巢穴，极为冲险。明额防守官兵一百六十名，永住防御。倘有蠢动，本城官兵飞驰。至大柴墩一带堵御截剿。顺治二年，本堡官兵裁革，其原管汛地镇兵守瞭。"①从以上的记载可以看出，红沙堡是一个重要的军事堡垒，是明长城河西军事防御体系上的重要环。

苏武山与苏武文化

苏武山，位于民勤县城南 15 公里处，《镇番县志》记载："相传为汉中郎将苏武牧羊处，为邑东南屏障。"②民勤苏武山的英名流传已久。明洪武十五年（1382 年），地方人士在苏武山修筑苏公祠，塑苏武神像一尊。永乐七年（1409年）重修，立《苏武山铭》有句云："高山仰止，勒石俨然？""一生事业，谁敢争先？"对苏武气节，极表敬仰赞颂之意。宣德九年（1434 年），在苏武山东麓筑苏泉亭。成化十年（1474 年）三月，再造苏武生像。嘉靖年间，监察御史胡明善主持再度重修苏公祠，胡宗作《重修苏子卿祠碑》，清初也多次修缮。传说苏武山有一种无节芨芨草，是神灵赐给苏武缀鞋用的野生植物；山下有个叫"羊路"的地名，是苏武牧羊踏出来的路。从唐代的温庭筠到清代的张澍、张美如，历代文人墨客留下了不少凭吊苏武庙的诗文。③虽然苏武牧羊的地点还有很大的争议，但是这并不妨碍苏武文化在民勤的传播，正如伏俊琏所指出

---

① （清）张玿美总修，张克复等校注：《五凉全志校注》，兰州：甘肃人民出版社，1999年，第 231—232 页，238 页。

② （清）张玿美总修，张克复等校注：《五凉全志校注》，兰州：甘肃人民出版社，1999年，第 189 页。

③ 西北师范大学古籍整理研究所编：《甘肃古迹名胜辞典》，兰州：甘肃教育出版社，1992 年，第 267—268 页。

的那样："民勤在历史上曾长期处于中原汉族政权与高原游牧民族斗争的前哨，当地人们怀念苏武，崇尚苏武的民族气节。至少从元代以来，民勤人民就把苏武当作自己的英雄，不知不觉地就把这位崇拜的英雄拉到自己的地方，让他在自己家乡牧羊，让他活在家乡人民心中。这是民俗学意义上的苏武牧羊处，它是一个地方民情风俗的反映。"①

---

① 伏俊琏：《建设"凉州文化的一点思考"》，《敦煌学辑刊》2010 年第 2 期。

第七章

长城精神的历史渊源与核心文化价值

习近平总书记指出："中国优秀传统文化的丰富哲学思想、人文精神、教化思想、道德理念等，可以为人们认识和改造世界提供有益启迪，可以为治国理政提供有益启示，也可为道德建设提供有益启发。"① 长城是我国古代劳动人民创造的伟大建筑奇迹，是构成中华民族的民族记忆、国家记忆和民族认同、国家认同的重要遗产。长城2000多年的建筑史中凝结着中华民族不畏艰难险阻，顽强不屈、吃苦耐劳的精神特质，在维护我国长期和平统一的历史上发挥了不可替代的作用。长城精神是中华民族精神的重要组成部分，也是中华民族伟大复兴征程中宝贵的精神财富和经久不衰的精神动力。

---

① 习近平:《在纪念孔子诞辰2565周年国际学术研讨会暨国际儒学联合会第五届会员大会开幕式上的讲话》，人民日报，2014-9-25（2）。

第一节　长城精神的历史渊源

　　长城精神源于万里长城的修筑历史与军事价值的体现。长城最早自西周时期开始建造，间续不断修筑了 2000 多年，是全世界工程量最大的一项古代军事防御工程。从战国开始，中国古代社会的治理体系逐渐从夏商周以来的分封制向以地缘为基础的中央集权制转变，列国战争的目的也转向获取更多的土地和人口以增加财富，这是长城出现的历史背景。长城从战国历经秦汉、隋唐、明清等时期，主要是农耕民族修建以防御游牧民族，它也见证了农牧民族因生产生活需要而产生的长期持续的互动。据考证，公元前 7 世纪左右，楚国率先将其国土北方的城堡、烽火台用城墙串联起来，形成总长约 500 公里的军事防御体系，史称"方城"。《汉书·地理志》记载："叶，楚叶公邑，有长城，号曰方城。"公元前 5—6 世纪，齐国又修筑了一条东西走向的城墙。随后，秦、燕、韩、赵、魏等国也相继在本国边防线上修筑了长达数百公里的城墙作为军事防御工事。公元前 409 年，秦国沿洛水筑长城，称之为"堑"，后来也有称长城为"长堑""城堑""墙堑"；还有的将长城称为"长城塞""长城亭障""长城障塞""壕堑""界壕""边墙""边垣"等等。因此，长城形成的早期，各诸侯国对长城的称呼是不一致的，但其修筑目的完全相同，就是用于军事防御。自秦至清，凡统治了中原地区的朝代，都会兴修长城。从战国至清代 2000 多年间，12 个朝代、24 个政治实体先后修建了规模不等、长短不一的长城总长度超过 5 万公里。先秦时期的长城还分为北长城和南长城，北长城指的是秦、赵、燕三国为抵御匈奴、东胡等游牧民族而在三国北部修建的长城，南长城则指楚、齐、魏、韩、中山等国为抵御其他诸侯国而建造的长城。公元前 221 年，秦吞并六国一统天下，建立起中国历史上第一个中央集权制国家。为了维护秦帝国安全，秦始皇开始大规模修筑长城。公元前215年，秦国大将蒙恬率30万大军击退匈奴，占取河南地，随后"筑长城，因地形，用制险塞，起临洮，至辽东，延袤万余里"，长城开始被人称为"万里长城"。秦代长城的修建分为两个历史阶段。第一阶段是由蒙恬将军率沿线军民，维修和连接秦、赵、燕等国长城，新修不多，工程量也不很大；第二阶段，"皇帝奋威，德并诸侯，初一泰平。堕坏城郭，决通川防，夷去险阻。"原来各诸侯国之间用以"互防"的南长城大量被拆毁，而北长城则举全国之力修建，动用劳动力近百万之众，长城规模空前扩展。秦亡后，汉代北疆被匈奴南侵，汉武帝平定匈奴后决定在阴山以北修建一条外长城，东段称"光禄塞"，西段称"居延塞"。内外长城之间，平时屯田、养马，战时则作为进攻的基地。隋朝为对付漠北突厥人南下袭扰和掠夺，先后7次征召近200万劳动力修缮长城。唐宋时期也曾有修建长城，但工程量不大。明代初期，蒙古鞑靼、瓦剌诸部不断南下骚扰抢掠，明代中期则是女真在东北地区兴起。为防北方游牧民族侵袭，明朝200多年间，长城的修筑几乎没有停止过，最终形成了西起嘉峪关、东至山海关的巨大军事防御工程。清代，康熙皇帝曾发布"不修边墙"令，但实际上仍然在大力修缮，黄河以北地区的长城修筑尤为密集。不过，清朝后期，由于长城以北蒙古及关外地区均属清王朝领土，修筑长城已无必要，因而长城的修筑未再进行。民国时期虽曾以长城为据抵御外侮，但没有对长城进行过修缮。中华人民共和国成立后曾对部分长城进行过修缮，但修缮长城的目的与历史上修建长城的目的已完全不同，其军事意义已经转变为对历史遗迹的保护、对长城文化的发掘和对长城精神的传承。

中华民族的先辈们长期修筑长城，使得长城成为世界历史上最为浩大的军事防御工程。长城经历了农牧民族间政治、经济、文化对立统一、融合发展的过程，见证了中原政权北部边界南来北往的历史演变，在保护中国历史上诸王朝的安全方面发挥了不可替代的作用，其修筑过程也渐渐演化出中华民族特有的长城精神，并内化为中华民族精神，成为中华民族精神的重要组成部分。

团结统一、众志成城的爱国精神

长城作为军事防御工程，其基本功能是保家卫国，是中华民族爱国主义精神的重要承载。秦王实现四海一统后，意识到"亡秦者胡"，将原来韩、赵、魏等国长城连接起来，以统一的战斗姿态来应对北方游牧民族的军事威胁。长城之内则追求国家统一，形成统一的民族意志和力量。特别是汉代，北方的军事格局由被动化为主动，长城以内大一统的思想基础更加稳固。历史上每一次长城的大规模修筑都集中了百万以上民众之力，除秦初曾因统治者高压而引起陈胜吴广起义外，再未有因修筑长城而暴发武装斗争。这说明，先民们对于修筑长城、保家卫国的政治意义与军事价值是普遍认同的。在爱国主义精神激励下，中华民族一代代长城修筑者万众一心，团结一致，共抗外敌，形成了众志成城的命运共同体意识。需要说明的是，长城是军事防御工程，主要依险要地势修建，因此，长城从来就不是国家边界所在。在汉代，中原地区军事与经济实力逐渐增强以后，大一统的民族精神逐渐固化，并对周边少数民族产生强大凝聚力和同化作用，而后在历史合力的驱使下，长城以北的一些少数民族也逐渐融入中原民族大家庭中来，最终形成了今天的中华民族，而爱国主义则是各民族团结统一的精神支柱。

自强不息、持之以恒的拼搏精神

长城的修筑从有文字记载的历史看，最早出现在西周时期。西周为了抵御北方猃狁部落的袭击，修筑了连续排列的城堡作防御之用。周幽王烽火戏诸侯，其烽火台应该是长城的雏形。公元前 656 年楚国所修"方城"，是目前考古界发现最早的长城遗迹。从那时起到清同治八年（1869 年），"以贼复南窜，补筑沿河石垒"，长城修筑的历史长达 2525 年（也有学者认为长城修筑截至同治十二年，据此则长城修筑历史长达 2529 年）。长城历经 2500 多年不断修建，充分显示了中华民族持续奋斗、不懈拼搏的艰难历程，彰显了中华民族特有的愚公移山的拼搏精神。特别是长城主要分布在交通不便、自然条件恶劣、人迹罕至的山区、戈壁、草原等区域，没有坚忍毅力和拼搏精神，根本不可能创造出这样的人间奇迹。自强不息、奋斗不止，正是中华民族这一精神特质，维系了中华文明的传承延续，使中华文明成为人类历史上最古老的文明之一。

抗击外侮、守望和平的斗争精神

长城从诞生起就是为抵抗外来侵略、维护边境和平服务的。在两千多年历史长河中，长城在捍卫边关安全、维护地区和平方面发挥了不可忽视的作用，为中华民族的生存繁衍提供了可靠的安全屏障。特别是在冷兵器时代，游牧民族因拥有数量巨大的战马，骑兵的速度、力量、冲击力对中原农耕地区军队有着巨大威胁，长城的修筑使得游牧民族作战优势被大大抵消。只要能守住长城一线，北方游牧民族便无法大举南侵。唐人写下的"但使龙城飞将在，不教胡马度阴山"等诗句，充分显示了长城在抗击外侮中的作用。西汉抗击匈奴，宋代对峙辽金，明代抵抗鞑靼和瓦剌，长城都起到了重要的堡垒作用。在两千多年农牧民族的博弈历史中，总体看中原农耕民族的实力略胜一筹，很大程度上得益于长城的修筑。历史上，长城沿线的战争不可胜数，仅山西雁门关就曾发生过 1700 多次大小战事。直到抗日战争时期，长城在抵御日军侵华中仍发挥作用，中国军队在近 3 个月的长城抗战中围绕长城义院口、冷口、喜峰山、古北口等地顽强地抗击日军。八路军利用平型关长城附近的有利地形对日军发动袭击，取得大捷，打破了"日军不可战胜"的神话。此外，大同会战、天镇战役、雁门关伏击战、朔县保卫战、原平保卫战、忻口会战、娘子关战斗等，都是依据长城的地理特点进行的。长城更是中华民族热爱和平的象征，修筑防御工事，就是为了避免战争，维护和平。但这种对和平的向往，并非屈辱的退让，而是以斗争求和平，依靠长城抗击外来侵略而赢得和平，这是中华民族斗争精神的真谛所在。

海纳百川、包容并蓄的开放精神

长城的建筑，尽管在农牧民族之间形成了一道军事屏障，在一定程度上隔断了中原地区与北方民族之间的交往。然而，长城并没有让中原民族故步自封、坐井观天，也没有阻止草原民族学习中原文化的步伐。长城沿线设立的200多个关口，为南北交流留下了重要通道，封闭保证了安全，但并未阻断内外文化交流。"赵武灵王胡服骑射"的故事，充分显示中原民族学习优秀军事文化的豁达胸怀。昭君出塞，同样为草原民族带去了中原先进的文化。汉匈边关贸易、张骞"凿空"交流等都昭示着长城两侧的文化碰撞和交融。东汉晚期的鲜卑南迁汉化，隋唐时期突厥、回鹘等族尊崇中原礼法，宋元时期的佛学融汇、道教北传及尊孔重儒，明清时期各民族文明的交流融合，展现出农耕与游牧走向多元一体的历史脉络，长城南北也由此形成中原农耕文化和草原游牧文化交融而成、景象特异的"长城地带"。"长城地带"的存在，充分证明了中华民族具有海纳百川、包容并蓄的开放精神，正是这种开放精神，让中华民族在历史发展中不断注入新鲜血液，实现了"多民族、大一统"国家观念的形成。

第二节　长城精神的历史价值

　　长城曾在千年的冷兵器时代为中原地区的百姓提供了稳定的生存环境和巨大的心理安全感，而它的实际军事意义在清代后逐渐消失，其一是长城之外的东北地区被清人视为"龙兴之地"，长城已在清王朝版图之内而非边地，修筑长城不利于大一统的王朝统治；其二是近代以来，战争形式已从冷兵器战争向热武器战争转变，长城的防御性大大下降。时至今日，长城更多的是历史的见证、文化的符号和精神的象征。中华人民共和国成立后，很多地方都曾多次修缮长城，长城在中华民族多元一体格局形成和发展过程中具有重要意义，不仅是农耕文明与草原文明沟通和融合的重要枢纽，更是中华民族精神的具象。长城工程之浩大，功绩之显赫，是世界上其他任何人造遗迹都无法比拟的。

　　长城精神是中华民族共同体发展演变的历史浓缩，是中华文明的代表性符号

　　长城精神作为一种历史文化现象，是中华民族历经 2500 多年历史所创造的精神符号，是中华民族物质文化与精神文化的复合体。长城在历史上是防御北方游牧民族南侵的重要屏障，但在 2500 多年历史长河中，北方民族曾多次逾越这条"边墙"南下，与中原农耕文明直接碰撞和融合。汉唐时期，中原帝国的军事力量也同样跨过这条边界征服北方游牧民族，一些游牧民族钦羡中原地区物产丰富、文化繁华，多次主动示好，学习汉民族的典章制度，汉化程度不断加深。中原地区的农作物、文化风俗、先进技术乃至思想观念不断传入北地，而北方游牧民族的优良物种、音乐舞蹈、宗教礼仪也同样渗透到中原地带。唐代皇帝还运用大批游牧民族王公贵族担任军事将领和地方行政首脑，促使中原民族与草原民族大交流、大融合，为中华民族多元一体的格局形成奠定

了历史基础。尽管中原民族与草原民族之间的战争曾造成众多历史恩怨，但战争也促进了民族融合。北方草原民族越过长城入主中原时期，更多地学习中原民族的先进文化，并出现较大范围的通婚现象，民族同化往往因此进入高潮，最终形成了多民族融合的大一统格局。长城因战争而诞生，也因战争成为民族融合的标志，特别是经长城 200 多个关口形成的以"茶马互市"为代表的经济文化交流，清代"走西口""闯关东"等民众迁徙移居活动，形成了长城南北两侧特有的"长城地带"现象。作为中原民族与草原民族联系的重要枢纽，长城最终演化为中华民族共同体的地理脐带和精神标识。在 2500 多年长城修筑过程中形成的团结一致、命运与共、拼搏奋斗、开放自信精神，已经内化为中华民族精神特质，成为中华民族的精神符号。事实上，在当今世界，各国人民只要看到长城，就会自觉地与中华民族联系起来，与中华文化联系起来。这一标志是 2000 多年中国历史文化的浓缩，是中国人民的精神旗帜，更是中华民族对世界文化的独特贡献。

长城精神揭示了中华文化的历史源流，是今天增强我们文化自信不可或缺的重要力量

长城精神凝结于万里高墙之中，同时也游离于长城的巍峨建筑之外。长城的修筑不仅凝聚了中华民族测绘选址、建筑技术、军事思想、组织艺术等智慧才能，也包含着中华民族的不懈拼搏、接续奋斗的勇气毅力，更包含着中华民族的思维方式、价值观念、生活方式、行为规范等文化特点。中华民族在长达 2500 多年的历史中，在交通不便、自然条件恶劣、人迹罕至的山区、戈壁、草原等地建成如此浩大的军事工程，创造了空前绝后的人间奇迹。长城的设计之精妙、质量之坚固，体现了中国先民们吃苦耐劳、坚忍不拔的精神与创造才能。长城遗址上的匾额楹联、砖雕石刻等，更体现了中华文化之博大精深。2500 多年的长城修筑，汇聚了中华民族文化思想、科技艺术和创造智慧，更承载了中华民族坚忍自强的精神追求、求统重防的和平愿景、天人合一的哲学思维。2500 多年持续不断的修建使得中华文明成为全球唯一一个没有中断、

一脉至今的古文明。在历史兴替中，草原文明与中原文明碰撞交流、不断融合，最终演化为生机勃勃又绚烂多姿的中华文明。而且，长城与丝绸之路相得益彰，彼此包容合作，开辟了中西方经济文化交流的坦途。所有这些，凸显了中华文明的悠久历史与发育高度，是今天我们坚定文化自信的历史底气所在。长城是世界文化领域的璀璨明珠，是中华民族奉献给人类文明的独特名片，更是我们实现中华民族伟大复兴的重要精神支柱。

长城精神象征着中华民族的血性脊梁与和平守望，是新时代捍卫国家安全、维护世界和平的精神源泉

长城作为世界上最古老、最浩大、最杰出的军事防御工程，是中原农耕民族抵御外来侵略、维护地区和平的重要手段。长城是防御性而不是进攻性的军事工程，但防御并不是胆怯和懦弱。当年，秦国大将蒙恬驻守长城，"令胡人不敢南下牧马"；汉代卫青、霍去病越过长城，横扫入侵之敌，使得"匈奴远遁，而漠南无王庭"；唐代军神李靖、苏定方率军出长城分别击灭东、西突厥，建立不朽功业；明朝开国大将徐达与副将军常遇春一起挥师北伐，不仅推翻元朝，还越过长城，追歼元朝残余；抗倭名将戚继光，不仅在东南沿海扫平倭患，还在北方抗击蒙古部族南犯十余年，保卫明朝北部疆域的安全。更有抗战时期在长城一带抗日的英雄，如何柱国、赵登禹、刘汝明、贺炳炎等，他们无疑都是民族的脊梁，是中华民族生生不息的血性支柱。今天，世界仍然很不太平，国家安全仍然面临众多威胁，一旦我们丧失血性，就会遭受清末那样的国耻。面对霸权主义和强权政治，面对民族分裂势力和极端分子，我们必须保持与一切邪恶势力作斗争的血性气概，坚决维护国家安全，确保人民安居乐业。同时，我们也要看到，长城精神的根本目标是维护和平，只有和平才能确保人民生活幸福，我们要始终珍惜今天来之不易的和平，努力维护和平，确保社会主义建设的和平环境不被破坏。然而，树欲静而风不止，为了保卫和平，我们必须学会斗争，增强斗争本领，以斗争求和平，同时广结善缘，多交朋友，与世界各民族守望相助，共同建设人类命运共同体，这样才能让人民真正过上和平安宁、美好幸福的生活。

第三节　长城核心文化价值

长城见证了中华文明的全过程

从战国开始，中国古代社会的治理体系逐渐从夏商西周以来的以血缘宗法制为基础的分封制，向以地缘为基础的中央集权郡县制转变，列国间战争的目的，也转为获取更多的土地和人口以增加财富，这是长城出现的历史背景。长城出现在从分封制向中央集权制转变的战国中期，是中原农耕民族从相互防御逐渐演变为主要防御草原游牧民族的军事防御工程。长城从战国历经秦汉、隋唐、明清等时期，主要是农耕民族修建以防御北方游牧民族。长城内外因生产生活需要而产生的农牧民族间长期持续不断的互动，使得其成为中国五千年文明后半程的见证者，与帝国文明的兴衰相始终。[①]

两千多年来长城一直横亘在农牧两大世界之间，是中国古代帝国时期最重要的文化遗产。长城经历了农牧民族之间经济、政治、文化的对立统一和融合发展过程，见证了中原农耕政权北部边界南来北往的历史演变。中原农耕民族对农牧交错带土地的争夺、开疆拓土的驱动时而有之。秦统一后，举全国之力对北方游牧民族发动战争，夺取"河南地"，把阴山以南的地区通通纳入了农业生产区。汉长城就是中原势力向外发展和农耕界线向北推移的具体表现之一，也是农耕民族修建的分布在最北部的长城。[②]历史上控制中原地区的历代统治者，多数都利用农耕社会的强大组织力量不断修筑长城。从战国至清代两

---

① 段清波：《长城：中华文明的见证》，载于《光明日报》，2017-03-26（07）。

② 白音查干：《汉长城考察与研究》，载于《内蒙古师范大学学报（哲学社会科学版）》，1987 年第 1 期，第 95—104 页。

千多年间，十二个朝代、二十四个政治实体先后修建了规模不等、长短不同、分布在今天四百余个县区的长城，长城是集墙体、壕、天险、障、道路、后勤等为一体的立体性防御工程体系。[①] 与此同时，与农耕社会的常态化的贸易以及极端状态下南下的掠夺也是古代游牧民族解决经济问题的两种手段。草原游牧民族对中原的威胁侵扰时有发生，匈奴南侵是汉长城修筑的主要原因。历史上还先后有十多个北方游牧民族政权，都不同程度地向西域和中原王朝发动过武装侵略，基本上三百年左右为一个周期，有的政权如北魏、辽、金、元等，不仅打败了中原农耕政权，甚至入主中原。长城地带不仅仅是自然环境过渡的敏感区，也常常是影响中原农耕社会稳定的策源地，这里经常会出现频繁的冲突与融合。[②] 在春秋战国、魏晋南北朝、五代宋辽金这三个分裂割据的时期，中原时常处于分裂状态，不仅中原地区与草原地带相互对峙，且草原地带也不统一。中原地区出现了诸如战国楚、齐、秦、魏、赵、燕、中山长城，以及北魏长城、东魏长城、北齐长城；长城地带亦出现了战国秦、赵、燕北长城，以及北魏北长城、北齐北长城、北周北长城；草原上则出现了辽长城和金长城。这些长城分布广，走向复杂，且规律性不明显。[③] 长城所在的区域更是中华民族形成的主战场，诸如汉与匈奴、北魏与柔然、隋唐两代与突厥、宋辽金夏之间、明与蒙古和明清之间的对抗和战争都发生在长城地带。

长城是汉文明"对立"思维方式的物化表现

汉文明是自战国开始直至王莽时期形成的以汉字为交流手段，以阴阳五行为宇宙观，以对立、变通为思维方式，以规矩为核心文化价值观的行为处世方

---

① 段清波，徐卫民：《中国历代长城发现与研究》，北京：科学出版社，2014 年，第468 页。

② 贺卫光：《中国古代游牧民族与农耕民族在经济上的互补与非平衡需求》，《西北师范大学学报（哲学社会科学版）》，2003 年第 1 期，第 32—38 页。

③ 董耀会：《论长城与中华民族凝聚力的形成》，《第二届海峡两岸中华传统文化与现代化研讨会》。

式的文化体系。[①] 从战国中期开始修建的历代长城，存在着从简单到复杂的发展过程，最终形成以土、石、砖材料构建的，以墙体为主、由点及线再到面的立体的防御体系。《史记》和《汉书》记载秦帝国"因地形，用制险塞，起临洮，至辽东，延袤万余里""及秦始皇攘却夷狄，筑长城，界中国，然西不过临洮"。汉高祖刘邦下令修缮秦昭王所建长城，与匈奴以"故塞"为界；汉武帝时，为方便使者出使西域，同时隔绝西北部的匈奴和西南部的南羌之间的联系，开始将疆域沿河西走廊向西北扩展；隋代曾七次修建长城；至明代，修筑长城边防更成为明朝北边防务的重大措施。由墙体、隘口、军堡、关城和军事重镇所形成的军防体系，具有战斗、指挥、观察、通信、隐蔽等多种功能，军堡、关城等同时也是边地居民聚集、贸易、南北交流的集散地。中国南北地区经济形态、商业形式的差异产生了文化价值取向的不同。冷兵器时期，定期性的南北冲突基本无解。自史前时期庙底沟文化后，北方游牧民族几乎形成随气候环境周期性变化而南下的规律。尤其是自公元前 2300 年左右开始，游牧民族南下的压力成为中原农耕民族持久的梦魇。战国中期，长城还主要修建在中原地区，是各农业国家之间相互防御的产物；齐、燕、韩、赵、魏、秦、中山等诸侯国先后修建长城，都是由防御一方主持修建的。战国中后期，在新的兼并与反兼并形势下，南北冲突日益强烈，新的社会发展态势促成了新的防御方式，为了"障御"周期性南下的北方游牧民族。[②] 遂将中原国家之间修建长长的墙体来防御彼此的方式，移植在农牧交错的北部边境，在农牧交错地带的秦、赵、燕三国都开始修建防御北方游牧民族的长城。自此之后，秦、汉、隋、明等中原王朝及南下后建立区域性社会政权的北魏、北齐、金等，为防御纷纷南下的游牧政权，前赴后继地修筑了规模大小不等、体系繁简不一的长城。可以这么说，最早的长城是周王朝属下诸侯之间征伐的产物，随后被长期

---

① 段清波：《考古学上汉文明论纲》，《考古学集刊》，2018 年，第 189—217 页。
② 王国良：《中国长城沿革考》，北京：商务印书馆，1935 年，自序。

持久性地应用在中国北部，是历史上农牧民族间矛盾与融合的直接体现。从最初农耕国家之间为维护自身利益而相继修建，到逐渐成为缓解农耕与游牧政权之间的冲突、维护长城内外社会经济秩序稳定的重要基石，长城地带的发展演变使得长城的修建带来了多重的效应，这正是战国晚期开始形成的"阴阳五行相克相生"宇宙观下所建立的"对立"思维方式的物化表现。[①] 在中国古代社会，统治者幻想以一道长城为农业文明带来安全感的想法延续了两千多年。从此意义上讲，长城是农耕民族的一道心理防线。历代长城是冷兵器时代规模最大、历时最久、体系最复杂的军事防御体系。作为世界上规模、体量最大的人工构筑物，长城既是世界古代史上最伟大的军事防御工程，也是汉文明形成与发展演变过程的突出见证。

长城是汉文明"变通"思维方式的集中体现

长城地带位于环境地貌和气候变化敏感的过渡带。此地带由不同地质条件、气候特征所决定的经济地理的生态结构，在一定程度上造就了不同族群民俗民风文化等的迥然不同。在秦帝国建立之前，北部的游牧民族尤其是匈奴，也是部落林立而互不相属，秦帝国建立十年后，前所未见的统一的草原游牧民族政权也横空出世。从此开始，直到近代热兵器流行结束，围绕长城所进行的农牧民族之间的互动始终是中华文明演变过程中的主旋律。[②] 这样的演进发展历程具有历史的必然性，因为在长城地带生态环境、经济结构和民族构成的格局之下，受农牧之间生活方式、经济和政治利益的驱使，为协调民族矛盾冲突，各族统治阶层必然要进行国家（民族）政治战略的变通选择，长城既是农牧冲突的标志，也是农牧矛盾的产物，还是农牧融合交流的平台。客观地讲，从公元前四世纪开始，长城的修建目的逐渐转变成为缓解农牧政权冲突、

---

① 段清波:《从四方中心到阴阳五行的宇宙观:中国文明的三观智慧（一）》,《学习时报》, 2018-08-08（A3）。

② 段清波:《长城:中华文明的见证》,《光明日报》, 2017-03-26（07）。

维护长城内外社会经济秩序。最初修筑长城是为在交通方面形成对北方草原民族南下形成阻障，此后的长城工程又促使新的交通条件形成。长城内侧沿线的道路、关堡、市等设施，客观上促进了"北边"交通体系的成熟。[①] 在长城地带交通网络形成和经济文化发展的过程中，长城沿线也随之衍生发展了一批城镇和商业贸易、物资集散的中心地（张家口、大同等），最终使长城地带成为边疆与中心之间离心与聚合力量相互博弈的纽带，发挥了对内吸引和凝聚、对外融合的桥梁作用。[②] 两千多年来，中原农耕民族通过屯垦移民和通商等方式，形成以长城沿线为中心的巨大网络，它的辐射作用使长城内外各民族紧密相连，通过为数不少的联通长城内外的关隘，农耕文明和游牧文明紧密相融。自史前时期长城地带农牧之间就进行着持续的、规模日益扩大的文化交流。战国秦汉时期，骑兵、长城、边郡互为支撑的防御体系形成后，中原文化与北方游牧经济文化之间的交流进入了快速融合时期。[③] 秦汉至明，控制中原地区的历代统治者在不断修筑长城的同时，还采取了大规模向长城沿线移民、修筑交通道路、开拓边疆新区域的举措。关市、榷场、绢马贸易、茶马互市贸易的开启与关闭，历代各民族的朝贡馈赠与封赏的行与断，其本质都是古代中原王朝许可的一种与边疆各民族进行社会经济、政治关系和文化生活交流的形式。[④] 作为农牧文化交流最直接的方式，和亲及互市突出体现了汉文明"变通"的思维方式与特点。平原种植业和草原畜牧业主要是由自然环境的原因而决定的两种截然不同的生产方式，两者本质上的差异导致它们之间存在必需的交换关系，

---

① 王子今：《交通史视角的秦汉长城考察》，《石家庄学院学报》，2013 年第 2 期，第 14—25 页。

② 徐黎丽：《通道地带理论：中国边疆治理理论初探》，《思想战线》，2017 年第 2 期，第 67—75 页。

③ 张晋：《战国、秦汉时期中原骑兵、长城、边郡互为支撑的防御体系述论》，内蒙古大学 2015 年硕士论文。

④ 李凤山：《论长城带在中国民族关系发展中的地位》，《中国史研究》，1998 年第 2 期，第 140—153 页。

而游牧民族更是需要长期地获得农耕民族提供的粮食、布匹、铁器、茶、盐等生活必需品，农耕民族则希望得到来自游牧地区的皮毛和奶制品等，这就推动并维持了两大经济、文化类型的民族间两千余年持续不断的商品交换。可以说，农牧间不可分割的经济联系是互市的根本原因。明代，汉蒙之间于隆庆五年（1571年）开始互市，一改长期坚持的闭关锁国政策，此后东起延永，西抵嘉峪，就像方逢时在《大隐楼集》中所记载："烽火不惊，三军晏眠，边圉之民，室家相保，弄狎于野，商贾夜行。"和亲也是农业文明不得已的一种策略，《汉书·匈奴传》记载汉初匈奴"常往来盗边"，西汉政权被迫"约结和亲、赂遗单于，冀以救安边境"，并且"奉宗室女翁主为单于阏氏，岁奉匈奴絮、缯、酒、食物各有数"。此后还有唐与吐蕃、回鹘、奚、契丹等民族的和亲。

长城是汉文明"规矩"核心文化价值观的集散地

中华文明在从氏族到部落，从古城到古国再到王国和帝国，再从近代走向现代的发展过程，是一次次不断突破已有的自然地理界限、地域文化、地域心理，学会和更大范围人群打交道的过程，也是不断地学会如何与不同文化背景下的人群和谐相处的过程。在这一过程中，不同时期形成的共识便是不同历史阶段的核心文化价值。[1] 长城地带各民族的起源地域各异，但在几千年相互打交道的过程中，通过交流与学习所进行的"民族融合"，已不再是简单的"汉化"或者"胡化"，而是全面深入到文化、制度、思想、精神的各个方面。不论是农耕民族政权还是游牧民族政权，主导中原后都自觉或不自觉地希望能继续统一中国，这种思想的形成是长期以来民族融合的必然趋势。尤其是游牧民族政权入主中原后，想要稳定和谐发展就必须与农耕民族的思想文化进行深度融合，在政治、经济、文化等方方面面与汉民族达到整合，这也正是汉族与各少数民族不断融合，最后形成多元一体的中华民族的重要过程。长城地带经济文

---

[1] 段清波：《论文化遗产的核心价值》，《中原文化研究》，2018年第1期，第102—110页。

化交流，对中华文明的形成起到了极大的促进作用。[①] 历史上农耕文化对游牧文化产生了极大的影响，农牧民族频繁交往，游牧民族人口南移，农耕民族人口北迁，农牧经济交流和文化融合逐步实现。汉族的语言文字、思想制度、礼仪风俗、文化艺术等深刻地影响着长城地带游牧民族的文化发展和文明进步。以长城地带为中心的农牧互动将汉文明的"规矩"核心文化价值观传播四方。例如《汉书》关于匈奴族与秦汉王朝之间的书信往来的记载，反映出匈奴族对汉文的理解和使用；党项族、契丹族和女真族还在汉字的基础上创造了本民族的文字；在长城以北的游牧区，出土了很多记载《论语》《礼记》等儒家经典文献的木简；[②] 在汉代的龟兹国，上至王室下至平民百姓皆崇尚中原文化，《汉书·西域传》载"乐汉衣服制度，归其国，治宫室，作檄道周卫，出入传呼，撞钟鼓，如汉家仪"；辽宁西丰县西岔沟乌桓墓地，发现了具有汉族风格的铁镶、铁斧、绳纹陶器、铜镜、货币等；[③] 新疆罗布泊、辽宁西丰县的汉代墓葬大量出土了中原地区的铁斧、铁刀、铁镞、铁剑，说明冶铁技术在汉代已经流传至长城沿线。[④] 同时，各少数民族文化也向中原汇聚，使得中原文化在发展中也受到各民族文化的强烈影响。比如从赵武灵王提倡胡服到清代的旗袍、马褂，带来汉族服饰的重大转变；魏晋时期大批北方游牧民族将"胡床"带入农耕区，引发汉族生活习俗的一场革命；[⑤] 棉花、油菜、芝麻等粮食作物和相关种植技术，都是通过丝绸之路从西域地区传入中原，而大豆和板栗等粮食作物

①　苏秉琦，殷玮璋：《关于考古学文化的区系类型问题》，《文物》，1981 年第 5 期，第 10—18 页。

②　马利清：《包头张龙圪旦一号墓的族属及部分南匈奴墓葬辨析》，《郑州大学学报（哲学社会科学版）》，2013 年第 11 期，第 137—143 页。

③　孙守道：《"匈奴西岔沟文化"古墓群发现》，《文物》，1960（Z1），第 25—36 页。

④　邹厚本，韦正：《徐州狮子山西汉墓的金扣腰带》，《文物》，1998 年第 8 期，第 37—43 页。

⑤　黄清敏：《正史中的胡床及其变迁》，《湖北民族学院学报（哲学社会科学版）》，2010 年第 5 期，第 83—88 页。

则是东北半农半牧经济类型下的产物。民族融合发生发展的过程与统一的中华民族形成发展的过程具有同一性。中原王朝早在春秋时代已经有了郡的建置，"克敌者，上大夫受县，下大夫受郡。"① 战国时期，秦、赵、燕三国也在北部边疆设置行政机构"郡"以巩固边防。秦帝国在义渠故地设置三郡"筑长城以拒胡"。西汉中央政府设置职官"护乌桓校尉一人，比二千石"，兼管乌桓部落与周边农耕居民的产品交易行为，"岁时互市焉。"这些管理边疆的行政机构和管理游牧部落的职官的设置，使得两汉时期北方边郡一带出现了以不同生产方式进行生产生活的民族之间的交错杂居，客观上有利于农牧民族的深层次融合。此后还有宋代的茶马司、元代的西蜀监、明代的榷场使司和茶马使司等管理游牧部落的职官。而在唐代更建立了兼跨长城南北两种（或多种）迥然有别的地域及其族群为一体的政权，长城转而成为沟通南北东西的战略要地。② 在国家治理中，对农业、畜牧业民族采取双轨制管理也是重要的制度创新。在农业区实行州、县制度；对畜牧业地区，中央机构则设置了属国、大鸿胪、南北面官、理藩院、羁縻府州和都护府、都司、参赞大臣、办事大臣等，实行胡汉分治或因俗而治。③ 自秦汉在长城地带农业区建国，匈奴统一畜牧业地区而建立统一政权，至公元前51年呼韩邪单于归汉，两政权归于统一，中国国家政权始有农、牧政权合一的性质，直至明清，中国的国家基本制度一脉相承，文化传统从未被割断。④ 此外，长城还发挥了重要的交通通道作用，依托长城的交通网络在长期的中外经济文化交流中形成，又反哺了这种经济文化交流。长城不仅仅是古代边疆的防御边界，同时也连接了中原文明与周边多种文明，是

---

① 杨伯峻：《春秋左传注》，北京：中华书局，2009年，第1614页。

② 李鸿宾：《中华正朔与内亚边疆：兼论唐朝北部长城地带的意涵》，《学术月刊》，2017年第2期，第13—19页。

③ 李凤山：《论长城带在中国民族关系发展中的地位》，《中国史研究》，1998年第2期，第140—153页。

④ 阴法鲁，许树安：《中国古代文化史》，北京：北京大学出版社，1991年，第427，459页。

丝绸之路跨区域、跨文化交流、文明对话的重要纽带，推动了各方区域思想、政治、文化、科技、经济的发展。① 在古代中国，长城地带各地区、各民族社会经济和文化发展水平差异极大，中原农业区相对进步和发达，长城的修筑使民族文化的差异以更直观的方式表现了出来。汉文明不仅对长城地带各少数民族的文化发展有着巨大影响，更通过长城沿线各少数民族传播到更远的区域。迄今在许多民族聚居地区都发现和出土有《论语》《孝经》，甚至载有《礼记》的木简、帛书和其他纸抄的汉文经史典籍，此外还有大量的汉文经史典籍被译成民族文字或口头传承而在长城地带各民族中广泛流传，并且有的儒家思想还演化成少数民族的民族习俗。② 与此同时，一些游牧民族的文化习俗，如服装、坐具、饮食风俗等也融入农耕文明中。

核心价值观是一种文明体系下人们行为处事方式的依据。③ 文化遗产价值是由一系列类型多样、彼此关联的子系统构成的价值体系，不同时代和不同民族的文化价值体系有着明显的差别。④ 在历史、艺术和科学价值为主导的认知体系下，从"合理利用"的技术层面认识长城的基本价值，首先回答了长城是什么及长城价值的具体表现形式。⑤ 再进一步探讨，从中国文明形成发展演变的宏大历史背景看待长城的建造以及长城地带的农牧互动，可以探索和揭示考古学上所体现和反映的，蕴含着汉文明思维方式和行为处世方式特点的长城核心文化价值。具体而言，"有形"的长城是中国古代社会物质文明的产物，是

---

① 陈同滨，王琳峰，任洁：《长城的文化遗产价值研究》，《中国文化遗产》，2018 年第 3 期，第 4—14 页。

② 李凤山：《论长城带在中国民族关系发展中的地位》，《中国史研究》，1998 年第 2 期，第 140—153 页。

③ 段清波：《礼与规矩构成的文化价值观：中国文明的三观智慧（三）》，《学习时报》，2018-08-22（A3）。

④ 刘艳，段清波：《文化遗产价值体系研究》，《西北大学学报（哲社版）》，2016 第 1 期，第 23—27 页。

⑤ 刘艳，段清波：《长城世界文化遗产保护研究》，《中国国情国力》，2016 年第 10 期，第 42—44 页。

汉文明"对立"思维方式的物化表现，具有突出的历史、科学、艺术、教育、军事、建筑、文学、社会、景观等价值；而"无形"的长城作为中国文明"礼"与"规矩"核心文化价值的集散地，见证了农牧民族从物质生活到社会生活，再到精神生活的长期融合之路，体现汉文明变通的思维方式特点，是中华民族的精神象征和文化财富。

第八章

长城国家文化公园文化价值阐释与传播研究

中国是统一的多民族国家，中华民族呈现出多元一体的格局。几千年来，我们的国家和民族正是在这样的碰撞、融合中发展进步的。修筑长城，体现了对长城之外生活族群的承认，代表着一种共存共生、融合发展的关系。长城内外是独立存在、相互依赖的整体。长城，是中华民族爱好和平这一文化情结的表达。长城的每一块砌砖、每一块垒石上都凝结着中华民族的和平愿望，多元利益平衡基础上的一体利益最大化是中华民族的智慧。人类的发展也应当以多元利益平衡基础上的一体利益最大化为目标。从这个意义上说，长城是人类文明的标志。我们要以历史的眼光去看待长城在不同阶段的作用，但它的核心思想和文化是一脉相承的。

　　长城文化很丰富。物质墙体、历史背景、精神内涵及围绕长城孕育生发的地方文化等都应该包括在内。长城文化应该分为长城本体文化与长城辐射文化。长城本体文化是指长城本身所蕴含的文化，长城辐射文化是指长城衍生出来的与长城相关的文化。长城本体文化附着在高大巍峨的墙体上，但长城无论延伸到哪里，都会对那里的文化发展起到生发与促进作用，或改变当地的某些文化现状，或产生一些新的文化内容，这就是长城辐射文化。长城对一个地方文化的影响既是直接的，也是潜移默化的。直接影响在于，长城延伸到哪里，就会把那里的土地分割开来，而这个分割往往涉及人群的分割、资源的分割，进而影响边民的生产生活和社会交往；潜移默化的影响表现在人们面对如此巨物，甚至参与此巨物的建设中，这种体验和感悟将作为宝贵经验，内化为人们的精神内核流传下来，比如劳动人民的创造精神，吃苦耐劳的奋斗精神，众志成城的团结精神以及与艰苦环境斗、与入侵势力斗的斗争精神。这些精神又以传说、故事、诗文、绘画等形式固定留存，影响着一代代人。

建设长城国家文化公园是为了构建中华民族的重要标志，保护和传承优秀传统文化，凝聚强大的精神力量。[①]2019 年，中华人民共和国文化和旅游部、中华人民共和国国家文物局联合印发《长城保护总体规划》，明确长城具有"承载中华民族坚韧自强民族精神的价值""坚定中华民族文化自信的历史文化价值""承载人与自然融合互动的文化景观价值"。随着时空的变化，长城已经与原生的历史社会环境产生分离，成为"完全非活态的军事工程"[②]，失去了原有的军事功能，并与当代时空存在距离，与当代社会缺少关联，这与大运河、长江、黄河等不同。因此，在新时代，长城凝聚的文化价值内涵需要重新挖掘、阐释与传播，构建国家、民族和全人类共同价值。

① 白翠玲等著：《长城国家文化公园（河北段）文化遗产展示体系研究》，《长城研究》2022 年第 3 期。

② 李哲等著：《"水培体系"支撑下的长城国家文化公园建设思考》，《中国文化遗产》2021 年第 5 期。

第一节　长城国家文化公园的顶层设计及战略意义

自 2019 年我国将长城、大运河和长征国家文化公园的建设列入国家重点建设项目之后，黄河与长江国家文化公园建设随之也被列入。随着该系列重大项目的推进，2021 年，中宣部、国家发改委、文旅部牵头，开始研究制定长城、大运河、长征国家文化公园建设保护规划以及沿线各省份的建设管理规划。在几大国家文化公园建设中，长城居首位，是国家文化公园建设的重中之重。长城是世界文化遗产之一，建造持续时间久，建造技术高超，形态独特。1987 年，长城被联合国教科文组织列为中国首批世界遗产名录。根据国家文物局的调查，我国的长城遗存涉及北京、天津、河北、山西、内蒙古、辽宁、吉林、黑龙江、山东、河南、陕西、宁夏、甘肃、青海、新疆 15 个省（自治区、直辖市）404 个县（市、区），涵盖了战国、秦、汉长城，北魏、北齐、北周、隋、唐、五代、宋、西夏、辽等具备长城特征的防御体系，以及金界壕和明长城。[①]

2022 年 3 月份公布的第一批国家级长城重点段名录共有 83 段，其中秦汉长城 12 段、明长城 54 段，其他时代长城为 17 段。在长城沿线地区中，位于河北的明长城基本形态保存最为完整，而武威自古战略位置十分重要，是历代中原王朝与少数民族争夺的前哨。汉、明两朝为巩固边疆统治，都曾在武威修筑长城。由于涉及的朝代、民族、历史、文化事件众多，因此长城国家文化公园武威段非常具有典型性，不但彰显出浓郁的地域色彩，并且凸显出不同历史时期该区域内民族、文化、艺术的独特魅力和民族间交往交流交融的鲜明

---

① 国家文物局：《长城保护报告》，2016-11-30。

特征。

长城国家文化公园的构建有三个方面的维度。首先，从整体概念上来说，"国家文化公园"不等于"国家公园"。国家文化公园作为顶层设计，为世界首创，所包含的内容远远超过以往任何一种形态。无论长城、大运河、长征，还是黄河、长江，都是以线性文化遗产为标志，有别于以往点、块、面的建设模式。对核心文化价值和文化遗产的强调、保护以及开发再利用是国家文化公园的特色之一。其次，长城国家文化公园不仅呈线性带状分布，而且得跨越时间和区域的局囿。由于长城沿线 15 个省份各地经济社会发展水平不同，"在对长城的保护、利用等方面的广度、深度、力度都不一样，因此需要统一的国家文化公园管理机制来统筹，从而提升长城的整体形象，促进各地合作发展。但同时跨区域管理等方面的挑战也不小。"[①] 再次，在沿线省市之间、城乡之间围绕长城周边发展和建设打破了以往各种行政区域壁垒，有别于以往的城市中心战略。以偏远落后地区为重点，旨在激活自然与人文双重资源，以项目建设带动当地经济发展，实现文化强国的长远战略目标。

因此，长城国家文化公园的建设具有深远意义。一方面，长城国家文化公园能与长城相关景区、自然保护区及其他国家文化公园等项目优势互补、效用叠加；另一方面，长城国家文化公园更需突出文化内涵及长城在文化遗产中的独特作用。伴随着国家文化公园建设保护规划的颁布和实施，长城沿线 15 个省份的长城国家文化公园将拥有统一的建设标准、规范及管理模式，对长城的保护修缮、长城沿线地区历史文化的挖掘、配套设施建设、文旅融合发展、运营管理机制、地方经济等方面都具有重要的意义，有助于古老的长城资源活化利用，重新焕发生机。尤其对于经济欠发达地区来说，建设长城国家文化公园无疑是一个重大的、长远的历史发展机遇。长城国家文化公园的建设是以"核心点段支撑、线形廊道指引、区域连片整合、形象整体展示"为原则，构建

---

① 李婷，王斯敏等著：《长城国家文化公园怎么建》，载于《光明日报》，2019-10-09。

"1+2+15"规划体系。

《长城国家文化公园（甘肃段）建设保护规划》结合时空分布、地域特色、发展需要等要素，对甘肃省长城文化资源进行系统梳理，对价值内涵作了准确提炼，并以此为依据划定了形成"三园、三段、八点一线"的总体布局。将以"打造中华文化重要标志"为总体方向，着力打造保护传承、研究发掘、环境配套、文旅融合、数字再现5大重点工程和"河西汉塞"等核心展示园、"居延古道"等风景道示范段，到2025年全面建成长城国家文化公园甘肃段。

《规划》"三园"分别是"河西汉塞"核心展示园，主要展示世界文化遗产玉门关遗址，丝路要隘阳关遗址和敦煌汉长城；"明代雄关"核心展示园，主要展示明代长城西端起点"天下第一雄关——嘉峪关"、万里长城第一墩、悬壁长城、酒泉肃州区边弯长城；"陇右屏障（战国秦）"核心展示园，主要展示战国秦陇右屏障西端起点望儿咀段长城，临洮、通渭、岷县境内的长城墙体、壕堑、烽火台、山险及相关其他遗存等。

"三段"以3处核心展示园为基点，以汉长城、明长城、战国秦长城资源为分支，汇集形成3条展示带，即：汉长城集中展示带，以敦煌、瓜州、玉门、金塔等地部分点段为重要展示节点，形成甘肃汉长城集中展示带，其中重点打造金塔长城国家风景道示范段；明长城集中展示带，以嘉峪关、酒泉肃州、山丹、临泽、永昌、民勤、古浪、天祝、景泰、兰州西固等地部分点段为重要展示节点，形成甘肃明长城集中展示带，其中重点打造山丹长城国家风景道示范段；战国秦长城展示带，以临洮、通渭、静宁、环县、华池等地部分点段为重要展示节点，形成甘肃战国秦长城集中展示带，其中重点打造榜罗镇长城国家风景道示范段。

"八点"根据全省长城分布特点，结合核心展示园、集中展示带分布范围，建设8个长城特色展示点，分别是临泽、永昌、民勤、古浪、天祝、景泰、环县、华池，依据长城及其周边自然风光、文化景观等设置不同的展示主题。围绕"三园、三段、八点"总体布局，《规划》分别设置了具有特色的保护展示主题。

依据《规划》三个阶段发展目标，到 2021 年底，长城国家文化公园甘肃段管理机制初步建立，公共服务设施建设、文化资源挖掘与创作、基础数据库建设等项目基本落实。到 2023 年底，全省长城资源保存状况和环境风貌显著改善，长城资源实现整体系统保护，长城沿线文物和文化资源保护传承利用协调推进，科学保护、合理利用局面初步形成。长城国家文化公园甘肃段初具雏形。到 2025 年，长城国家文化公园甘肃段全面建成，"三园、三段、八点一线"空间布局重点任务全面落实，成为坚定文化自信、建设文化强省、讲好中国故事甘肃篇的重要载体。武威市作为甘肃长城国家文化公园建设的重要地段，高起点、高标准、高效率建设具有武威风格、武威特色的区域性长城国家文化公园（武威段），对武威高质量可持续保护长城遗址，实现长城活化利用，促进文旅深度融合发展，推动文化旅游名市建设和建设"六个新武威"意义重大。

第二节　新时代长城国家文化公园建设的价值意蕴

新时代，一个国家的文化软实力愈发成为衡量其综合国力的重要体现。中华文明作为有待保护和传播的重要文化资源，蕴藏着重要的价值属性。长城国家文化公园作为延续中华文明精神品质、扩大中华文明影响面积、实现中华文明多向传播的重大文化工程，对于国家发展、社会稳定和人民幸福等方面均具有重要的贡献和价值。

一、国家价值：铸牢中华民族共同体意识

中国是历史悠久的文明古国，在几千年不断的演变和发展过程中逐渐形成了兼容并包、兼收并蓄且不可分割的有机整体。铸牢中华民族共同体意识能够极大程度上提升人民归属感、强化民族之间的情感纽带。长城国家文化公园不同于一般的"文化公园"形态，前者以对国家发展具有重大意义的文化资源为核心。长城国家文化公园不仅能够优化文物遗产保护的基本理论，还能够深化民族文化符号对人民精神文化生活的塑造作用，进而实现我国文化遗产话语体系的显著跨越，不断唤起和发展中华民族内心深处的民族基因。

观念升级推动文化遗产保护理念的层级提升

全面提升文物保护利用和文化遗产保护传承水平，为铸牢中华民族共同体意识提供丰富历史滋养，构筑中华民族共有精神家园。长城国家文化公园作为保护和传承中华优秀传统文化的重大文化工程，在学习国外各种文化遗产保护历史经验的基础上，充分考量国内各种遗址和文明遗迹的现实状况下，不断实现对文化遗产保护工作的创新化、科学化和系统化，并在此基础上逐渐形成了一套更为全面的文化遗产保护体系。具体而言，一方面，明确了"保护优

先、强化传承"的设计理念，在《长城、大运河、长征国家文化公园建设方案》中明确指出了"保护为主、抢救第一、合理利用、加强管理"的建设方针，在一定程度上破除了以往在文物古迹保护工作中存在的管域重叠和过度保护等问题。长城国家文化公园是在做好根本性保护和抢救式防护的基础上，不断调查、寻找并补齐文化遗产资源在开发过程中的短板与不足，更注重对文物资源和文化资源进行内涵解释，使其能够更进一步展现出中华文明的独特魅力和时代价值，进而使人民群众能够主动牢记和践行中华优秀传统文化的思想精髓、道德观念、基本理念，自觉传承好优秀的传统文化，主动参与到文化遗产的保护工作中去。另一方面，提出了"先易后难、逐步实现"①的建设原则，长城国家文化公园作为国家主导、涉及全国多个省区直辖市、参与人数众多、规模巨大的文化工程，不同于单体小文化遗产的保护工作，先易后难的建设原则为推进大型文化遗产保护工作提供了坚实保障。就具体项目而言，如根据《长城保护总体规划》的发展要求，长城国家文化公园步行道建设就需要先对不同省份的墙体、壕堑（界壕）、关堡等文物本体进行考量，接着再考虑长城国家文化公园的覆盖范围、周边景观、周围村落等多方面的因素，通过先易后难的原则才能最快、最有效地实现长城国家文化公园的再生与重现。就不同地区而言，在北京、甘肃和河北等资源丰富的地区可以优先建立遗产保护区，再逐步帮助资源较少的地区完成公园建设工作。这种分步骤、分阶段、分区域的系统化文化遗产保护理念为以后的大型文化遗产工作提供了宝贵经验。

制度优化: 保障全体人民精神文化的共同富裕

实现中华民族伟大复兴既需要强大的物质力量，又需要强大的精神力量。新征程上，提升人民群众精神文明水平、推动人民群众精神生活共同富裕同样不可或缺。长城国家文化公园在建设和发展过程中始终以最广大人民群众

---

① 韩子勇，任慧:《长城国家文化公园步道建设的意义、原则与策略——以长城国家文化公园为例》,《西北师大学报（社会科学版）》, 2022 年第 05 期，第 23—30 页。

实现精神生活的共同富裕为目标导向，通过制度优化不断为社会大众提供高质量的文化服务和文化产品。具体而言，一方面，提供多元化的文化服务，在制度安排和战略构想上，长城国家文化公园不仅考量了文化资源的自然条件和文物遗存的整体布局，同时更重视人文环境和配套设施等进行文化展现的形式和手段。长城国家文化公园通过采取多元化的管理运营模式，除了开设遗产保护区、风景资源区外还建设了科学研究区和历史文献区。在满足人民大众休闲娱乐需要的同时，也提升了不同受众群体对中华优秀传统文化进行科学研究和文化教育的学习效益，以提供给人民群众更多高质量的文化产品。另一方面，实现广泛的文化交流，在长城国家文化公园的建设沿线上，不少地区是经济发展相对滞后、文化资源相对孤立的贫瘠地区。通过推进长城国家文化公园建设以及建立不同地域的联合发展制度，这些单点文化资源能够连点成线，各个地域的单体文化遗产和地方文化资源可被整体性纳入国家遗产保护体系中，使其形成价值共性和地域联系。此举措不仅增多了偏远地区人民群众进行多样化文化交流的机会，使绝大多数受众都能够享受到来自于不同地域的文化资源，同时还能在精神生活的不断充实中逐渐提升共同体意识，正是在长城国家文化公园建设所带来的制度保障下，全体人民群众都能不断加深对不同地域文化特征的认识并丰富其精神文化世界，进而实现广大人民群众精神文化的共同富裕。

体系重塑：实现文化线路话语体系的重大跨越

文化线路作为承载集体记忆、跨越认知边界和增进文化认同的重要形式，高度重视寻找不同国家、不同民族、不同地区之间的文化认同，进而构建一种"价值共同体"。而长城国家文化公园不同于一般的文化线路形态，它对过去抽象的"文化线路"概念进行进一步的整合和提炼，已形成了更具功能性的有机整体。具体而言，一方面，从"命运共同体"而言，长城国家文化公园不仅依靠文化遗产的贯通性和凝聚性深化了不同地域和族群之间的文化共识，同时还通过遗产教育和遗产旅游等多样化的教育形式将遗产命运跟国家命运、民族命运之间建立了紧密的联系，真正意义上强化了遗产保护工作中价值理念引领和文化资源共享的属性功能。① 另一方面，从"人与自然生命共同体"角度来说，它深化了人与自然的关系认识。长城国家文化公园高度关注人与自然的辩证关系，自然地理环境作为长城国家文化公园的重要背景因素，包含着大量的文物和古迹。各种遗址遗存又是人与自然关系的生动表现。长城国家文化公园所展现出的线性文化遗产不仅是各种文化资源及其文化精神的具体体现，同时也是人们在残酷自然环境下充分发挥主观能动性、展现不屈不挠精神的重要形式，展现了人与自然不断协调、不断和解和发展的过程。

二、社会价值：推动了现代文化产业体系的系统建设

现代文化产业体系作为提升国家文化软实力、加强社会主义精神文明建设过程中的重要产业形态，在推进社会主义文化繁荣发展的过程中具有举足轻重的地位。习近平总书记在全国宣传思想工作会议上指出："要推动文化产业高质量发展，健全现代文化产业体系和市场体系。"现代文化产业自身的文化资源决定了所生产的文化产品的品质和属性。长城国家文化公园作为将各地文化遗产进行贯通联系的文化形式，能够提供给现代文化产业更为优质的文化资源、更为多元的文化场域等，促进形成更为完备的文化资源体系，极大程度地提升中华文明的影响效益。

有利于提升文化遗产的外溢辐射效益

现代文化产业不仅承担着推动文化发展、培养文化人才的使命任务，同时还具有保护文化遗产、传播文化理念的重要属性。文化遗产保护始终是推进文化传承、建设社会主义先进文化的前提要求。以整体性、人民性和国家性著称的长城国家文化公园实现了从过去"以物为本"的保护形式跨越到"以人为中心"的整体性保护模式。通过遗产保护理论的嬗变发展，实现了文化遗产保护

---

① 李飞，邹统钎：《论长城国家文化公园：逻辑、源流、意蕴》，《旅游学刊》，2021年第01期，第14—26页。

工作体系的重大创新，更进一步优化了现代文化产业中对文化遗产保护工作的开展。从作用面积方面来说，长城国家文化公园作为由国家统一部署主导的重大文化工程，具有文化遗产多、建设面积广、覆盖线路长等特点，涉及长城不同地域。并且每个长城国家文化公园都跨度巨大，证明其是通过借助整合全国力量对遗物遗存所进行的系统化保护工作，在长城国家文化公园建设的客观要求下，通过构建起不同地区和区域之间现代文化产业的联动发展模式，极大程度上提升了遗址遗迹保护的系统性和全面性，进一步扩大了中华文明的影响力和传播力，使人民群众更加深刻认识到文化遗产的内在精神并能够不断将其中的精神文化品质传承下去。同时，现代文化产业借助长城国家文化公园的发展态势和自身资源能够创生出更高质量的文化产品，进而实现不同地域文化产业的贯通发展，通过连点成线的方式使文化产业扩大了对文化遗产的宣传和影响面积。从内容质量方面来说，现代文化产业高度依赖文化自身的质量和品质，长城国家文化公园自身的价值定位就是全国具有代表性的文化形态，都蕴含着中国人民独特的精神品质和道德素养，涵养着中华文明生生不息的根基和魂魄。它是最能代表中国精神的文化符号和文化标识，也能够充分满足现代文化产业对文化质量的高标准需求。因此，这种文化形态既能满足社会主义先进文化的发展需求，又能实现人民对于高质量文化产品的现实需要，是符合国家文化建设需要的文化形态，更是有待传播的优秀文化资源。在长城国家文化公园支持下现代文化产业以此作为核心文化，不仅能够以优质的周边文创产品、文化创新理念进一步扩大文化资源的影响力、文化精神的辐射力，更能够从内容和结构上不断推动现代文化产业自身的系统发展。

有益于构建文化资源的自主叙事体系

不同地域文化资源的自主化叙事模式是保证社会主义精神文明建设持续发展的重要环节。这不仅要求现代文化产业要能够准确识别好当地文化资源和文化遗产的属性、类别和特征，同时还要形成全面化、系统化的文化资源的开发、宣传和管理环节。而长城国家文化公园始终高度重视对黄河、长江，长征、长城和大运河等沿线遗址遗存中历史价值和文化属性的挖掘和阐释，主要从体系构建和持续发展两个层面打造了现代文化产业中文化资源的自主叙事体系。一方面，从体系构建上，长城国家文化公园始终坚持发挥国家的主体作用，在国家统一策划和安排的基础上，构建形成了"中央统筹、地区监管、分级管理、多段负责"①的管理模式，通过优化顶层设计、明确执行手段、健全统筹机制等多方面措施最大效率优化了文化资源的开发、调配和宣传工作，解决了以往文化资源的开发脱节和管理脱域等重要问题，在各地长城国家文化公园项目的推进下现代文化产业逐渐形成了更具系统性和针对性的文化资源叙事体系，更加符合社会主义先进文化的叙事逻辑，满足了构建社会主义文化强国的叙事要求。另一方面，从多点发展上，保证可持续发展始终是长城国家文化公园的基本价值定位，同时也是现代文化产业的根本发展要求。长城国家文化公园打破以往遗址孤点、文化片面的孤岛困境，通过将不同地域但同一属性的文化形态和文化资源进行系统整合，使不同地域的文化古迹、历史古城、革命旧址等重要历史资源有机贯通在一起，形成更为系统、全面的文化资源体系，从而保障了现代文化产业对文化资源的完满表达和完整叙事。同时，长城国家文化公园更是实现了不同地域现代文化产业的贯通和融通，推动实现了现代文化产业的整体协调发展。

有助于开辟文旅融合的新型表达模式

推动文化旅游事业蓬勃发展是建设现代文化产业的重要目标，也是长城国家文化公园的重要功能。开展文旅项目不仅是为了顺应社会主义市场经济的发展趋势，更是为了增强人民群众同中华传统文化之间的互动性和参与性。长城国家文化公园的文化遗产保护工作是阐释遗产精神的重要形式，通过对大型遗产项目进行旅游开发、对其文化功能进行多维度探索，丰富和发展了

---

① 冷志明：《长城国家文化公园的"国家性"建构研究》，《吉首大学学报（社会科学版）》，2022 年第 05 期，第 85—92 页。

过去的单一性的文化旅游开展模式。相较于以往的文旅遗产模式，长城国家文化公园凭借其国家性、标志性和带动性实现了文旅融合工作的重大创新。具体而言，首先，在国家性上，以往文化旅游多以参观自然公园、博物馆等由地方政府主导的单体文化观和自然观，但长城国家文化公园始终以"国家性"为主要属性，在进行调度和安排过程中始终坚持发挥国家的主体和主导作用，才逐渐形成了由点及面，更具丰富性和系统化的公园形态。[1] 这是文化旅游在国家层面的重要丰富和拓展，也是现代文化产业的新型发展模式。其次，在标识性上，过去不同地方遗产文化体系更多局限于对于当地文化形态和文化属性的阐释，在整体的文化旅游中文化属性不够突出鲜明，也未能凝练出最具特色的文化形态。长城国家文化公园在设计构想上就设计出能够代表中华文明的五大长城国家文化公园，不仅推动了文化创意产业的发展，更能代表中华文明的思想精髓，进而彰显出中华文明的引领和标识作用。[2] 最后，在带动性上，长城国家文化公园作为公共文化的表达形式，具有较强的带动作用，能够自发地带动周边产业实现协调发展，进而跨越过去单向度的文化旅游模式，在满足人民精神文化需要的同时，亦能够推动不同地域类型的文化旅游产业实现高质量发展。总之，在国家的统筹规划及各地政府遵照规划积极部署下，长城国家文化公园逐渐形成由点及面，全方位、立体化的文化旅游发展新模式。

三、人民价值：涵养了新时代公民的道德素质教育

文化发展的主体是人民，公园的主人是人民，任何文化工程建设都应始终遵循"以人民为中心"的基本原则。长城国家文化公园作为弘扬中华优秀传

---

① 冷志明：《长城国家文化公园的"国家性"建构研究》，《吉首大学学报（社会科学版）》，2022年第05期，第85—92页。

② 刘庆柱，汤羽扬等著：《笔谈：长城国家文化公园的概念定位、价值挖掘、传承展示及实现途径》，《中国文化遗产》，2021年第05期，第15—27页。

统文化精神、满足人民精神文化需求以及提升人民精神文化素质的重大文化工程，始终以增进人民的精神福祉、提升人民的生活品质为重要发展目标。随着各地长城国家文化公园的逐步发展和推进，长城文化等标志性文化的内容和内涵得以不断延伸和发展，在不断发展的过程中蕴养着新时代中国人民的精神气质。

培育多位一体的国家观

长城国家文化公园相较于一般的文化公园更加突出"国家"的精神价值，其建设的重要目的之一就是弘扬国家精神。在以长城、长征、大运河，长江、黄河等为代表的中华文明漫长的演进过程中，国家观念逐渐变得系统、全面。如以长城国家文化公园在建立长城过程中，面对各种民族冲突和风险挑战所展现出来的不畏强敌和勇于反抗的爱国精神、长征国家文化公园彰显了中国共产党在长征之路上面对来自四面八方敌人时的不断顽强拼搏以及追求独立的国家情怀、黄河国家文化公园所表达的是在人民不断尝试治理黄河过程中所形成的敢为人先、大胆尝试的国家创新精神等等。这些国家文化公园都蕴含着"爱国""卫国"等重要精神。再通过整合和发展最终形成了为多数人所认同的国家观念，汇聚成了中华民族得以绵延发展的重要国家思想。

树立团结统一的民族观

国家文化公园不同于西方的国家公园形态，它具有通过传承中华文化以增强民族之间价值认同和情感归属的重要职能；同时也不同于一般的遗址文化公园，它始终站在国家层面彰显中华民族最为重要的精神谱系和价值要义。长城国家文化公园以千年历史变迁中所形成的文化历史和民族故事为根基，蕴藏着民族观念和民族价值，如万里长城伟大历史奇迹的形成是中华民族团结统一、众志成城克服万难的精神象征，蕴含着民族之间协同合力才能创造未来的文化主张。长江文化自身就是团结的象征，长江作为中华民族的母亲河，是作为中华文明多元一体的重要标志，是将中华民族统一起来的重要标识，正是在长江文化的滋润和养育下才实现了将不同民族联系在一起的重要任务。黄河文化代表着团结一心、荣辱与共的民族精神，尤其在面对外来入侵时，更是集体喊出了"保卫家乡、保卫黄河、保卫华北、保卫全中国"的宣言和口号，展现出了众志一心的精神气魄。而长征文化更是如此，红军长征最终能取得胜利，关键就在于内部的团结和统一，在面对任何艰难的条件下始终坚定对党的忠诚，对队伍的统一。总之，虽然不同国家文化公园具有着差异化历史文化和历史故事，但都彰显了团结统一民族观，显著提升了新时代公民对团结统一民族精神的认识。

造就高屋建瓴的历史观

形成正确的历史观是对每一位公民的基本认知要求。长城国家文化公园作为由国家主导的文化公园体系，并不孤立静止地看待某一类、某一地的具体文化形态，而是强调对国家文化整体发展的构想和判断。对历史发展提炼和总结才能明确出具有标志性和代表性的文化资源。一方面，强调历史周期性，任何一段文化都不是短暂和孤点式的文化形态，都是经历多次历史变迁，甚至是王朝更迭后才逐渐形成的文化样态。因此，长城国家文化公园不同于一般仅立足于一处遗址和文物的遗址公园，而是在空间上将整个文化体系进行串联，将多点、多域、多区的文化遗产资源进行统合。① 其主要还原出不同文化整个的发展周期，将中华文化整体的生成、发展和演进的历程都展示出来，能够更大程度体现出中华文明的作用面积。另一方面，重视历史影响力，中华文明作为兼容并包、兼收并蓄的文明形态，其中蕴含着各朝各代多样化的文化体系。长城国家文化公园在价值定位上不仅重视基本的历史长度，同时更对其中具有历史影响力的价值体系、文化符号等进行判断和选择，并最终选择出真正具有宣传价值和发展前景的文化体系作为国家文化公园的构建基础。总之，长城国家文化公园的建设从重视历史影响力和强调历史周期性两个方面培育了公民系统化

① 李树信：《国家文化公园的功能、价值及实现途径》，《中国经贸导刊（中）》，2021年第03期，第152—155页。

的历史观念。

激活天人合一的自然观

长城国家文化公园不仅以弘扬中华文明、推进社会主义精神文明建设为基本要求，同时也以加强对各种历史文化资源的保护、利用和传承为根本宗旨，在建设过程中高度关注人与自然之间的内在关系，不断激活了广大人民群众内心天人合一的自然观。一方面，以自然美学为主，以长城为代表的文化样态都具有着几千年的历史底蕴，其文物形态大多跟环境融为一体。如经历了 2000 多年的古迹长城跟周围的山川、草原融为一体，国家文化公园在进行重新构建和开放过程中始终坚持"科学规划、原状保护"①的原则，如对长城文化本体、长征文化景观等人文景观风貌都采取绕、避、让的建设态度，尤其对于天然的山岭、草原、森林等景观都以遵照原貌为主，展现了尊重自然、敬畏自然的自然观念。另一方面，以人工干预为辅，长城国家文化公园作为"公园"而言，需要按照公园的标准来进行改造。即使对于部分步行道、文化景观博览馆等必须进行修建和完善的部分，也始终遵照维护原有样貌和历史本色的原则，对于材料的选择上也以符合自然发展要求的材料为主，都最大化地减少使用沥青、柏油等石油产品。同时，在自然景观本来样貌的基础上进行建设，最大程度保证自然生态的原始性，如在构建长城国家文化公园时就曾强调要最大限度地保护长城文化景观的构成要素以及其他与长城关联密切的景观风貌，争取以最大程度突出国家文化公园的本来自然价值，在长城国家文化公园建设的过程中所体现出人与自然和谐发展的建造模式和发展模式，不断涵养了广大人民群众天人合一的自然观。

形成绵延赓续的发展

建设长城国家文化公园的主要目的之一就是传承中华文明，扩大中华文明

---

① 韩子勇，任慧：《国家文化公园步道建设的意义、原则与策略——以长城国家文化公园为例》，《西北师大学报（社会科学版）》，2022 年第 05 期，第 23—30 页。

的影响力。广大人民群众得以实现持续性的自身进步和发展不仅需要经济基础的物质保障，同时还需要以文化精神为动力支撑。国家文化公园在理念设计和具体建设方面都充分彰显了绵延赓续的发展观。在设计方面，长城国家文化公园在自身属性定位上就将"可持续发展"列为衡量建设成效的重要指标，相较于一般的国家公园而言更加重视可持续发展性。不同文化形态始终都是中华文明得以源远流长、持续发展的思想精髓。如在铸造长城过程中就体现出了中华民族为追求持续发展所展现出来的坚韧不屈、自强不息的奋斗精神。长江和黄河作为中华民族的母亲河是中华民族和中华文明得以生生不息的根本保障，更是在物质和精神等方面得以持续发展的重要标志。大运河文化更是代表着中华文化的生命力和延续性，物资人员来往不断，所载的人和货物不计其数，保障着人民持续的生活等等。任何国家文化公园都始终承载着实现中华民族繁荣昌盛、开放发展的重要文化观念。在建设方面，长城国家文化公园以资源统筹来保证其持续发展，在建设国家文化公园时通过点、线结合，将沿线众多的物质文化遗产和非物质文化遗产等文化符号有机联结起来，有效避免了单个文化资源在时空中无法展现出完整价值的自身局限性。通过将地方文化和单体遗址纳入统一的国家遗产体系中，使其形成利益相关、价值整体的文化公园体系，呈现出可持续发展的特点。总之，国家文化公园在基本理念和具体执行过程中都彰显出了保证持续发展的重要思想，对于广大人民群众的发展观具有重要的塑造作用。

第九章 ❦

武威长城文化遗产保护实现路径

2019 年 8 月，习近平总书记在视察嘉峪关关城时强调："当今世界，人们提起中国，就会想起万里长城；提起中华文明，也会想起万里长城。长城、长江、黄河等都是中华民族的重要象征，是中华民族精神的重要标志。我们一定要重视历史文化保护传承，保护好中华民族精神生生不息的根脉。"总书记的讲话为我们做好长城保护和研究工作提供了根本遵循。作为中华文化的核心组成部分，长城文化是文化强国和文化自信的重要内容。在当今百年未有之大变局背景下，长城保护和研究要服务于国家发展战略，不断赋予长城文化新的时代内涵。

第一节　武威长城文化资源概述

长城是人类文明史上最伟大的建筑工程之一，也是整个中华民族生生不息、波澜壮阔历史的见证，还是传承和弘扬中华民族历史文化的重要载体。同时，长城是理解中国史乃至世界史的重要视角，审视长城所反映的中华文明独特内涵，对于从整体上揭示中国历史发展道路与世界上其他文明的历史分途具有重要意义。

长城国家文化公园武威段的长城分布情况

武威地处河西走廊东端，有"通一线于广漠，控五郡之咽喉"之称，历来为军事战略要地，不仅作为西北重镇屏护着汉唐古都长安，同时也是丝绸之路上东西方文化、物资交流的重要驿站和商埠。长城的修筑在维护丝绸之路畅通，保障河西军屯和郡县移民实边安全，促进中外经贸文化交流和民族融合中都发挥了重要作用。武威是甘肃省保存长城遗迹较为丰富的市州之一，境内现存长城的修筑时间主要集中在汉、明两个时期，长城全长629公里（其中汉长城198公里，明长城431公里），单体建筑354座，关堡26座。其中，汉代长城全长198公里，单体建筑87座，关堡7座。明代长城全长共431公里，单体建筑298座，关堡19座，相关遗存2处。2006年全市境内历代长城国务院整体公布为全国重点文物保护单位。2016年，省政府公布了全市590个长城点断的保护范围和建设控制地带。2020年武威境内凉古段、民勤段、天祝段长城，被列入第一批国家级长城重要点段名录，也被纳入长城国家文化公园（甘肃段）"338"规划布局的重点展示区段。2006年至2011年长城资源调查表明，武威市三县一区境内均有长城分布。

武威的汉长城是随着汉朝经营西域而分段修建的，为巩固新纳入中原版图的河西走廊边陲之安定，元鼎六年（公元前111年），汉武帝命人修筑了由令居（今甘肃省永登县）至酒泉连绵数百公里的长城，沿长城设障、塞、烽燧和壕沟。《史记·大宛列传》记载："汉始筑令居以西，初置酒泉郡，以通西北国。"《史记·平准书》记载："数万人度河筑令居。"武威境内的汉长城东起永登县下沟滩，向西北穿越武威市天祝县、古浪县、凉州区、民勤县，在民勤县内分为两条：一条自民勤县进入金昌市金川区，经内蒙古自治区阿拉善右旗，进入张掖市山丹县，随后一路向西延伸，止于敦煌市西部湾窑盆地广昌燧；另一条自民勤县经永昌县进入山丹县，止于双墩子一带。因多为黄土夯筑且历史久远，汉代长城相关遗迹保存较少。

武威境内明长城主要有两条线路，一条是大致呈南北走向的"旧边"长城，另一条是大致呈东西走向的"新边"长城，新旧边长城交汇于凉州区黄羊河农场大门西侧。"旧边"筑于明正德年间，沿古浪河东岸北下，经下西湾、贾家后庄到胡家边东折，再经任家庄、朱家西滩、柴家墩、朱家庄、马家庄到青石湾阁门，同汉代壕墙相接。明万历二十六年（1598年），三边总督李汶集七路之师，分道出兵，进剿盘踞于大小松山一带的鞑靼阿赤兔等部。次年修筑"松山新边"。这条"新边"长城东端与黄河东岸的固原镇裴家川长城隔河相望。两端同甘肃镇古浪所、庄浪卫（今甘肃省永登县）旧边相衔接，构筑于松山北麓与荒漠沙滩之间，全长400余里，墙内新筑土门、大靖、裴家营、红水河、三眼井、芦塘等军事要塞，形成了明后期长城军事防御体系线状分布、点线结合的基本特征。

凉州区境内长城包括汉长城23段47.95公里，明长城53段63.203公里，汉代壕堑7.181公里，烽火台20座，敌台52座，堡4座。汉、明长城均分布于凉州区东北部，呈东南—西北走向。汉长城起自古浪县七墩附近，在武威—民勤公路红水河大桥西侧，进入民勤县境内。明长城起自民勤—武威公路红水河大桥西侧，在黄羊河农场春风水渠墙体豁口处进入古浪县境内。该段长城具有汉代和明代两个时期长城叠加修筑的显著特征。

　　天祝县境内长城包括明长城 18 段 55.899 公里，汉代壕堑 11 段 49.731 公里，烽火台 43 座，敌台 9 座，堡 3 座。汉明长城均分布于天祝县中部，大体呈东南—西北走向。汉长城起自永登县富强堡一带，止于与天祝县交界的古浪县油房台村。明长城起自古浪县磨河湾，止于乌鞘岭沟口安门村一组。天祝县境内乌鞘岭长城和石洞沟梁长城，是特色鲜明的雪域高原长城。

　　民勤县境内长城包括汉长城墙体 14.817 公里，烽火台 23 座，敌台 1 座，关堡 3 座；明长城墙体 144.76 公里，烽火台 50 座，敌台 22 座，关堡 6 座。汉长城分布于民勤县南部和中部，整体呈东南—西北走向。起自凉州区武威—民勤公路红水河大桥西侧，经过黑水墩后，进入金昌市金川区境内。明长城主要处于石羊河下游两岸的绿洲平原地带和沙漠边缘地带。分为两条线路：一条分布于县境南部，大致呈东南—西北走向，自永昌县喇叭泉进入民勤县，至扎子沟林场东南民勤—武威公路红水河大桥西侧，进入凉州区境内；一条环绕于县境西、北、东部，基本呈西南—东北—西—西南走向，自永昌县郑家堡东北进入民勤县，至扎子沟林场 3 号敌台处与第一条线路汇合。民勤县长城是沙漠长城的代表。

　　古浪县境内长城包括汉代长城 1 段 3.035 公里，明代长城 55 段 151.091 公里，汉代壕堑 15 段 73.448 公里，明代挡马墙 1 段 110 米，烽火台 95 座，敌台 41 座，关堡 5 座。汉长城分布于古浪县中部，大体呈东南—西北走向，起自与天祝县交界的油房台村，在四墩村北七墩附近进入凉州区境内。明长城分布于古浪县北部、西南部等地，分为三条线路：第一条分布于县境西南部，属明长城"旧边（也称冲边）"，大致呈南—北略偏东走向，起自凉州区黄羊河农场春风水渠墙体豁口处，至磨河湾进入天祝县境内；第二条分布于县境北部，属明长城"松山新边"，大致呈东南—西北走向，起自与凉州区交界处满家豁口，至张家梁倪家沟西昌灵山南麓余脉浅山地带，进入景泰县境内；第三条为"胡家边长城"，大致呈西南—东北—东南走向，起自泗水镇光丰村贾家团庄，至土门镇青石湾村暗门处与新边长城相接，新旧两边汇合。古浪县境内连续完整的三道明长城，构成了明长城甘肃段修建简史。

长城遗存地域特色鲜明。武威境内长城以黄土夯筑为主，建筑形制囊括墙体、关堡、烽燧、壕堑、天险等全部长城类型。受地理环境因素影响，境内各县区长城遗存各具特点。长城墙体所经地区、地形环境复杂多变，既有高山草原，又有绿洲平原，还有浅山缓坡和沙漠戈壁，形成了风格迥异的人文景观。位于天祝县境内的乌鞘岭长城和石洞沟梁长城是现存海拔最高，地域特色鲜明的雪域高原长城，此段长城以蓝天白云和终年积雪的马牙雪山为背景，汉代壕堑和明代长城在山顶、谷底蜿蜒并行，蔚为壮观。民勤县长城周边环境恶劣，虽因几百年来的风雨剥蚀、流沙壅压，长城塞垣大部毁坏，许多地段形迹不清，但如此长的时间并没有让长城完全消失，仍有多处遗迹可觅，是环境恶劣地区长城遗址的代表。古浪县境内保存连续完整的三道明长城，修筑于三个不同历史时期，构成了明长城甘肃段修建简史。凉州区境内的长城保存相对完整，具有汉代和明代两个时期长城叠加修筑的显著特征。

长城文化内涵丰富深厚。在河西走廊修建长城的主要目的是保障丝绸之路这条东西方的国际通道畅通无阻。在长城的保护下，2000多年前中国的丝绸制品通过丝绸之路到达地中海沿岸各国。武威是古代丝绸之路重镇，汉明长城不但抵御了北方匈奴和蒙古残余势力南下侵扰，保障了中华民族西北边陲的安定和经济发展，还保证了丝绸之路的安全和东西方经济文化交流的畅通。武威汉明长城对保障古代中外交流起到了至关重要的作用，它使中原免受战火侵扰，保证了中原地区的政治稳定。武威境内汉明长城的修筑史可以说是一部中国古代西北边防史。长城是军事防御及和平共处的实体建筑，蕴含着不同时期的文化内涵，是多民族团结友好的象征，是华夏大地最雄伟、最宏大的文明标志，也是中华民族精神文明的产物。

非遗资源丰富

在长城的屏护下，文化艺术也通过丝绸之路得到了交流。在悠久的历史岁月中，农耕文明与游牧文明相互碰撞、中西方文化彼此交流、中国传统文化与西部外来文化兼容并包，在不同时代形成了大气磅礴的天马文化、灿若繁星的五凉文化、博大精深的凉州儒学、极具特色的边塞文化、高雅绝伦的西凉乐舞、特色鲜明的西夏文化和色彩斑斓的民俗文化，在中国文化史上享有重要地位，给武威这片神奇的土地带来了无限的魅力。武威历史文化遗产底蕴深厚，是甘肃省文物大市，有中国旅游标志"铜奔马"，稀世珍宝西夏碑，"陇右学宫之冠"武威文庙，大云寺，西藏被纳入中央行政管辖的历史见证地凉州白塔寺，中国石窟鼻祖天梯山石窟，鸠摩罗什舍利塔等宝贵的历史文化遗存。据统计，武威现存文物保护单位 1029 处，其中有全国重点文物保护单位 13 处，省级文物保护单位 49 处，有馆藏文物 5.17 万件，此外，有凉州贤孝、凉州宝卷、凉州攻鼓子、华锐藏族民歌、天祝土族格萨尔、天祝唐卡、民勤曲子戏等 7 项国家级非物质文化遗产代表项目。这些丰富多彩的历史文化遗产是历史遗留给武威人民的珍贵物质财富和精神财富。

武威长城文化资源保护与开发现状

作为历史文化遗产，长城不仅具有极高的历史价值，同时以其修筑时间久、地理跨度大、分布广的特点，表征了各个时代的生产力发展水平，在不同环境和地形地貌上体现了不同构筑技法的土建筑特色。我国古丝绸之路上保存有大量长城以及烽燧遗址，修建历史悠久，时间确定，行经地域辽阔，作为历史的标尺，为历史地理、环境变迁、历史地震、军事等学科的研究提供了极好的参考。西北地区独特的干旱气候和地处戈壁荒漠的环境，干燥的夯土有较好的力学强度，少数长城土遗址才得以保存。

武威市依托国家在长城保护方面的政策重点实施长城保护传承、研究发掘、环境配套、文旅融合等工程，组建市、县两级长城文化保护研究机构，为武威市长城文化资源保护利用、文化遗产传承弘扬、文化旅游产业发展提供了及时有效的政策保障，长城保护工作取得了明显成效。《长城国家文化公园建设保护规划》将武威市民勤县黑山堡，古浪县大靖镇、土门堡，天祝县乌鞘岭汉明长城纳入"一带、十八段、二十六区、多点"总体空间布局中的多个"万里长城"形象标志规划建设。《长城国家文化公园（甘肃段）建设保护规划》将凉州—古浪段、民勤段、天祝段纳入国家"三园、三段、八点一线"总体空间布局中的明代雄关长城核心展示园规划建设。

目前武威成立凉州文化研究院，2021年实施了中国社会科学院国情调研"西北整体视野下武威历史文化遗产研究、保护与转化利用"专项项目，其中包含对武威长城国家文化公园建设研究。为此，武威市政府成立了专门的国家文化公园建设领导小组，地方长城文化遗产保护研究机构——武威长城文化保护研究院，负责对境内长城文化遗产进行研究，建立和完善市域内长城资源数据库建设，打造长城网上空间。地方文旅局也采取相关措施推动长城保护，如古浪县文旅局近年来组织了长城徒步等活动，加强当地居民对长城价值的重视和认同；成立基层长城保护宣传队，引导沿线民众树立长城保护意识，让村民自觉参与到长城保护行动中。修建观光道路和停车场，为长城开展旅游活动提供便利服务。

武威长城国家文化公园建设工作进展

2017年开始实施的国家文化公园建设是当前支持文化传承创新和中华民族现代文明建设的一项重大文化工程，业已提出建设长城、大运河、长征，黄河和长江五大国家文化公园。2023年6月，习近平总书记在文化传承发展座谈会上强调，中华文明具有突出的连续性，如果不从源远流长的历史连续性来认识中国，就不可能理解古代中国，也不可能理解现代中国，更不可能理解未来中国。[①]长城、大运河、长征，黄河和长江，既是承载中华古老文明不曾中断的"突出连续性"的表征符号，又是民众和中外游客了解中国文化、体现中华民族独特性的特有媒介。

武威是长城资源大市，在国家和甘肃省颁布的长城国家文化公园建设规划中都具有重要地位。因此，整合武威长城文化资源，利用具有鲜明地域特色的

---

①《习近平在文化传承发展座谈会上的讲话》，《求是》，2023年第17期。

长城文化，推进长城文化遗产传承保护，推动长城精神与时代元素相结合，促进文化和旅游深度融合，对于提升武威文化软实力，全面建设社会主义现代化新武威具有重要意义。

高度重视，全面加强长城保护工作。市委常委会会议、市政府常务会议专题研究长城保护工作，市委理论学习中心组学习《长城保护条例》《甘肃省长城保护条例》等法律法规，邀长城保护专家就长城国家文化公园建设做专题辅导报告，市、县领导不定期实地调研长城保护工作。市政府办公室印发《关于进一步加强长城保护工作的通知》，文化保护研究院和县区长城文化保护站，全面加强长城保护工作力量。市财政也将长城保护经费纳入财政预算，为长城保护提供经费保障。

争取项目支撑，提升长城文化公园建设水平。结合武威长城凉古、民勤、天祝3个特色展示段的实际，积极推进长城本体保护维修项目落地实施。2016年以来，计争取项目资金8000多万元，相继完成凉州区长城墙体、烽燧遗址一期和二期抢险加固工程，明长城民勤段部分关堡修缮和长城墙体抢险加固工程，古浪县明长城本体保护维修加固和围栏保护工程，明长城天祝段松山新城修缮工程等长城本体保护维修工程10余项。围绕长城展示利用和旅游开发，古浪县在泗水镇圆墩段长城建成管理展示用房、巡护道路和停车场，安装了围栏和游步道。天祝县在石洞沟梁长城修建了观景台，在乌鞘岭长城、安远驿长城安装了观光木栈道等设施。

围绕风貌提升，开展长城保护专项行动。结合长城保护公益诉讼活动，各县区扎实开展长城保护专项行动，严格落实长城两侧5米范围内耕地腾退、拆临拆违、环境整治等工作要求，推动长城抢救性保护向预防性保护转变。自长城保护专项行动开展以来，三县一区共拆除违章建筑和养殖棚52处，流转腾退土地667亩，设置防护围栏8.43公里，更换维修长城保护牌、说明牌60多块。通过开展长城保护专项行动，消除了长城安全隐患，提高了全社会长城保护意识，市域内长城周边环境有了明显改善。

　　谋划储备项目，推进长城国家文化公园建设。《长城国家文化公园（甘肃段）建设保护规划》出台后，武威市召开专题会议，讨论学习《规划》，在深刻理解和掌握长城国家文化公园（甘肃段）"338"规划布局重要内涵的基础上，组织起草《长城国家文化公园（武威段）建设方案》。同时对接规划，积极谋划储备长城保护修复和展示利用项目。截至目前，谋划储备长城本体保护维修项目、长城抢险加固项目、长城保护基础设施建设项目、长城周边环境风貌提升改造项目、文旅融合建设项目等各类项目 25 项，估算投资 2.3 亿元。

　　加强巡查检查，健全长城保护四级责任体系。印发《武威市长城巡查检查办法》，严格落实长城巡查检查制度，持续深入开展长城安全巡查检查。按照"属地管理"原则，各县区长城沿线乡镇实行长城保护段长制，充分发挥长城保护员作用，分点段开展长城安全日常巡查检查工作，全面提升长城保护管理水平。市、县区各级文物部门，长城沿线乡镇、村组，落实主体责任、监管责任，初步建立起市、县、乡、村四级长城保护责任体系。

　　加强宣传引导，着力营造长城保护良好氛围。为进一步营造保护长城、传承文明的浓厚氛围，各县区结合实际，开展丰富多样的保护宣传活动，普及长城保护知识，增强长城沿线群众保护意识。编印《文物保护常识问答》，制作长城专题宣传展板，在长城沿线村庄或人流密集地区宣传长城保护知识，发放长城保护宣传彩页和法律法规宣传材料。利用文化遗产日、国际博物馆日等宣传节点，结合送文化下乡、帮扶入户等活动，入户宣讲长城保护法律法规、发放长城保护宣传资料和相关文创产品。今年以来，人民日报、新华社、中国文物报、检察日报等新闻媒体对长城保护工作进行了多方位的宣传报道，营造全社会重视长城、保护长城的良好氛围，切实提升了武威长城文化对外影响力。

第二节　武威长城国家文化公园建设的现实机遇

　　新时代为长城国家文化公园的系统建设提供了重要的宏观背景和战略机遇，不仅从发展目标、制度保障等多方面为长城国家文化公园建设提供了充分的发展契机，同时还具体给长城国家文化公园的高质量发展提供了更多的资源支持，保障了长城国家文化公园的系统建设。

　　社会主义文化强国建设的逐步推进

　　"十四五"时期标志着社会主义现代化国家新征程的全面开启，文化建设开始迈入了新的发展阶段。党的十九大报告中，总书记明确强调："要坚持中国特色社会主义文化发展道路，激发全民族文化创新创造活力，建设社会主义文化强国。"[①] 更是在十九届五中全会中提出了"到 2035 年建成文化强国的远景目标"[②]，指明了我国开展文化建设的基本方向。党的二十大报告着重强调"全面建设社会主义现代化国家，必须坚持中国特色社会主义文化发展道路，增强文化自信，围绕举旗帜、聚民心、育新人、兴文化、展形象建设社会主义文化强国"[③]。而在建成社会主义文化强国的战略背景下具有着两大重要机遇。一方面，人民群众的文化自信得以强化，人民群众自身的文化自信始终是构建文化强国的重要基础。自党的十九大以来，随着社会主义核心价值观的不断完善以及文

---

　　① 习近平：《决胜全面建成小康社会，夺取新时代中国特色社会主义伟大胜利——在中国共产党第十九次全国代表大会上的报告》，北京：人民出版社，2017 年，第 50 页。

　　②《中共中央关于制定国民经济和社会发展第十四个五年规划和二〇三五年远景目标的建议》，北京：人民出版社，2021 年，第 36 页。

　　③ 习近平：《高举中国特色社会主义伟大旗帜，为全面建设社会主义现代化国家而团结奋斗——在中国共产党第二十次全国代表大会上的报告》，北京：人民出版社，2022 年，第 22—23 页。

化建设和文化改革的推进，人民群众文化水平得以提高、文化认同得以凝聚以及文化根基得以筑牢，总体上实现了文化自信的基本提升，证明了"以人民为中心"作为文化建设基本思路的正确性，同时也表明了在未来的文化建设中依旧要以满足人民群众高层次文化诉求和文化要求为发展导向。另一方面，文化事业和文化产业的蓬勃发展，当前随着文化体制改革，服务体系日益完善，使文化生产力得以解放和提升。立足于人民的文化项目也不断拓展，文化遗产保护工作、重要文化工程项目都在不断推进，如新闻出版、广播电视、哲学和科学事业等也都开始飞速发展。同时，文化产业的新业态开始迅速兴起、传统文化产业不断优化、新型文化企业不断发展、文化产业自身的竞争力和质量得以显著提升。这一切都为长城国家文化公园提供了重要的经济物质保障和精神文化基础，更是明确了在新时代下长城国家文化公园建设的推进方向。

多级政府政策支持力度的不断提升

长城国家文化公园作为顺应中华文明传承和发展工作所提出的重大文化工程，自身的国家属性决定了其不仅能够获得来自中央政府的支持，同时也能得到地方政府的政策推动，正是在国家和地方相关制度文件的切实支持和有力保障下，才厘清了长城国家文化公园的建设方向以及基本职能，从国家牵头开展，到地方具体落实，都为长城国家文化公园的推进和建设提供了重要的制度支撑。一方面，从中央政府层面而言，2016年3月，在《中华人民共和国国民经济和社会发展第十三个五年规划纲要》中的"重大文化工程"专栏中将"国家文化公园"从"传统文化和自然遗产保护传承"提出，标志着中央政府对于国家文化公园的初步构想。[①]2017年1月的《关于实施中华优秀传统文化传承发展工程的意见》中强调"规划建设一批国家文化公园，成为中华文化重要标

---

① 《中华人民共和国国民经济和社会发展第十三个五年规划纲要》，人民日报，2016-03-18（01）。

识"① 的重要任务，开始成为对国家文化公园建设的初步规划。2019 年 7 月的《长城、大运河、长征国家文化公园建设方案》的颁布，标志着国家文化公园开始从理论走向了具体实践。2021 年 5 月的《文化保护传承利用工程实施方案》中进一步明确了国家文化公园的基本建设任务和要求，并明确到 2025 年，大运河、长城、长征、黄河等国家文化公园建设基本完成。2022 年 10 月，党的二十大报告中着重提出了"加大文物和文化遗产保护力度，加强城乡建设中历史文化保护传承，建好用好国家文化公园"②，都标志着国家文化公园正不断得到中央政府的文件支持，极大程度上保证了国家文化公园的推进和开展。另一方面，从地方政府层面而言，自中央全面深化改革委员会通过了《长城、大运河、长征国家文化公园建设方案》，代表地方政府正式开启了对地域国家文化公园的探索和建设工作。公园虽提出较晚，但也在积极地拟定和推行相关的制度政策。总体而言，正是在中央文件的带头引领和地方政策的切实规范下国家文化公园才得以顺利开展，是国家文化公园推进建设的重要机遇。

文化旅游深度融合模式的开拓创新

文旅融合作为现代旅游行业发展的新亮点，主要是指通过对地方文化资源进行深入探索和系统整理以实现文化理念革新、文化特征重塑等发展目的。文化和旅游实现了从早期各自发展到后来深度融合的跨越，根据《中国文化与旅游产业发展大数据报告（2021）》显示，当前全国已形成近千的文旅团队，其中包括政府主导、企业带领、集团扩容等不同类型的文旅集团，以文化旅游开发公司、投资公司为代表的市场载体的出现和发展，标志着文旅深度合作发展的

① 中共中央办公厅国务院办公厅印发：《关于实施中华优秀传统文化传承发展工程的意见》，中华人民共和国国务院公报，2017 年第 6 期，第 18—23 页。
② 习近平：《高举中国特色社会主义伟大旗帜，为全面建设社会主义现代化国家而团结奋斗——在中国共产党第二十次全国代表大会上的报告》，北京：人民出版社，2022 年，第 45 页。

格局已初步形成。^①"十四五"规划明确提出了文旅融合高质量发展的战略目标和宏伟蓝图以及"推动文化和旅游深度融合、创新发展"的理念，表明文化旅游已经进入深度融合的新发展阶段。文旅深度融合不代表全方位满足旅游者的市场需求、迎合受众的浅层口味，而是通过搭建可持续发展的文化适配机制，沉淀文化景观背后的文化标识和文化故事，在新时代下文化旅游能够通过供给端和政府端的协同合作培养出更多"有文化的旅游者"。在感受到快乐和喜悦的同时也能进行"生产性参与"，即形成对于旅游地域的文化印象，使在"更有意思"的同时也能"更有意义"。同时，文旅深度融合的过程也是不同群体在寻找文化认同的过程，文化旅游的深度融合将"人"置于一个新的高度。"人"是整个文旅融合过程中的核心主体，其始终强调了要以人的文化需求作为整个文化旅游深度融合的核心切入点，这就需要我们要不断强化对各种文化资源的利用、对旅游资源的融合以实现对文化内涵的诠释和对文化符号的提炼，这都是新时代文旅深度融合的重要特征。总之，新时代文化旅游的深度融合发展不仅开拓了"文化型"旅游的发展模式，同时更在旅游中将人的维度突出出来，这一切都为长城国家文化公园出场提供了重要的发展契机。

---

① 钟栎娜，李群，谢宏业：《中国文化与旅游行业发展大数据报告（2021）》，北京：社会科学文献出版社，2021 年，第 13 页。

第三节　武威长城国家文化公园建设路径

习近平总书记高度重视长城国家文化公园建设，他强调："长城凝聚了中华民族自强不息的奋斗精神和众志成城、坚韧不屈的爱国情怀，已经成为中华民族的代表性符号和中华文明的重要象征。"[①] 建设长城国家文化公园是推动新时代文化繁荣发展的重大文化工程。但目前，武威长城国家文化公园建设过程中，受对重大文化遗产保护利用认识水平、人力与财力投入力度、经济发展与遗产保护互为制约等因素影响，保护利用成效有待进一步提高。

清代以来，武威从边塞重镇逐渐变为内地，长城也不再担任边防重任，由军事防御工程逐渐变为废弃的残垣断壁。由于年代久远，再加上受到风沙、盐碱侵蚀、虫害、鼠害及地震灾害，部分长城资源被毁。遗存的长城段也因为战争，村民屯田开垦、引水灌溉或修路建舍等遭到许多破坏。目前，有关部门已经做了对武威长城资源的基础调研，大部分长城段缺乏有效保护，开发程度低，还未与旅游产业形成有效融合。由于没有统一的管理机构，缺少专项资金和专业保护队伍，部分长城段处于无人看管保护状态。

目前武威长城资源基本采用一些静态保护和技术保护，大部分长城段只是在附近立一块文物保护碑，保护方法单一。有的长城段周围长满杂草，如张义堡墙体及文物碑。长城作为复杂的军事防御工程，主要建在地势险要的地方，远离城乡，甚至在荒漠中，缺乏专人监护，例如民勤八一长城。周遭地理环境的复杂性、当地居民对长城重要性的认识不够等原因也增加了长城保护难度，

①《习近平在甘肃考察时强调 坚定信心开拓创新真抓实干 团结一心开创富民兴陇新局面》，中国共产党新闻网，2019-8-22。

部分墙体较矮，如永昌镇长城段，没有隔离保护，牲畜践踏和耕地破坏使得其损毁较严重。总体来看，武威长城资源的保护开发稍显滞后。

坚持国家站位"一盘棋""一体化"推进

长城国家文化公园建设是一项复杂的系统工程，坚持国家站位，人民立场，突出国家标准，彰显人文内涵，要从建设长城国家文化公园，树立人文名片，拉动内需消费，促进地方经济增长的角度出发，做实国家和甘肃省相关方案规划，抓好政策衔接，统筹不同区域长城本体及周边各类文化旅游资源，高起点谋划、高标准包装、高质量推进项目建设，落实以省主导、市操作，配套属地责任和相关部门的监督责任，稳步有序推进长城国家文化公园建设。突破传统的部门和区域之间的壁垒，建立有效的跨区域协同机制，对管辖区域内长城的所有权、管理权和经营权进行明确规定，解决多头管理的问题，打破权力垂直运行的限制。建立多方联席会议制度，定期研究相关政策措施，解决相关矛盾问题，推动在空间规划、土地管理、机构人员、经费政策、执法监督等全方位的协同联动，以保证长城国家文化公园顺利建设。

完善长城保护机制

长城国家文化公园建设要统筹全局、协调推进，整合各方优势资源，完善长城文化保护研究的工作体制，全面提升长城保护管理工作水平。以长城墙体遗址、关堡、烽燧等文物保护单位保护范围为主，对长城遗址及周边环境实施严格保护和管控，分段对境内长城进行围栏保护，保留长城原始风貌。加强长城文化景观及周边自然景观、生态保护，加大管控力度，严防不合规开发和过度商业化，禁止不符合保护传承要求或改变遗产历史环境的项目，消除过度人类活动等长城文化遗产保护的不利影响。依托现有市县两级长城保护机构体系建设，进一步增强镇村两级长城保护工作力量，统一部署，围绕凉州—古浪段、民勤段、天祝段等3个特色展示区段，遵照"科学规划、原状保护、属地管理"原则，继续完善长城保护管理机制。

讲好武威长城故事

武威是古代中国西北地区政治、军事中心，也是连接中亚的重要战略通道，历代统治者为确保丝绸之路畅通，修边墙、置卫所，形成了绵延百里的长城武威段。历经岁月洗礼的武威长城见证了沧桑变迁，诉说着曾经的强大与衰败，逐渐形成了边塞文化为主体的多元长城文化。一要精准提炼武威长城精神。守望和平、民族交融、众志成城是武威长城形成的基本精神特质，要结合新时代武威精神，挖掘提炼其精神价值，阐释其蕴含的精神内涵，在不断总结提炼中形成具有武威特色的长城精神，打造独具特色的武威长城。二要深入挖掘武威长城故事。长城是战争的产物，也是人类文明历史的"和平之盾"。要围绕长城发生的战争，军民从内地迁徙戍边屯垦，发展农业生产，修筑长城，守护边疆，文人墨客用凉州诗词反映边塞生活等发生的故事，用文学艺术、电影电视、绘画舞蹈、民间文艺等形式予以展示，凸显武威长城的地域特色。三要加强武威长城文化研究。要深入挖掘、整理、研究长城，传承和弘扬长城文化内涵。以历史变迁为脉络，以民族融合发展为主线，深入挖掘长城在铸牢中华民族共同体意识方面的重要作用；围绕边塞文化、游牧文化、屯戍文化、非遗文化等研究，全面展示武威在古丝绸之路的重要作用；从武威长城的历史沿革、建筑风格、地域分布、军事布局、商贸往来等入手，通过文献搜集整理、历史考证和实地考察，深入阐释武威在中原文化和西域文化交流融合发展中的作用，在促进中西方经济、社会发展方面作用等，积极打造武威长城文化价值高地。四是加大武威长城宣传。树立互联网思维，创新宣传形式、内容、载体，充分利用传统媒体和新媒体，加大长城保护方面的宣传，加强长城遗址、长城文化、长城精神、长城故事、长城国家公园建设等方面的新闻宣传，用群众喜闻乐见的形式，通俗易懂的朴实语言，向群众全方位、多维度、多视角展示武威长城文化，唤起全社会共同参与保护长城的意识，凝聚起"爱我家园、护我长城"的正能量。

做好武威长城遗产保护

武威既有彰显武功军威的汉长城，又有构筑"九边"重镇的明长城，历经千百年，在戈壁大漠、雪山草甸、绿洲草原，镌刻和见证着历史的过往。一是摸清长城家底。要打破长城保护工作中"家底不明、数据不清"的窘境，搞清楚武威长城的历史，烽火台、敌楼、城堡等精准数据，搞清楚每段长城的建筑材料、技术特点和保护现状，搞清楚消失的长城遗迹，搞清楚哪些是汉长城、明长城等，准确掌握长城长度、地理坐标、海拔高度等基础数据。同时，对长城周边历史遗迹、民俗非遗、故事传说等进行调查研究，做到"底子清、数据明"，为科学制定长城保护政策和规划提供坚实的数据依据。二是依法保护长城。坚持"保护为主、抢救第一、合理利用、加强管理"的文物保护原则，加强长城文物保护宣传工作，严守法律红线，坚决打击破坏长城文物的违法行为，确保长城文物安全。深入开展长城本体及其周边环境载体的全面保护，实施保护维修工程和长城重点段保护范围环境修复工程，实现长城本体保护和环境风貌共同保护，抢救性保护向预防性保护转变，为长城科学保护和可持续利用打下坚实基础。三是科技助力长城保护。武威市长城点多面广、野外偏远地段存量较多，保护难度较大。要尽快应用科技手段补齐保护短板，利用无人机巡查、气象监测、文物本体及环境监测、安防监控、反应性监测等方法，获取并分析监测数据，科学地、有针对性地开展文物保护。要推进长城数字化转化，以建设数字长城为重点，实现各类基础资料和信息资源的采集、传输、存储、管理和服务的数字化、智能化。同时，结合航拍、激光扫描、空地遥感、3D、多媒体、虚拟现实等现代技术把长城及周边设施进行数字化，建立相关数据库，以动漫、游戏、艺术品等形式从各个角度传播长城文化，弘扬长城精神。四是借助外力保护长城。加强与高校、科研院所的合作交流，利用高水平研究团队的技术支持，引进先进技术和科技方法，提高武威长城的保护管理水平。

加快武威长城的活化利用

文化遗产是发展现代旅游的核心资源，活化利用长城资源就要全力推进

文旅融合发展。国家层面对长城国家文化公园文旅融合区建设的要求是"由主
题展示区及其周边就近就便和可看可览的历史文化、自然生态、现代文旅优
质资源组成，重点利用文物和文化资源外溢辐射效应，建设文化旅游深度融合
发展示范区"。武威市推进长城国家文化公园（武威段）建设，要统筹考虑资源
禀赋、人文历史、区位特点、公众需求，加快长城文物资源创造性转化、创
新性发展，使长城国家文化公园（武威段）的建设成为促进武威经济社会高质
量发展的新动能。一是抢抓政策机遇。2022 年 2 月，甘肃省人民政府召开新
闻发布会解读《长城国家文化公园（甘肃段）建设保护规划》，提出将按照"三
园、三段、八点一线"空间布局，统筹保护展示全省境内秦长城、汉长城、明
长城。其中，在建设 8 个长城特色展示点中，武威市民勤、古浪、天祝被列入
其中。武威市要抢抓中央和甘肃省建设长城国家文化公园的重大机遇，吃透政
策，积极谋划绿化美化、公共服务设施建设、核心展示区改造提升、动态数据
库建设、数字再现工程等内容，编制储备一批项目，一心一意谋项目，千方百
计争项目，通过项目带动，提升长城国家文化公园（武威段）建设的业态丰富
度、空间覆盖面和时间延展性，打造独具特色的长城国家文化公园（武威段）。
二是推进文旅融合。结合国家和甘肃省将长城国家文化公园划分为管控保护、
主题展示、文旅融合、传统利用四大功能区定位，武威市要以推进文旅深度
融合为基本路径，以争取文旅项目落地为根本，立足现状，因地制宜，彰显特
色，在交通便利、风景优美、旅游基础设施配套相对完善，适合开展文化旅游
的区域推进长城国家文化公园（武威段）建设。天祝可围绕"高原长城"，以乌
鞘岭、松山段为主，突出民族融合，展示沙漠戈壁、雪山草原等自然景观和丰
厚的历史文化遗存，策划推出长城探险游、穿越千年长城游等专题游线，并争
取将其纳入全省甚至西部旅游大环线进行重点包装和推介。立足民俗文化、非
遗体验等，将凉州词、凉州乐舞和凉州贤孝、凉州宝卷、攻鼓子、华锐民歌、
民勤小曲等表演融入长城国家文化公园（武威段），增强体验感、互动性，营
造武威丰厚的传统文化氛围。三是利用先进科技手段还原历史场景，打造数字

视觉长城，数字长城博物馆等，多样性展示、生动性体验、趣味性参与，引发游客对长城历史文化遗存所承载的家国记忆和精神情感的共鸣。四是打造两大基地。要把握我国已经进入大众旅游时代的新形势，突出长城的爱国主义教育和研学体验活动功能，发挥好长城在坚定文化自信方面的重要作用。找准长城国家文化公园（武威段）游客的目标定位、消费群体，依托长城沿线丰富的自然、文化资源，特别是红色旅游资源，使其相互融合，互为支撑，量身打造长城国家文化公园（武威段）爱国主义教育基地和研学旅游基地。精心策划研学产品和爱国主义教育产品，科学谋划旅游精品线路，进一步提高武威旅游丰富程度，延伸文旅产业链，使长城国家文化公园（武威段）成为武威文旅的新亮点，经济高质量发展的增长极。

长城国家文化公园武威段的建设要立足武威文化资源禀赋，统筹全局，推进文化功能区建设，塑造以长城文化为重点的文化标识和典型代表。盘活武威文化资源，激发文化活力，突出文化发展的多样性、差异性、典型性，因地制宜培育建设彰显地方特点和民族特色的优质项目，发挥各级各类新闻媒体的作用，广泛宣传长城国家文化公园建设的重大意义和丰富内涵，加强长城文化遗产保护传承，努力在全社会形成关注、热爱、保护长城的共识，为建设武威文化旅游名城，全力打造生态文明、社会文明、美丽宜居、人民幸福的和谐新武威打下坚实的基础。

参考文献

一、典籍文献

（汉）司马迁撰：《史记》，北京：中华书局，1963 年。

（汉）班固撰：《汉书》，北京：中华书局，1962 年。

（晋）陈寿撰：《三国志》，北京：中华书局，1959 年。

（南朝宋）范晔撰：《后汉书》，北京：中华书局，1965 年。

（唐）房玄龄等撰：《晋书》，北京：中华书局，1974 年。

（唐）魏徵等撰：《隋书》，北京：中华书局，1973 年。

（唐）李吉甫撰，贺次君点校：《元和郡县图志（下）》，北京：中华书局，1983 年。

（北宋）欧阳修等撰：《新唐书》，北京：中华书局，1973 年。

（元）脱脱等撰：《宋史》，北京：中华书局，1977 年。

（明）陈子龙：《明经世文编》，北京：中华书局，1962 年

《明实录》，台北：中央研究院历史语言研究所校勘本，1962 年。

（明）王士性撰，周振鹤点校：《五岳游草广志绎》，北京：中华书局，2006 年。

（清）张廷玉等撰：《明史》，北京：中华书局，1974 年。

（清）吴广成撰，龚世俊等校证：《西夏书事校证》，兰州：甘肃文化出版社，1995 年。

赵尔巽等撰：《清史稿》，北京：中华书局，1977 年。

王文楚等点校：《大清一统志》，上海：上海古籍出版社，2022 年。

（清）李贤等撰：《大明一统志》，西安：三秦出版社，1990 年。

（清）顾祖禹撰，贺次君等点校：《读史方舆纪要》，北京：中华书局，2005 年。

（清）苏铣纂修：《丁酉重刊凉镇志》，北京：中国国家数字图书馆藏清顺治十四年刻本。

（清）张珩美总修，张克复等校注：《五凉全志校注》，兰州：甘肃人民出版社，1999 年。

（清）梁份著、赵盛世等校注：《秦边纪略》，西宁：青海人民出版社，2016 年。

（清）谢树森、谢广恩编纂，李玉寿校订：《镇番遗事历鉴》，香港：香港天马图书公司，2000 年。

（清）许协等纂修：《镇番县志》，台北：成文出版社有限公司，1970 年。

（清）查继佐：《罪惟录》卷十二《九边志》，杭州：浙江古籍出版社，1986 年。

（清）顾祖禹撰，贺次君、施和金点校：《读史方舆纪要》，北京：中华书局，2005 年

（清）张澍辑著，周鹏飞、段宪文点校：《凉州府志备考》，西安：三秦出版社，1988 年。

《兰州府志》，清道光十三年刻本。

安维俊：《甘肃新通志》，江苏：广陵古籍刻印社，1989 年。

二、中文论著

1. 专著

王国良：《中国长城沿革考》，北京：商务印书馆，1935 年。

民勤县人民政府编：《甘肃省民勤县地名录》，1985 年。

谢桂华，李均明，朱国炤编：《居延汉简释文合校》，北京：文物出版社，1987 年。

刘光华：《汉代西北屯田研究》，兰州：兰州大学出版，1988 年。

薛英群：《居延新简释粹》，兰州：兰州大学出版社，1988 年。

艾冲：《明代陕西四镇长城》，西安：陕西师范大学出版社，1990 年。

阴法鲁，许树安：《中国古代文化史》，北京：北京大学出版社，1991 年。

西北师范大学古籍整理研究所编：《甘肃古迹名胜辞典》，兰州：甘肃教育出版社，1992 年。

李并成：《河西走廊历史地理》（第一卷），兰州：甘肃人民出版社，1995 年。

罗哲文：《长城》，北京：北京美术摄影出版社，2000 年。

梁新民、杨福编：《武威历史文化丛书》之《名胜古迹》，兰州：甘肃文化出版社，2002 年。

陈寅恪：《隋唐制度渊源略论稿》，北京：三联书社，2004 年。

吴礽骧：《河西汉塞调查与研究》，北京：文物出版社，2005 年。

薛长年：《西塞雄风——陇右长城文化》，兰州：甘肃教育出版社，2008 年。

杨咏中：《甘肃交通史话》，兰州：甘肃文化出版社，2008 年。

［美］欧文·拉铁摩尔著，唐晓峰译：《中国的亚洲内陆边疆》，南京：江苏人民出版社，2008 年。

杨伯峻：《春秋左传注》，北京：中华书局，2009 年。

潘从学主编：《民勤史话》，兰州：甘肃文化出版社，2010 年。

高荣：《河西通史》，天津：天津古籍出版社，2011 年。

刘基主编：《华夏文明在甘肃》，北京：人民出版社，2013 年。

张志军主编：《明实录长城资料辑录》，银川：宁夏人民出版社，2013 年。

胡杨：《远去的塞上烽烟》，兰州：甘肃人民出版社，2014 年。

段清波等编著：《中国历代长城发现与研究》，北京：科学出版社，2014 年。

武威市地方史志编纂委员会编纂：《武威地区志》，北京：方志出版社，2016 年。

段清波等著:《中国历代长城研究》,北京:经济科学出版社,2018 年。

李林山:《达云传》,北京:团结出版社,2018 年。

《中国国家人文地理》编委会编:《中国国家人文地理·武威》,北京:中国地图出版社,2019 年。

武威市凉州文化研究院编:《凉州文化概览》,银川:宁夏人民教育出版社,2019 年。

《习近平谈治国理政(第三卷)》,北京:外文出版社,2020 年。

天祝藏族自治县文学艺术界联合会编:《文物天祝》,北京:中国文史出版社,2020 年。

天祝藏族自治县文学艺术界联合会编:《天祝文物:天祝田野文物概览》,北京:中国文史出版社,2020 年。

孙冬虎:《话说长城》,北京:中国工人出版社,2021 年。

范长江:《中国的西北角》,北京:中国言实出版社,2021 年。

徐永清:《长城简史》,北京:商务印书馆,2021 年。

郑炳林主编:《凉州金石录》,兰州:甘肃文化出版社,2022 年。

蔡生菊等编著:《八步沙治沙人访谈录》,兰州:甘肃人民出版社,2023 年。

忻州市文联编:《中华长城资料分类汇编(文化类)》。

2. 论文

张荣芳、王川:《西汉长城的修缮及其意义》,《长城国际学术研讨会论文集》,长春:吉林人民出版社,1955 年。

孙守道:《"匈奴西岔沟文化"古墓群发现》,《文物》,1960 年。

敦煌文物研究所考古组,敦煌市文化馆:《敦煌甜水井汉代遗址的调查》,载于《考古》1975 年。

苏秉琦,殷玮璋:《关于考古学文化的区系类型问题》,《文物》,1981 年第 5 期。

史念海:《论西北地区诸长城的分布及其历史军事地理(上篇)》,《中国历史地理论丛》，1994 年第 2 期。

李并成：《河西走廊东部汉长城遗迹考》，《西北史地》1994 年第 3 期。

王宝元：《武威高沟堡古城考察记》，《西北史地》，1995 年第 2 期。

张荣芳、王川：《西汉长城的修缮及其意义》，《长城国际学术研讨会论文集》，长春：吉林人民出版，1995 年。

唐晓军：《甘肃境内的长城与烽燧分布》，《丝绸之路》1996 年第 5 期。

李并成：《河西走廊东部新发现的一条汉长城——汉揟次县至媪围县段长城勘察》，《敦煌研究》，1996 年第 4 期。

罗庚康：《甘肃境内的长城与烽燧分布》，《丝绸之路》1996 年第 5 期。

陈作义：《休屠王城比考》，《敦煌研究》1998 年第 2 期。

白音查干：《长城与匈奴关系》，《内蒙古师大学报》（哲学社会科学版），1998 年第 6 期。

李凤山：《论长城带在中国民族关系发展中的地位》，《中国史研究》，1998 年第 2 期。

邹厚本，韦正：《徐州狮子山西汉墓的金扣腰带》，《文物》，1998 年第 8 期。

高荣：《汉代河西人口蠡测》，《甘肃高师学报》，2000 年第 1 期。

贺卫光：《中国古代游牧民族与农耕民族在经济上的互补与非平衡需求》，《西北师范大学学报（哲学社会科学版）》，2003 年第 1 期。

梁继红：《论西夏对凉州的经营》，《固原师专学报》（社会科学版），2006 年第 2 期。

刘景纯：《宣德至万历年间蒙古诸部侵扰九边的时间分布与地域变迁》，《中国边疆史地研究》2009 年第 2 期。

黄清敏：《正史中的胡床及其变迁》，《湖北民族学院学报（哲学社会科学版）》，2010 年第 5 期。

伏俊琏：《建设"凉州文化的一点思考"》，《敦煌学辑刊》，2010 年第 2 期。

石瑾，周邦春：《河西走廊上的西部"鼓魂"——凉州攻鼓子》，《大众文艺》

2011 年第 9 期。

赵现海:《洪武初年甘肃地缘政治与明朝西北边疆政策——由冯胜"弃地"事件引发的思考》,《古代文明》, 2011 年第 1 期。

马利清:《包头张龙圪旦一号墓的族属及部分南匈奴墓葬辨析》,《郑州大学学报 (哲学社会科学版)》, 2013 年第 11 期。

王子今:《交通史视角的秦汉长城考察》,《石家庄学院学报》, 2013 年第 2 期。

陈亮:《回族名将达云事辑》,《回族研究》, 2014 年第 3 期。

段清波:《考古学要发掘遗产的文化价值》,《光明日报》, 2015-07-22。

谭立峰等著:《复杂地形环境下建筑文化遗产保护范围划定方法初探——以长城保护范围划定为例》,《河北地质大学学报》, 2017 年第 3 期。

段清波, 刘艳:《重视研究文化遗产价值创新发展文物保护工作》,《中国文物报》, 2017-01-13。

段清波:《长城:中华文明的见证》,《光明日报》, 2017-03-26。

李鸿宾:《中华正朔与内亚边疆:兼论唐朝北部长城地带的意涵》,《学术月刊》, 2017 年第 2 期。

徐黎丽:《通道地带理论:中国边疆治理理论初探》,《思想战线》, 2017 年第 2 期。

段清波:《论文化遗产的核心价值》,《中原文化研究》, 2018 年第 1 期。

段清波:《考古学上汉文明论纲》,《考古学集刊》, 2018 年。

段清波:《从四方中心到阴阳五行的宇宙观:中国文明的三观智慧 (一)》,《学习时报》, 2018-08-08。

李清凌:《战国秦汉时期甘肃的长城边防》,《甘肃日报》, 2018 年 11 月 7 日, 第 012 版。

陈同宾等著:《长城的文化遗产价值研究》,《中国文化遗产》, 2018 年第 3 期。

王雪莲:《明代名将达云和松山新边》:《丝绸之路》，2019 年第 2 期。

李哲等著:《"水培体系"支撑下的长城国家文化公园建设思考》,《中国文化遗产》，2021 年第 5 期。

李飞，邹统钎:《论长城国家文化公园：逻辑、源流、意蕴》,《旅游学刊》，2021 年第 01 期。

李树信:《国家文化公园的功能、价值及实现途径》,《中国经贸导刊(中)》，2021 年第 03 期。

僧海霞:《兴废殊荣：明代松山新边沿线城堡的变迁与环境》,《中国边疆史地研究》，2022 年 3 月第 1 期。

冷志明:《长城国家文化公园的"国家性"建构研究》,《吉首大学学报(社会科学版)》，2022 年第 05 期。

韩子勇，任慧:《长城国家文化公园步道建设的意义、原则与策略——以长城长城国家文化公园为例》,《西北师大学报(社会科学版)》，2022 年第 05 期。

白翠玲等著:《长城国家文化公园(河北段)文化遗产展示体系研究》,《长城研究》，2022 年第 3 期。

胡杨:《探访令居塞》，来源于"嘉峪关长城博物馆"(www.jygccbwg.cn)。

董耀会:《论长城与中华民族凝聚力的形成》,《第二届海峡两岸中华传统文化与现代化研讨会》。

郭红:《明代都司卫所建置研究》，复旦大学博士学位论文，2011 年。

张晋:《战国、秦汉时期中原骑兵、长城、边郡互为支撑的防御体系述论》，内蒙古大学 2015 年硕士论文。

马晓杰:《明代松山古城遗址调查与研究》，西北师范大学 2020 届硕士学位论文。

后　记

　　武威，自西汉武帝派骠骑将军霍去病远征河西，击败匈奴后，为彰显大汉帝国的"武功军威"而得名。作为河西走廊东端的门户，地理位置十分重要，素有"天下要冲，国家藩卫"之称，陈寅恪先生就指出："其地域在吾国之西北隅，与西北诸外族邻接，历来不独为文化交通之孔道，亦为国防军事之要区。"故此，历朝历代都十分重视对此地的经略，修筑长城便是其中一项极为重要的措施。

　　2019年8月，习近平总书记考察嘉峪关关城时强调："当今世界，人们提起中国，就会想起万里长城；提起中华文明，也会想起万里长城。我们一定要重视历史文化保护传承，保护好中华民族精神生生不息的根脉。"为进一步做好武威长城文化价值的挖掘，传承弘扬长城精神，讲好长城故事，甘肃省社会科学院海敬副研究员和武威市凉州文化研究院助理研究员贾海鹏合作撰写了《武威长城两千年》一书，聚焦武威汉、明长城遗存，从自然地理、生态环境、军事战略、区域文化等方面进行了论述和解读，既有文献史料的梳理举隅，也有田野调查的数据罗列，同时结合国家文化公园建设，就武威长城精神、长城文化遗产保护利用等作了阐释，以期对更好解析长城文化价值，讲好长城故事，推动长城文化资源"双创"利用有所裨益。本书的两位作者虽然是初次合作，而且分处兰州与武威两地，但是合作却非常地顺畅高效，舒心愉悦。这一方面得益于甘肃省社会科学院和武威市凉州文化研究院搭建了良好的合作平台，也得益于两位著者的谦虚、随和、包容，本着对学术的、对凉州文化的热爱。本书在撰写出版过程中得到了许多前辈、老师的帮助指导，甘肃省社会科学院和武威市凉州文化研究院组织研究人员反复论证，从题目选定、章节布局、体例注释、考察调研等方面给予了指导，中国社会科学院古代史研究所研究员、古代通史研究室主任赵现海研究员对本书提出了很好的修改意见；此外，武威市考古研究所、武威市长城保护研究中心相关专家也无私地向本书作者提供了武威长城的相关数据资料。同时，本书在写作过程中，还参阅引用了"中国长城建筑与地理信息数据库"中的资料，我们向参与历次长城普查工作的人员致敬，是他们用脚步丈量了万里长城的每一寸，拍摄了每一张照片，我们才能够很方便地查阅使用。感谢甘肃省作家协会主席马步升先生为本书代写序言，他作为本书的第一位读者，让我们在受宠若惊的同时，也更加诚惶诚恐，写作中不敢有丝毫怠慢。感谢读者出版社的编辑，在编辑校对中很是用心负责。感谢的人实在太多，有单位领导、同事，有老师、朋友，有家人的支持理解，是他们一起照亮了本书的写作之路，给了我们写作的力量，我们铭记于心。

该书前六章由武威市凉州文化研究院助理研究员贾海鹏撰写，总字数 15 万字，后三章由甘肃省社会科学院副研究员海敬撰写。由于本书撰写工作时间紧，加之学识专业所限，书中难免还有错漏之处，恳请读者朋友批评指正。

作者

2023 年 10 月

总后记

武威，物华天宝，人杰地灵。寻访武威大地，颇感中华文明光辉璀璨，绵延传承。考古资料表明，在新石器时代，武威一带已经成为先民生息繁衍的重要地区。汉武帝时开辟河西四郡，武威郡成为河西走廊政治、经济、文化、军事之要地。东汉、三国、西晋时为凉州治所。东晋十六国时，前凉、后凉、南凉、北凉和隋末的大凉政权先后在此建都。唐朝时曾为凉州节度使治所，一度成为中国西北仅次于长安的通都大邑。"凉州七里十万家""人烟扑地桑柘稠"，其盛况可见一斑。宋元明清以来，凉州文化传承不辍。

在历史演进过程中，凉州成为了中原王朝经营西域的战略要地。农耕文明与游牧文明、中西方文化、多民族文化在这里交汇融合，形成了在中国文化史上占有重要地位的凉州文化。就历史文化的整体价值和综合影响而言，凉州文化已超越了今天武威这个地理范畴，不再是简单的区域性文化，而是吸纳传导东西方文明重要成果的枢纽型文化，是中华文化的重要组成部分。

凉州文化是多民族多元文化互相碰撞而诞生的美丽火花，其独特性是武威历史文化遗产中最有价值、最具魅力之处，也是具有文化辨识度的"甘肃标识"的特有文化，值得更系统、更深入地研究。特别是在新时代，对其进行更深层次的文化挖掘和意义阐释具有重要的现实意义。基于此，甘肃省社会科学院和武威市凉州文化研究院组织跨学科、跨地域的团队撰著了《凉州文化丛书》（第一辑），以期通过历史、文学、生态、长城、匾额、教育、人口等方面的研究，对厚重的凉州文化加以梳理，采撷其粹，赓续文脉，以文化人，为文化旅游名市建设增添文化智慧内涵。

《凉州文化丛书》（第一辑）由甘肃省社会科学院和武威市凉州文化研究院

共同商定，确定为 2023 年院重点课题。我和张国才、席晓喆同志组织实施，汇集两家单位的二十位学者组成团队开展研讨写作。丛书共包括《武威地名的历史传承与文化内涵演变》《古诗词中的凉州》《汉代武威的历史文化》《武威长城两千年》《武威吐谷浑文化的历史书写》《清代凉州府儒学教育研究》《武威匾额述略》《清代学人笔下的河西走廊》《河西历代人口变迁与影响》《河西生态变迁与生态文化演进》十本著作，每一本书的书名、内容框架，都是广集各个方面建议，多次召开编委会讨论研究确定下来的。因此，每本书的书名都具有鲜明的个性，高度概括了凉州特色文化的人文特点和地理风貌。丛书共计一百八十余万字，百余幅图片，主题鲜明，既做到了突出重点、彰显特色、求真务实，又做到了简洁流畅、雅俗共赏，是一套比较全面研究凉州特色文化的大型丛书。

丛书选取武威具有代表性的特色文化或尚未挖掘出的文化元素，进行深度挖掘、系统整理和专题研究，在撰写过程中，组织开展了十多次考察调研、研讨交流活动，每一本书的作者结合各自研究的内容，不仅梳理了凉州特色文化的理论研究，关注了凉州文化的传承与发展现实，还对凉州特色文化承载的丰富内涵和历史进行了深入的探讨，展示了凉州文化融入当代生活的现状，以及凉州文化推动武威特色旅游产业的途径。不难看出，凉州文化为我们深入了解武威提供了丰富的样本，其多样性、包容性、创新性、地域性等特点无疑是武威城市文化的地标、经济财富的源头、文化交流的名片。

文字与图像结合是叙事最基本、最重要的手段，其中图像的运用为我们了解世界构建了一个形象的思维模式，有助于我们更为深刻地认识世界。为了更好地展现凉州文化，丛书在文字的基础上通过大量的实物图像展示了凉州文化丰富多彩的形态。这些图片闪耀着独特而绚丽的光彩，也为我们解读了凉州文化背后不同的人文故事。同时，每一位作者在撰述中对引证的材料都作了较为翔实的注释，一方面力求言之有据、持之有故，另一方面也表达出对前贤时哲研究成果的尊重。

　　丛书挖掘整理了凉州文化中一些特色文化，对于深入研究凉州文化来讲，这是一种新的尝试。最初这套丛书的定位是具有较高品位的地方历史文化普及读物和对外宣传读本，要求以史料为基础，内容真实性与文字可读性相统一，展现武威博大精深的历史文化内涵和魅力，帮助广大读者更全面地认识、更深入地了解凉州文化元素，推动凉州文化的弘扬传承，实现优秀文化传承的主流价值引导和思想引领。经过一年多的努力，丛书顺利完成撰写，这本身是一件很有意义的事情。同时需要诚恳说明的是，这套丛书是一项综合性的跨学科的研究，涉及很多方面的知识，虽经多方努力，但因史料匮乏、资料收集不足。作者学力限制，作为主编者心有余而力不足，很多内容的研究论证尚欠丰厚。希望能够通过这套丛书引发人们对凉州文化更多的关注和思考，探索更多的研究方向，也就算实现了我们美好的愿望。此外，整个丛书撰写过程确实是时间紧、任务重，难免有错谬之处，敬请读者不吝赐教，我们不胜感激。

　　在这套书的论证和撰写中，中国社会科学院古代史研究所卜宪群所长及戴卫红、赵现海研究员，浙江大学历史学院冯培红教授，甘肃省社会科学院刘敏先生，西北师范大学传媒学院院长徐兆寿教授等领导、专家给予了很多建议，为书稿的顺利完成创造了条件。西北师范大学副校长、教授田澍先生百忙之中为丛书撰写了总序言，武威市凉州文化研究院的张国才院长及其他同仁对丛书的编撰勤勉竭力、积极工作、无私奉献，我在这里一并表示感谢。

《凉州文化丛书》（第一辑）编委会

魏学宏

2023 年 10 月

　　魏学宏，甘肃省社会科学院决策咨询研究所所长、研究员。先后发表学术论文 50 多篇，出版专著 2 部，主持完成国家社会科学基金项目、甘肃省哲学社会科学项目及省市县委托项目 10 余项。